本著作系教育部人文社科项目《“耕读文化”融入涉农高校择业观教育的三重逻辑和实施路径研究》24YJA710042、湖南省社会科学成果评审委员会重大委托课题《“耕读教育”赋能涉农高校大学生就业的逻辑理路和实施路径研究》XSP2024WT003、湖南省学位与研究生教学改革研究重点项目《耕读文化视域下涉农高校研究生思政教育的创新路径研究》2024JGZD041、湖南省普通本科高校教学改革研究重点项目《“耕读文化”融入继续教育涉农专业课程思政与思政课程协同创新研究》202401000731、湖南省高校思想政治工作研究项目《“耕读文化”融入涉农高校就业观教育的路径研究》23A12、湖南省教育科学“十四五”规划研究课题《“耕读文化”融入涉农高校思政课的三重向度和实施路径研究》XJK24BYD007阶段性研究成果。

“耕读文化”

赋能农林高校就业教育

邵　华　朱育锋　黄正军　刘　怡◎著

光明日报出版社

图书在版编目（CIP）数据

“耕读文化”赋能农林高校就业教育 / 邵华等著 .
北京：光明日报出版社，2025. 6. -- ISBN 978 - 7 - 5194 -
8822 - 2

Ⅰ. G647. 38

中国国家版本馆 CIP 数据核字第 2025B595J5 号

“耕读文化”赋能农林高校就业教育

“GENGDU WENHUA” FUNENG NONGLIN GAOXIAO JIUYE JIAOYU

著　　者：邵　华　朱育锋　黄正军　刘　怡

责任编辑：李　倩　　　　责任校对：李壬杰　李佳莹

封面设计：中联华文　　　　责任印制：曹　诤

出版发行：光明日报出版社

地　　址：北京市西城区永安路 106 号，100050

电　　话：010-63169890（咨询），010-63131930（邮购）

传　　真：010-63131930

网　　址：http：//book. gmw. cn

E - mail：gmrbcbs@ gmw. cn

法律顾问：北京市兰台律师事务所龚柳方律师

印　　刷：三河市华东印刷有限公司

装　　订：三河市华东印刷有限公司

本书如有破损、缺页、装订错误，请与本社联系调换，电话：010-63131930

开　　本：170mm×240mm

字　　数：222 千字　　　　印　　张：14. 5

版　　次：2025 年 6 月第 1 版　　　　印　　次：2025 年 6 月第 1 次印刷

书　　号：ISBN 978 - 7 - 5194 - 8822 - 2

定　　价：68. 00 元

前言

在新时代高质量发展的浪潮中，农林高校肩负着为国家和社会输送高素质专业人才、推动农林行业蓬勃发展、助力农业强国与乡村振兴的时代重任。当我们把目光聚焦于就业教育这一关键环节，探寻如何为农林学子铺就更加广阔、更高质量的职业道路时，“耕读文化”宛如一颗闪耀着智慧光芒的古老明珠，映入我们的眼帘，成为赋能这一进程的独特力量。

耕读，自古以来便是中华民族传承千年的生活智慧与精神追求。它承载着先辈们在田间辛勤耕耘的坚韧，于书斋中潜心研读的勤勉。于农林高校而言，这片充满希望的校园土地，既是知识播种、成长的沃野，也是学术钻研、探索的殿堂，天然地与耕读文化有着深厚的内在契合。

深入挖掘耕读文化，能让我们找到诸多与现代农林类专业就业教育紧密相连的精髓。在实践层面，耕读所强调的亲身体验、动手劳作，恰为农林类专业的实验实习、教学实习、生产实习、毕业实习和社会实践注入灵魂，使学生们不仅仅是理论知识的掌握者，更是能脚踏实地解决实际问题的实干家，无缝对接未来职场需求。在精神内涵层面，“耕”所蕴含的吃苦耐劳、持之以恒，“读”所代表的进取求知、博采众长，塑造着学子坚毅且睿智的品格风貌，助力他们在就业竞争的洪流中脱颖而出，从容应对挑战。

本书旨在系统阐述耕读文化如何深度融入农林高校就业教育体系，从课程设计、实践拓展、校园氛围营造，到学生职业素养全方位培育等多个维度展开探讨。我们期望通过这一研究，为农林高校就业教育开辟新路径，让莘莘学子在耕读传统的润泽下，成长为既有扎实专业技能，又具深厚人文底蕴的行业栋梁，奔赴农林领域各个岗位，续写耕读新篇，推动行业创新发展，不负时代赋予的使命。愿每一位翻开此书的读者，都能与我们一同开启这场意义非凡的探索之旅。

全书共分为五部分。绪论部分简要概述了耕读文化的内涵及其教育价值、耕读教育的时代语境，由邵华撰写；第一章详细阐明了耕读文化赋能农林高校就业教育的历史逻辑，由朱育锋撰写；第二章深刻阐明了耕读文化赋能农林高校就业教育的理论逻辑，由邵华撰写；第三章分析了耕读文化赋能农林高校就业教育的现实逻辑，由黄正军撰写；第四章提出了耕读文化赋能农林高校就业教育的实施路径，由刘怡撰写。

全书由邵华负责提纲的拟定完善，邵华、刘怡修订统稿，由于水平有限和时间仓促，著作中的诸多不足和疏漏之处，恳请读者和同人批评指正。

邵华

2024 年 12 月 28 日

目 录
CONTENTS

绪 论

中国是一个古老的农业大国，农耕文明和传统文化孕育出中国特色的耕读文化，作为乡土中国的一种生活图式，在历史发展过程中早已内化为中国人的文化基因，塑造了中国人的精神世界与行为范式。耕读文化在历史长河中代代相传，源远流长，至今仍熠熠生辉，对新时代高等学校人才培养具有重要的参考意义和价值。

第一节 耕读文化及其教育价值

耕读文化作为中华优秀传统文化的重要组成部分，具有深厚的历史背景以及丰富的文化内涵，使其能在历史的长河中生生不息、历久弥新，时至今日仍在现代教育体系中发挥着独特的价值。

一、耕读文化的内涵

耕读文化是指农耕社会中农民的生产、生活和学问等方面的文化特征，是建立在传统的自给自足自然经济基础上的文化形态。它强调农耕与读书的结合，即“耕读并举”或“半耕半读”的生活方式。耕读文化作为中国古代文化的重要组成部分，深深根植于传统的自给自足自然经济基础之上。这一文化形态不仅体现了传统农业社会中的生产关系、社会关系以及与之相适应的道德、风俗、文化、习惯等意识形态总和，还蕴含了丰富的思想意识、思维方式和价值观念。耕读文化的核心在于“耕”与“读”的结合，即农耕劳动与读书学习并重，这种生活方式和价值追求在中国传统社会中极为普遍，并成为中华传统文化的基本特征之一。

耕读文化的形成，离不开中国古代农耕社会的历史背景。在漫长的历史长河中，中国先民们以农业为生，通过辛勤耕耘，不仅满足了自身的生存需求，还逐渐积累了丰富的农耕经验和技术。与此同时，随着社会的进步和文明的发展，教育逐渐成为社会的重要需求，读书学习成为提升个人素养、追求更高精神境界的重要途径。因此，将农耕与读书结合，便成为一种自然而然的文化选择。

耕读文化的萌芽可以追溯到先秦时期。那时，虽然尚未形成系统的耕读理念，但一些思想家和教育家已经开始关注农业与教育之间的关系。如孔子虽然强调“君子谋道不谋食”，但他也认可“耕也，馁在其中矣；学也，禄在其中矣”的观点，暗示了耕与学之间的某种联系。到了战国时期，孟子更是提出了“劳心者治人，劳力者治于人”的论断，进一步强调了知识与劳动分工的重要性。

到了隋唐时期，随着科举制度的建立和完善，读书做官成为社会的主流价值观。此时，耕读文化得到了空前的发展。许多士大夫家庭开始注重培养子弟的农业知识和文化素养，形成了“耕读传家”的传统。他们不仅在田间地头辛勤劳作，还通过读书学习来提升自己的社会地位和文化修养。这种生活方式不仅促进了农业生产的发展，也推动了文化的繁荣和社会的进步。

宋明以后，随着理学的兴起和儒学的普及，耕读文化逐渐成熟并定型。这一时期，许多士大夫不仅自己身体力行地践行耕读理念，还通过著书立说、讲学授徒等方式将这一理念传播给更多的人。同时，随着商品经济的发展和城乡交流的加强，耕读文化也逐渐从乡村走向城市，从士人阶层扩展到普通民众之中。

耕读文化，作为中国悠久历史长河中一颗璀璨的明珠，起源于农耕社会，发展于历代文人士大夫的躬身实践，经过历代历史演变与积累，最终成为中华文化中一种独特而重要的文化形态，其核心内涵在时代更迭中日趋稳定。具体来看，其核心内涵主要包括以下几点：①“以农为本、以农立国”，“仓廪实而知礼节，衣食足而知荣辱”。粮食安全、农业发展是社会进步、国家安定的重要前提和基础。耕读文化强调农业是国家的根本，是人民赖以生存的基础。通过农耕劳动，人们可以丰五谷、养家糊口，实现自给自足，继而为社会发展、社稷安定打下坚实的物质基础。②“修身齐家治国平天下”。耕读文化不仅关注个人的道德修养、注重道德伦理的培养，倡导人与人之间的亲和、信任、忠诚、仁义、礼智等美德，还强调家庭、国家和社会的和谐与稳定。强调通过读书学习，人们可以知诗书、达礼义、修身养性，进而为家庭、国家和社会做出贡献。③尊重知识、重视教育。耕读文化中蕴含读书传统，即重视教育、崇尚知识、追求学问的文化传统。在耕读文化中，读书不仅是获取知识的手段，更是提升个人素养、实现人生价值的重要途径。强调在以耕促读、以读促耕的双向互动中，实现“知行合一”的最高理想和目标。④尊重“道法自然”、顺应“天人合一”。耕读文化倡导人与自然的和谐共生，强调按照自然天气的变化进行耕种收获。这种自然生态观体现了中国古代哲学中的“天人合一”思想，即提倡顺应自然、保护自然，蕴含着可持续发展的生态理念。

耕读文化，这一深植于中国古代社会土壤的独特文化现象，因其长期稳定的核心内涵，使得其影响与意义得以跨越时空，时至今日依然熠熠生辉、泽被万代。它不仅塑造了古代农业社会的面貌，更在哲学、教育、宗法制度等多个领域留下了深刻的烙印，对中华民族的整体价值观和文化传承产生了深远的影响。

在农业领域，耕读文化是推动农业技术进步的重要力量。它促使知识分子将理论知识与农业生产实践相结合，提炼出宝贵的农学思想，并孕育了众多农学家和古农书。这些农书不仅记录了丰富的农业生产经验，还传承了宝贵的农学智慧，为后世的农业发展提供了重要的参考和借鉴。同时，耕读文化也促进了农业与文化的融合，使得农业生产不仅仅是物质财富的创造过程，更是精神财富的积累过程。

在宗法制度方面，耕读文化发挥了不可替代的作用。由于它强调家族观念、伦理道德和社会责任，为乡村社会的稳定和发展提供了坚实的支撑。在传统乡土中国，乡绅阶层作为耕读文化的代表，通过自身的文化地位和影响力，维护着乡村社会的秩序和谐。他们不仅传承着儒家文化的精髓，还积极参与乡村治理和公共事务，为乡村社会的繁荣和发展做出了重要贡献。

在哲学及民族整体价值观层面，耕读文化的影响更为深远。中国传统农耕经济促进了中国古代哲学的形成和发展，使得天地人相统一的宇宙观和知行统一的知识论等哲学思想深入人心。同时，耕读文化所倡导的勤俭节约、自强不息等精神品质也融入了中华民族的整体价值观中，成为塑造中华民族性格和民族精神的重要力量。这些价值观不仅在古代社会发挥了重要作用，也在现代社会中继续发挥着引领作用，激励着人们不断注重个人修养与社会贡献。

此外，耕读文化还对文化教育产生了积极影响。它推动了教育的平民化进程，使得更多的人有机会接受知识教育和文化熏陶。同时，耕读文化也注重培养人的综合素质和实践能力，为现代社会的人才培养提供了有益的启示和借鉴。

耕读文化历史悠久、内涵丰富、影响深远，是中国古代社会的一笔宝贵财富。在新时代新形势新背景下，我们应该更加珍视和传承耕读文化这一宝贵的文化遗产，以守正创新的精神使其在现代社会中继续发挥重要作用。

二、耕读文化的教育价值

耕读文化，作为中国古代社会独特的文化现象，以其深厚的历史底蕴与丰富的精神内涵，依然在现代教育体系中闪耀着不灭的光芒。这种文化不仅体现了农业社会背景下人们对知识与劳动的尊重，更蕴含了对于个人修养、社会责任以及和谐共生的深刻理解。在现代教育快速发展的今天，重新审视和挖掘耕读文化的价值，对于培养全面发展的人才、促进教育公平与社会和谐具有重要意义。在此背景之下，耕读教育应运而生，它融合了传统农耕文化和现代教育理念的教育模式，不仅有助于传承和弘扬中华优秀传统文化，还能够促进学生的全面发展和社会责任感的培养，对于耕读文化在现代教育中发挥意义和价值提供了重要的载体和途径。

（一）传承和弘扬中华优秀传统文化

我国先民在长期的耕作生活中形成的农耕文化，孕育了中华民族勤劳勇敢、自强不息、自力更生的珍贵品质，从古至今都具有重要的意义和价值。

改革开放以来，随着市场经济的发展和互联网技术的日新月异，人们的生活方式和思想观念发生了天翻地覆的变化，极端个人主义膨胀、享乐主义时有抬头，“躺平”“佛系”思想侵害在校大学生的人生观和择业观。涉农高校作为培养农林专业人才的摇篮，承担着为党育人、为国育才的重要使命，如何培养出既符合时代发展要求，又具备传统优秀人格的新型农业人才，是涉农高校不可忽视的重要问题。然而，长久以来，受农业本身的弱质性影响，以及实用主义价值取向的影响，涉农高校和涉农专业社会关注度较低，涉农高校学生中存在学农意愿低、学农不知农、学农不为农、学农不爱农、学农不事农的现象，对所学专业及未来就业认同度不高，对传统文化中吃苦耐劳、脚踏实地、勤奋耕读的传统精神有所遗忘。

耕读教育是对传统农耕文化的延续和传承，它通过将传统文化融入学生的学习过程，使学生更好地了解和认识自己的文化根源。在耕读过程中，学生会接触到丰富的农耕文化和传统文化知识，如农耕技术、节气习俗、民间故事等。这些文化元素不仅丰富了学生的精神世界，还让他们深刻感受到中华文化的博大精深和源远流长。通过学习和传承这些文化，学生能够增强对国家和民族的认同感和自豪感，这种文化自信和民族自豪感不仅有助于培养学生的爱国情怀和民族精神，还能够激发他们的奋斗精神和奉献精神，从而学习和回归传统人格，使传统农耕文化在新时代新征程上重新焕发生机与活力。

（二）培养可堪大任的时代新人

习近平总书记在党的二十大中寄语中国青年：“要坚定不移听党话、跟党走，怀抱梦想又脚踏实地，敢想敢为又善作善成，立志做有理想、敢担当、能吃苦、肯奋斗的新时代好青年，让青春在全面建设社会主义现代化国家的火热实践中绽放绚丽之花。”① 对中国新时代青年在坚定理想信念、加强自我修养、磨炼过硬本领、提升综合素质方面提出了新的期待和要求，充分显示出新时代新征程上党和国家对于青年群体的高度重视。“培养什么人”作为教育的首要问题，理应自觉承担起为党育人、为国育才的重要使命，利用传统

① 习近平．高举中国特色社会主义伟大旗帜 为全面建设社会主义现代化国家而团结奋斗：在中国共产党第二十次全国代表大会上的报告［EB/OL］．中国政府网，2022-10-25.

文化中的有益因素推动现代教育提升人才培养质量，为民族复兴提供坚实的人才支撑。

第一，培养知行合一的时代新人。耕读文化强调“耕以养身，读以明道”，即通过劳动实践（耕）与知识学习（读）的紧密结合，达到身心修养与道德智慧的双重提升。在现代教育中融入耕读文化，有利于鼓励青年学生走出象牙塔，深入社会实践，在耕读实践中青年既能够深刻理解国情民情，增强社会责任感，同时也能在实践中检验和巩固所学知识，形成“学以致用、用以促学”的良性循环，成长为既有理论素养又有实践能力的复合型人才。

第二，培养胸怀天下的时代新人。耕读文化中的“读”，不仅指读书学习，更蕴含了广博的视野和深厚的家国情怀。它倡导青年要胸怀天下，关注国家大事，心系民族命运。在新时代背景下开展耕读教育，有助于复归传统文化中“忧国忧民”“治家报国”的精神，引导青年学生树立正确的世界观、人生观、价值观，将个人理想融入国家和民族的发展大局之中，树立远大志向，勇于担当时代赋予的历史使命。

第三，培养砥砺奋斗的时代新人。“耕”字的本义是指“用犁将土翻松”这一具体行为，《说文解字》中将其解释为“耕，犁也”，在后来被引申为人们在其他领域或事业上的辛勤努力和不懈追求，如“笔耕不辍”形容文人持续不断地写作，“舌耕”则指教师以教书为业，都体现了“耕”字所蕴含的勤奋、专注的精神和不懈奋斗的行动力。在新时代的征程上，推行耕读教育有利于使学生在农耕实践中感受奋斗的乐趣，体验成功的喜悦，从而激发他们内在的奋斗动力，培养出不畏艰难、勇于担当、敢于胜利的奋斗精神，为全面建设社会主义现代化国家贡献青春力量。

（三）推动教育公平与均衡发展

在古代，耕读文化往往与科举制度紧密相连，科举制度为农家子弟提供了一个相对公平的上升通道，使他们有机会通过读书学习，参与国家选拔，进而改变自身命运。这种制度在一定程度上打破了社会阶层的固化，使得教育机会更加平等。在耕读文化的影响下，社会环境普遍倡导读书立志和报效国家，社会民间的办学之风浓厚。从国家到地方，各级教育机构不断完善，为更多人提供了接受教育的机会，促进了教育资源的均衡分配。在当前教育资源分配不均、城乡教育差距明显的背景下，耕读教育作为一种独特的教育模式，为缩小教育差距、实现教育公平提供了新的思路。

首先，耕读教育倡导的是一种贴近自然、贴近生活的学习方式，它降低了教育的门槛，使得更多来自农村和偏远地区的学生有机会接受高质量的教育。通过参与农耕实践和文化学习，这些学生能够获得与城市学生相似甚至更为丰富的教育体验，从而打破地域限制，实现教育资源的共享与均衡。

其次，耕读教育注重学生的全面发展和个性培养，强调实践与创新能力的培养。这种教育模式不仅有助于提升学生的综合素质，还为他们提供了更多展示自我、实现价值的机会。这对那些在传统应试教育体系中可能处于劣势的学生来说，无疑是一种巨大的鼓舞和支持，有助于激发他们的学习热情和自信心，进一步促进教育公平的实现。

最后，耕读教育的推广和实践有助于促进城乡教育一体化发展。通过加强城乡教育合作与交流，实现教育资源的优化配置和共享，可以逐步缩小城乡教育差距，推动教育事业的均衡发展。这不仅有利于提升农村和偏远地区的教育水平，还有助于培养更多具有社会责任感和创新精神的人才，为国家的长远发展注入新的活力。

第二节 耕读教育的时代语境

2021 年中央一号文件《中共中央 国务院关于全面推进乡村振兴加快农业农村现代化的意见》明确提出“开展耕读教育”。同年 8 月，教育部印发《加强和改进涉农高校耕读教育工作方案》，对涉农高校开展耕读教育做了总体部署。2022 年中央一号文件《中共中央 国务院关于做好 2022 年全面推进乡村振兴重点工作的意见》再次强调“完善耕读教育体系”，使耕读教育成为当前热点。近年来，随着乡村振兴战略、科教兴国战略、人才强国战略等的实施以及国家对于开展耕读教育、培养新型农业人才的重视，“耕读文化”以及大学生就业创业指导、涉农人才培养等相关话题的讨论热度只增不减，高等学校在人才培养方面也进行了有益的实践探索，从理论到实践层面显现出

“遍地开花”的热闹局面。

一、时代背景：国家战略与政策支持

党的十八大以来，以习近平同志为核心的党中央高度重视物质文明与精神文明的协调发展，将文化传承与创新、乡村振兴、教育提质等上升到国家发展战略全局的位置，以文化之力、教育之力推动民族复兴和强国建设伟大征程。

党的十八大以来，我国高度重视传统文化的继承与发展。党的二十大报告指出，要“以社会主义核心价值观为引领，发展社会主义先进文化，弘扬革命文化，传承中华优秀传统文化”，增强实现中华民族伟大复兴的精神力量；2023 年 6 月，习近平总书记在文化传承发展座谈会上发表重要讲话，指出中华文明具有突出的连续性、统一性、包容性、和平性，强调要切实担负起新时代新的文化使命，推动文化繁荣，建设文化强国，建设中华民族现代文明；党的二十届三中全会做出深化文化体制机制改革的重要决定，以激发全民族文化创新创造活力。在建设文化强国、增强文化自信的国家战略政策推动下，新时代以来我国对传统文化的保护、传承和创新工作取得了显著成效。优秀传统文化得到了更好的弘扬，同时与现代文明的融合也取得了积极进展，这不仅增强了民族自信心和认同感，也为国家的文化发展注入了新的活力。

在乡村振兴方面，习近平总书记高度重视“三农”问题的重要性，并提出“民族要复兴，乡村必振兴”的重大论断。在党的二十大报告中，习近平总书记明确指出，全面建设社会主义现代化国家，最艰巨最繁重的任务仍然在农村，要加快建设农业强国，推动乡村产业、人才、文化、生态、组织振兴。在政策层面，我国出台了一系列支持乡村振兴的政策措施，包括加强农村基础设施建设、提升农业科技创新能力、推动农村产业融合发展等，这些政策为乡村振兴提供了有力的支持和保障，推动了农村经济社会的全面发展。

教育兴则国家兴，教育强则国家强。党的十八大以来，在以习近平同志为核心的党中央坚强领导下，全国上下一盘棋，从顶层设计到政策出台，显示出对教育事业的高度重视。一方面，国家深入推进教育体制改革，制定诸如《关于深化教育体制机制改革的意见》《统筹推进世界一流大学和一流学科建设总体方案》等文件，为培养高素质人才指明方向。另一方面，习近平总书记多次在重要会议上发表重要讲话，为人才培养做出重要指示，如 2016 年在全国高校思想工作会议上提出要将立德树人作为高校思想政治工作的中心环节；2018 年在全国教育大会上指出要培养德智体美劳全面发展的社会主义建设者和接班人。

在习近平总书记高屋建瓴的战略布局，以及国家方针政策的指导之下，劳动教育作为培养社会主义建设者和接班人的重要途径同样得到了重视和强调。在全国教育大会上习近平总书记强调，要在学生中弘扬劳动精神，教育引导学生崇尚劳动、尊重劳动。为了实现这一目标，2020 年 7 月教育部出台《大中小学劳动教育指导纲要（试行）》，从目标、过程到保障全方位提供指导；我国各级政府和学校积极响应，通过开展各种形式的劳动教育活动，如组织学生参与社会实践、志愿服务等，让学生在实践中体验劳动的艰辛与乐趣，培养他们的勤劳、诚实、创新等品质。耕读教育是我国古代教育的重要传统，也是培养德才兼备人才的有效途径。近年来，我国开始重视并恢复耕读教育的传统，通过结合现代农业科技和农业实践，培养学生的农业生产技能和实践能力。在政策层面，中共中央、国务院发布的《关于全面推进乡村振兴 加快农业农村现代化的意见》，以及教育部印发的《加强和改进涉农高校耕读教育工作方案》等政策文件鼓励和支持各地开展耕读教育实践、传承和发扬耕读文化。在现实层面，各级政府和学校积极响应国家政策，推广先进的农业技术和装备，提高农业生产效率和质量，同时，还注重培养学生对农业的热爱和对农民的尊重，让他们在实践中感受到农业的重要性和价值。

在新时代背景下推进耕读文化赋能农林高校就业教育，不仅是传承和弘扬中华优秀传统文化的重要途径，更是符合我国国家战略的现实需要。积极响应国家号召，将耕读文化融入高校教育体系，有利于通过丰富多彩的教育实践活动，让学生在实践中体验、感悟、成长，从而为国家的繁荣富强培养更多有理想、有本领、有担当的时代新人。

二、理论背景：文化自信与文化强国

在国家大力倡导乡村振兴、农业农村现代化的宏观背景之下，在鼓励涉农学科发展、涉农高校建设的政策背景之下，以及党的二十大以来有关大力建设“教育强国”“科技强国”“人才强国”“文化强国”的国家战略的倡导之下，针对“耕读文化”与“高校教育”及“就业观教育”的相关研究成果层出不穷。

“耕读文化”作为中国传统文化的重要组成部分，深深根植于中华农耕大地，成为中华文明的重要标识之一。在耕读文化研究方面，目前国外尚未出现直接研究成果，相类似的文献主要涉及理论与实践相结合、实用主义和服务性学习等范畴。托马斯·莫尔（St Thomas More）在其著作《乌托邦》中强调了将学校的系统理论学习运用于实践的重要性。具体来说，他主张儿童教育应当脑力劳动与体力劳动相结合，不仅要在学校里学习农业知识，还要去田野里从事观察和劳动。① 这种思想体现了莫尔对于教育与实践紧密结合的重视，他认为通过实践，学生可以更好地理解和应用所学知识，从而培养出既有理论知识又有实践能力的全面发展型人才。约翰·杜威（John Peney）在《民主主义与教育》中，详细论述了“教育即经验的改造”这一命题，而经验的改造正是知识与行动合一的过程。他强调，经验既包括主体的尝试、试验、探究，也包括客体方面经受的结果、效应，因此，经验本身就蕴含了知识和行动的结合。② 在国内，有关耕读文化的研究从近代以来便成为学者们关注的对象。许多学者从历史学、文化学、社会学等角度对耕读文化进行了深入研究，取得了丰硕的成果。近年来，随着传统文化的复兴和乡村振兴战略的实施，耕读文化再次受到人们的关注，学者们从不同角度对耕读文化进行了深入探讨，提出了许多新的观点和见解。在耕读文化内涵阐释方面，祁红亭指出耕读文化是躬耕勤俭、自强不息、尚德崇仁和爱国情怀③；吕叙杰、刘广乐认为其核心体现的是勤劳简朴、勇毅坚强、勤学苦读和耕读相济等重要品质④。在耕读文化的价值与传承方面，刘亚玲、雷稼颖提倡结合时代精神和

---

① 莫尔．乌托邦［M］．李灵燕，译．西安：西北大学出版社，2016：41-45.

② 杜威．民主主义与教育［M］．魏莉，译．武汉：长江文艺出版社，2018：125-129.

③ 祁红亭．弘扬耕读文化推进乡村文化振兴的路径：以浙江省海宁市为例［J］．云南社会主义学院学报，2019，21（4）：140-145.

④ 吕叙杰，刘广乐．论耕读文化的价值意蕴及启示［J］．学校党建与思想教育，2022（12）：43-45.

地方特色，保护、传承和重塑新时代耕读文明①；梁媛表示高校应结合劳动教育，鼓励学生参与农耕实践②。在耕读文化传承的困境方面，秦玮苡、马云天指出当下学校在传承耕读文化过程中面临顶层设计不全面、资源挖掘不足、对耕读文化内涵理解片面等困境③；黄俊贵认为目前农民缺乏对耕读的追求，青少年缺乏对耕读的敬畏④。

党的十八大以来，党中央高度重视就业工作，习近平总书记在重要场合中多次强调“就业是民生之本”，是国家富强、人民幸福的重要基石。在就业观研究方面，在国外，早在 20 世纪 20—30 年代，西方就基于价值观视角展开了就业的讨论，至今已经形成了职业发展理论、职业选择理论和个体需求理论等代表性学说。在国内，关于就业的概念研究，王春华提出就业观是人对就业的认知和态度，它受个人主观因素和社会客观现实的影响⑤；丁永刚提出就业观是对择业目的、意义、方式和空间等方面的根本看法和态度⑥。在就业观与“三观”的关系研究方面，骆剑琴认为就业观是个体“三观”在就业选择上的总和反映⑦；胡维芳指出就业观是人生目标和人生态度在就业选择方面的具体，具有导向作用⑧。在关于促进涉农高校就业的相关研究中，魏凤指出大部分涉农高校停留于招聘信息、宣传政策和组织招聘会等事务性工作⑨；卢玉珍认为通过大学生思政教育来促进赴农导向有些欠缺，对当前涉农高校就业教育的现状进行分析⑩；王丽萍认为需要结合农林学子需求和竞争力开展

---

① 刘亚玲，雷稼颖．耕读文化的前世今生与现代性转化［J］．图书馆，2021（4）：89-93.
② 梁媛．文化传承视野下的新耕读教育模式论［J］．重庆社会科学，2017（8）：109-115.
③ 秦玮苡，马云天．耕读文化传承：意义、困境与策略——基于学校文化发展的研究［J］．教育观察，2020，9（44）：138-140.
④ 黄俊贵．对振兴耕读文化的思考［J］．图书馆，2016（2）：1-4，20.
⑤ 王春华．大学生就业观的嬗变与引导［J］．中国就业，2016（11）：50-51.
⑥ 丁永刚．现今大学生就业观存在的误区及引导对策［J］．青海社会科学，2008（3）：166-170.
⑦ 骆剑琴．高等教育大众化下的大学生就业观教育［J］．理论与当代，2005（3）：17-18.
⑧ 胡维芳．后危机下“90 后”大学生就业观的特点、成因与对策研究［J］．青海社会科学，2010（6）：72-75，144.
⑨ 安玉然，魏凤．农林高校毕业生就业状况调查分析：仅以某农林高校 2010 届毕业生为例［J］．劳动保障世界（理论版），2011（1）：11-14.
⑩ 卢玉珍．农林院校大学生就业问题及对策研究［D］．雅安：四川农业大学，2012.

差异化、精细化的指导，配置相应服务队伍①；周慧芳提出建立市场、政府、学校和企业四方联动的促进体系以完善就业服务②；安亚虹主张从人才培养模式、专业认同教育以及就业创业实践等方面提升涉农高校学生就业能力③；李春亭认为应通过就业观教育发挥其对新农人的驱动作用，以优化涉农高校就业的相关路径④。

目前中国知网中以"耕读文化"+"高校"为标题的文献仅11篇，且大多集中于从宏观层面探讨耕读文化对高校教育、改革的影响及相关实施路径，有关"耕读教育"赋能涉农高校学生就业指导的相关研究目前仍有相当大的可开拓空间。在促进涉农高校学子"赴农"就业的文献中，大部分采用就业指导课、政策倾斜宣传等方式提高学生服务"三农"意愿，覆盖面和力度不够，且"促进"方式主要沿用传统意义上的建设范式，对新形势背景下的青年话语体系和价值诉求的关注度不够，使"目标导向"与学生"价值认同"之间的矛盾凸显。除此之外，探究文化要素对涉农高校学生赴农工作的影响的文献较少，将耕读文化融入其中的研究尚未形成。

三、现实背景：农业人才的素质特征

在当今社会，农业作为国民经济的基础产业，其重要性不言而喻。随着科技的飞速发展和全球化的深入推进，农业领域正经历着前所未有的变革，对人才的需求也日益多元化和高端化。涉农高校作为培养农业人才的重要阵地，其人才培养现状直接关系到我国农业现代化的进程和乡村振兴战略的实施，意义重大、不容有失。

近年来，涉农高校积极响应国家号召，不断优化专业设置，增设了一系

---

① 王丽萍，古世峰，胡冰．大学毕业生农村基层就业质量及影响因素研究：基于BP神经网络模型［J］．大学教育，2023（10）：141-145.

② 周慧芳，刘鲁峰．浅议新媒体背景下如何做好农业院校毕业生就业工作［J］．教育教学论坛，2014（33）：191-192.

③ 安亚虹．乡村振兴战略视域下应用型本科高校涉农专业大学生就业能力提升路径研究［J］．牡丹江教育学院学报，2020（6）：70-72.

④ 李春亭．新农村建设与大学生互动发展：从知识反哺农民的视角［J］．生产力研究，2007（2）：25-26，100.

列与现代农业、农业科技、农村发展等紧密相关的专业，以满足农业领域对多样化人才的需求。同时，课程体系也逐步向多元化、实践化、国际化方向发展，旨在培养具有创新精神和实践能力的高素质农业人才。此外，涉农高校还注重师资队伍的建设，引进了一批具有丰富实践经验和国际视野的优秀教师，并加强实验室、实训基地等教学资源的建设，为学生提供了良好的学习和实践环境。在涉农专业学生的就业指导及择业观教育方面，涉农高校通常采用课堂教学、实践教学、职业规划指导等多种形式。其中，课堂教学主要涵盖职业生涯规划、就业形势分析、就业政策解读等课程设置；实践教学通过组织学生参与农业生产、农村调研等活动，增强学生对农业农村的感性认识和实践能力；职业规划指导则侧重于帮助学生明确职业目标，制定切实可行的职业规划。

然而，涉农高校在人才培养过程中也面临着诸多挑战。首先，学科交叉与融合不足是当前存在的主要问题之一。现代农业的发展要求农业领域与生物技术、信息技术、经济管理等多个学科的交叉融合，但涉农高校在这方面仍存在一定的不足。其次，实践教学资源有限也是制约涉农高校人才培养的一个重要因素。尽管涉农高校在实践教学方面有所投入，但相比其他学科，农业类专业的实践教学资源仍然有限，难以满足学生日益增长的实践需求。最后，在择业观教育中，一方面存在教育手段不科学的问题，即存在重理论轻实践的倾向，在择业观教育和就业创业指导过程中注重思想政治教育、缺乏实践锻炼和针对性指导；另一方面存在涉农高校学生的择业观念与市场需要脱节的现象，即部分学生受到社会上功利主义、个人主义思想的影响，在传统观念、家庭经济条件、个人兴趣爱好等综合因素的作用下，更倾向于选择城市或高薪行业就业，忽视了农业领域的广阔发展空间。

涉农高校在人才培养方面既面临着诸多挑战，也迎来了前所未有的机遇。在提高涉农高校人才培养质量、促进涉农专业学生就业的现实需要之下，加强耕读文化赋能涉农林高校就业教育的研究有其重要的现实意义。在就业择业指导方面引导学生树立正确的就业观念、加强专业认同感等，才能培养出更多适应现代农业发展需要的高素质农业人才，为我国农业现代化建设和乡村振兴战略的实施做出更大的贡献。

在文化研究领域，开展耕读文化研究有利于深化对耕读文化内涵和价值的认识，促进传统文化在新时代的创造性转化、创新性发展。习近平总书记在北京出席文化传承发展座谈会时强调，中华文明具有突出的“连续性、创新性、统一性、包容性”。当今激烈的国际竞争，不仅是科技的竞争、人才的竞争，也是文化的竞争，在新时代、新起点上继续推动文化繁荣，建设文化强国，建设中华民族现代文明，是我们新的文化使命。耕读文化作为中华传统文化的重要分支，在全面建成社会主义现代化强国的新时代背景下，在推进农业农村现代化、解决“三农”问题、实现乡村振兴的新征程中，被赋予了新的解读、新的使命。一是耕读文化作为传统文化中的一种独特文化形态，蕴含着丰富的历史和人文底蕴。通过传承耕读文化，可以进一步挖掘传统文化的精髓，从而增强文化自信。通过学习和传承耕读文化，涉农高校的学生可以更加深入地了解中华优秀传统文化的内涵和价值，从而增强文化自信和民族自豪感。这种文化自信将激励他们在未来的职业生涯中更加积极地投身到乡村振兴和农业农村现代化的事业中去，促使传统文化内化于心、外化于行。二是耕读文化强调以耕强体、以读润心，通过劳动与知识的结合，倡导俭朴生活和勤劳诚实的品质，耕读文化所蕴含的自强不息、知行合一、饮水思源、家国情怀等精神品质，与社会主义核心价值观具有高度契合性。通过传承耕读文化，可以引导人们树立正确的价值观和道德观，推动传统耕读文化与社会主义先进文化内联互通、创新发展。

在教育理论研究领域，通过探索耕读文化与择业观教育的结合点，有利于丰富和拓展涉农高校教育理论体系，提高涉农高校的教育质量和水平。一是有利于丰富教育内涵。耕读文化强调“耕”与“读”的有机结合，即农业生产与知识学习的并重。这种理念为教育理论体系注入了新的内涵，使教育不再局限于知识的传授，而是更加注重学生综合素质的培养。通过耕读教育，学生可以亲身体验到劳动的艰辛与价值，从而更加珍惜学习机会，形成勤奋好学的优良品质。二是促进理论与实践的结合。耕读文化注重实践经验的积累与总结，强调通过实践来深化对知识的理解和应用。这一特点有助于推动教育理论体系向更加实用、有效的方向发展。在教育实践中，教师可以引导学生将所学知识应用于农业生产和社会实践中，通过解决实际问题来检验和提升学习成果。这种理论与实践相结合的教学模式有助于培养学生的创新精神和实践能力，为教育理论体系的完善提供了实践支撑。三是强化教育的社会功能。耕读文化不仅是一种教育理念，更是一种社会文化的体现。它强调教育与社会的紧密联系，认为教育应该为社会发展服务。通过耕读教育，学生可以更加深入地了解社会现实和乡村文化，增强对社会的责任感和使命感。这种教育理念有助于培养学生的社会责任感和公民意识，为教育理论体系的完善提供了社会价值导向。四是推动教育体系的创新与发展。耕读文化作为一种具有深厚历史底蕴的教育传统，其独特的教育理念和方法对于推动教育体系的创新与发展具有重要意义。通过挖掘和传承耕读文化的精髓，教育工作者可以不断创新教育模式和方法，以适应时代发展的需要。同时，耕读文化所倡导的勤劳、节俭、尊师重道等优秀品质也有助于塑造良好的教育风气和校园文化氛围，为教育理论体系的完善提供了良好的环境保障。

开展耕读文化赋能农林高校就业教育研究，不仅能在理论层面丰富和深化现有的研究成果，更重要的是能以理论研究反哺实践教学领域，为涉农高校人才培养提供实践依据。具体来看，主要有以下三点意义。

第一，有利于促进涉农高校在新时代“三农”高质量发展中的角色担当，尝试营造面向农业农村的积极就业氛围。一方面，开展耕读教育有利于引导学生树立正确的择业观念，增强他们服务“三农”的责任和担当。耕读教育强调农业生产与知识学习的结合，通过让学生亲身体验农耕生活，了解农业的重要性和农民的辛勤付出，从而增强学生的责任感和使命感。这种责任感和使命感会促使学生在选择职业时更加关注社会需求和公共利益，而非仅仅追求个人利益和物质享受，使他们成为有担当、有贡献的社会成员。另一方面，有利于提升涉农高校毕业生的就业创业能力，促进他们更好地适应农业农村现代化建设的需要。随着城市化进程的加速推进，农业和农村发展面临着诸多挑战和机遇。耕读教育通过让学生深入了解农业生产和农村生活，引导他们关注农业和农村的发展动态和趋势。这种关注有助于培养学生的乡土情怀和农业意识，使他们更加愿意投身于农业和农村的发展事业中。同时，随着国家对农业和农村的重视和支持力度不断加大，农业和农村领域也涌现出越来越多的就业机会和创业空间。因此，引导学生关注农业和农村发展，有助于他们拓宽就业渠道和创业思路。

第二，有利于为涉农高校培养更多担当民族复兴大任、知农爱农的新型农科人才提供实践支持。近年来，党中央高度重视科教兴国、人才强国战略实施工作，深入推进乡村振兴、促进农业农村现代化。通过将耕读文化融入现代教育体系当中，有助于构建“三全育人”格局，“五育并举”提高涉农人才培养质量。一方面，耕读文化通过整合农业资源、文化资源和社会资源，为“全员育人”提供了丰富的教育素材和实践平台，使得教育不再局限于学校内部，而是延伸到更广阔的社会空间；耕读文化中的教育内容涵盖了农业生产、文化知识、道德品质等多个方面，这些内容在不同阶段相互衔接、逐步深入，为学生提供了连续、系统的“全程”教育体验；耕读文化旨在培养学生的综合素质和能力，包括认知能力、实践能力、创新能力、道德品质等多个方面，这与“全方位”育人的目标相一致，有助于实现学生的全面发展。另一方面，耕读文化通过对劳动道德品质的熏陶、劳动知识技能的获取、身体素质的锻炼、对自然风光等审美能力的培养，以及对劳动观念的培养，为涉农高校培养更多综合素质超群的农业人才。

第三，有利于为湖南省健全涉农高校的人才培养体系提供方法论参考和经验借鉴。湖南省在农业领域具有举足轻重的地位，湖南省粮食播种面积常年稳定在7000万亩左右，产量稳定在600亿斤左右，在保障国家粮食安全方面扮演着重要角色。湖南农业大学作为湖南省内唯一一所省部共建农业高校，在服务乡村振兴、培养农林人才、创新科学技术等方面责任重大。2024年湖南省政府工作报告指出，要着力发展社会民生事业，突出就业优先导向，将做好高校毕业生就业攻坚工作置于重中之重。在这一背景之下，推动“耕读教育”赋能涉农高校大学生就业的相关研究工作，有助于为培养更多“适销对路”的新型农科人才提供新思路，继而减轻社会就业压力，以耕读教育促进学生择业观转变，保障毕业生就业创业工作的顺利进行。除此之外，推动“耕读教育”赋能涉农高校大学生就业的相关研究工作，有助于为涉农高校人才培养模式改革提供新思路，将传统文化独特优势与新时代新问题相结合，为教育教学改革提供新的方向。中华传统文化博大精深、源远流长，作为内蕴丰富的“宝矿”有待后人进一步发掘。传统耕读文化不仅强调“耕”即劳动实践的重要性，还注重“读”即价值文化的培养，这种教育模式打破了传统教育与实际生产相脱节的壁垒，针对性地解决当下涉农高校人才培养中“留不住，下不去”的问题，是优秀传统文化赋能解决时代新问题的有效举措，为今后人才培养体系改革发展等提供经验借鉴。

第三节 耕读文化与就业教育

一、就业教育源头探析

教育是促进个体社会化的过程，即让一个自然人更快地成长为社会人的过程。总体来说，个体享受的教育资源越多，在后续职业生涯中的社会价值越大，自然也处于更高层次的社会阶层。中国已进入高等教育普及化阶段，教育资源的相对丰度已达较高水平，随之而来的庞大大学毕业生群体就业安置就成了问题。2024 年，中国大学毕业生人数高达 1179 万，同年的出生人口仅 882 万人（1963 年出生人口 2934 万人），大学毕业生远多于同年出生人口的事实应该导出两个思考：一是目前中国人口的纺锤形年龄结构将导致何等程度的人口老龄化，供养老人的负担远高于抚养小孩的负担，人口断崖式下降将带来诸多社会问题。二是进入高等教育普及化阶段以后，大学毕业生就业本质上就是全民就业安置问题，高校是否需要承担过大的就业安置责任和压力，如何将大学毕业生就业安置责任从高校向社会转移，使高校将更多精力集中到人才培养、科学研究、社会服务，如何恢复和强化高校的本位职能，值得深入探讨。

劳动改造世界，劳动改造人类自身。人类需要通过劳动体现自身的存在价值和社会价值，不需要劳动可以获取丰富资源的个体其实是没有存在意义的。就业—劳动—薪酬是现代人类的生活模式或生存范式，不就业没有职业岗位就不需要付出具有社会价值的劳动，也就不可能获得劳动成果的应有报酬或待遇，正是这种生活模式或生存范式实现人类的可持续发展，也是激励个体社会化的源头驱动力。

就业教育是当代教育的专属概念，也是一个比较怪异的非常态概念。教育是一个灵魂对另一个灵魂的召唤，是教育者释放被教育者心智潜能的过程和手段，是提升个体承担某类职业岗位所需要的知识和能力的职前教育或培训。在这里，教育机构和教育工作者应该承担的是挖掘个体和群体的心智潜能，使他们能够更好地适应社会，具有更好的职业发展前景。把“就业”和“教育”两个单体词合并成一个新概念，可以阐发些哲学思维：教育的本质是什么？就业的目的是什么？就业教育到底要干什么？

教育旨在挖掘、激活个体心智潜能，提升个体的社会适应能力和职业岗位能力。在传统教育阶段，知识总量少，知识掌握者居于较高的社会阶层，部分知识掌握者成为老师承担教育职能，老师和教材成为知识的垄断者，受教育者必须承担高昂的教育成本，形成教育和受教育的特权阶层。人类进入知识经济时代，一方面财富的迅速增长同时也伴随教育资源的迅速增长，为全体公民公平享受教育资源创造条件；另一方面，社会对劳动者提出了更高的要求，必须全面提高公民的受教育水平，从义务教育到高等教育普及化，是适应社会经济发展的必然趋势。

就业的目的当然是获取薪酬和相关待遇，为个体及其家庭的生存和发展奠定经济基础，同时为社会发展做出自己的贡献。当然，多数职业人不需要思考这些问题，本质上可概括为求生存、图发展。求生存好理解，但衣、食、住、行有个层级消费问题，钱多者高消费，钱少者也必须保证基本生存需求。图发展涉及马斯洛的需求层次论，在生存需求、安全需求等基本需求得到满足以后，就出现了情感需求和归属需要，恋爱、婚姻、家庭、交流圈、管控域等就进入了个体的心理需求，再高层次的发展则是体现个体的社会价值。

就业教育是一定时期的社会需求。高等教育是典型的职前教育，大学毕业生直接进入职场就业是一种理想状态，在计划经济背景下是可以实现的，市场经济背景下几乎不可能直接实现。一方面，家庭承受了较高的教育成本，必然提出毕业后直接就业的诉求。另一方面，大学毕业后独立生活需要经济支持，尽快取得薪酬支持自己的生活也是一种现实需求。马丁·特罗的精英型、大众型、普及型高等教育阶段论与就业教育之间存在一定的逻辑关系，精英型高等教育阶段，大学毕业生供给远远不能满足社会需求，作为稀缺资源很受社会欢迎，就业安置不成问题。进入高等教育大众化阶段以后，随着大学毕业生供给数量的不断增加和信息不对称等原因，部分毕业生不能很快找到工作或找不到自己心目中的理想工作，本身是一种正常现象，精英阶段的思维惯性、家庭承担教育成本的产出需求、当事人的生活窘境和社会舆论渲染将大学毕业生就业问题化了，迫于多方压力，高校和教育部门必须提出解决策略，"就业教育"也就应运而生。高等教育进入普及化阶段以后，每个人都可以上大学，所有大学生毕业后都需要找工作，就业安置的责任主体何在？就业教育的价值何在？

二、农林高校的就业困境

1952—1953 年，毛泽东同志在高等教育领域组织了声势浩大的"院系调整"，对旧中国留下来的高等学校进行社会主义改造，同时进行资源优化配置，重组了少数综合性大学和一大批专门学院，形成了北京农业大学、29 所地方农学院和一批农业专科学校及中等农业专业学校的农业教育新格局。在其后的 30 多年内，总体格局变化不大，除 1973—1976 年间招收的"工农兵大学生"执行"社来社去"政策以外，基本上是实行计划招生、毕业后统一安排工作政策，不存在就业教育问题。

1977 年恢复高考制度，农林高校继续执行计划招生、国家统一分配工作政策，考上大中专学校就意味着成为国家的"准干部"，享受无须家庭出资的优质教育资源，农村户口转为城市户口，体现着国家对精英们的关怀，大学生的地位无疑非常尊崇。1994 年，原国家教委发出重要文件，标志着中国高等教育进入"并轨"时代，1997 年全面并轨，中等农业专业学校归入中等职业教育体系，本专科生实行统一录取分数线和收费标准，毕业后不再由国家统一分配工作。这一变革迫使农林高校探索"学生自费、自主择业"新机制。并轨后的大学毕业生必须面对就业问题，与学长们的稳定待遇和统一安排工作纵向比较，使他们形成巨大的心理落差；大学毕业生不再是稀缺资源，而带来的就业难，使他们面对求职应聘手足无措；对家庭和学校的依赖心理使他们缺乏求职应聘的信息和策略，农林高校不得不开展就业教育：调适择业心理、调整择业期望、指导求聘面试技巧、指导职业生涯规划等。

事实上，农林高校具有一些特殊的就业困境，可以分类阐述。农林高校内的农林类专业毕业生，享受了农林高校的优质教育教学资源，理应在农林业生产一线、企事业单位、政府机关等找到合适工作，但"好单位"需求量小，大部分毕业生必须到生产一线工作，部分毕业生对田里、土里、泥里、山里、水里的农林业基层工作具有排斥心理，只想到工作环境更好和交流圈更大的城市工作，造成需求与供应的不匹配。

"并轨"后的农林高校招生规模迅速扩大，不断开设新专业，具有向综合性大学发展的明显趋势。但是，农林高校的非农林类专业并不具备优势，人才培养质量自然比不过综合性大学或其他专门学院，在人才市场缺乏核心竞争力，从而导致目前农林高校的经济学类、管理学类毕业生很难找到专业对口的工作岗位。

三、耕读文化赋能就业教育

"耕"的原初含义是扶犁驾牛耕翻土地，铁犁牛耕是基本范式，因此而演绎出男耕女织自给自足的小农经济。"读"的原初含义是读书学习，挑灯夜读、埋头苦读、凿壁偷光、悬梁刺股等励志故事很多，学而优则仕是重要的激励机制。耕读文化是道家思想的行为演绎，耕为衣食来源，顺应自然须以耕糊口、以耕养身但不为买房置地；读为精神食粮和修身养性，以读养心、以读怡情但不为科举，耕读并行、随心所欲体现无为而治。

耕读文化具有丰富内涵，耕读文化赋能就业教育具有其特殊内涵：①大学生也在读书，与耕结合空间很大，当然不是说真要大学生去扶犁耕地，勤耕、深耕的目标指向是实践技能、实验技能、科研技能等专业技能训练，要求大学生积极投身各类社会实践活动，不做象牙塔里的书呆子。②耕读文化的核心内涵是耕读并重、耕读互融，既重视理论学习和探索思考，同样重视动手实践，为提高"耕"的效率而"读"，为深刻理解和领悟"读"的内容而"耕"，通过寓耕于读的课程体系改革实现理论与实践相结合，通过寓读于耕的实践教学活动提升学生专业技能和实践创新能力，通过耕读互融的竞赛活动提升学生综合素质。③将耕读文化内化为大学生的心理动能，融入大学生的行为理念，提升大学生的身体素质和心理素质，使他们在求聘应聘时具有更合理的动机和行为，使他们具有更好的职业发展前景。

第一章

耕读文化赋能农林高校就业教育的历史逻辑

耕读文化，作为中华民族独特而深厚的文化现象，其历史脉络深邃且内涵丰富，不仅承载着古代士人的理想追求与生活实践，更深刻反映了中国社会结构、经济形态、文化观念乃至哲学思想的变迁。

第一节　耕读文化的历史脉络

从远古时期的刀耕火种到封建社会的精耕细作，农耕文明孕育了华夏儿女勤劳智慧、自强不息的精神品质。而读书，作为提升个人修养、传承文化智慧的重要途径，更是与农耕生活相辅相成，共同塑造了耕读文化的深厚底蕴。随着历史的演进，耕读文化不仅见证了中华文明的繁荣与发展，更在时代变迁中展现出其独特的生命力和价值，成为连接过去与未来、传统与现代的重要桥梁。

一、先秦时期：耕读文化的萌芽

耕读文化的萌芽可以追溯到先秦时期，尤其是春秋战国时期。这一时期，随着农业的发展和生产力的提高，社会结构发生了深刻变化，为耕读文化的产生提供了土壤。孔子作为儒家学派的创始人，虽未直接提出“耕读并重”的明确口号，但通过对“耕”“读”两者各自价值的阐述，我们可以窥见他对这一教育理念的独特见解。相较于具体的农耕技能，孔子在教育教学上更侧重于礼、义、信等道德学问的传授。例如，他曾在《论语》中表示，君子应“谋道不谋食”，“学也，禄在其中矣”，认为君子应追求的是道义而非物质生活的满足，通过学习可以获得官职和俸禄，具有一定的现实指导意义。尽管孔子轻视农耕劳动，但他也认识到农业生产对于社会生存的重要性。例如，他强调“耕也，馁在其中矣”，即不耕种就会挨饿，这体现了孔子对农业生产作为人类生存基础的认识。孔子关于耕读教育的论述体现了他对“耕”与“读”的深刻理解和独特见解，虽然他在一定程度上轻视了农耕劳动的价值，但他对知识学习和文化教育的重视以及将二者结合起来的理念仍对后世产生了深远影响。与此同时，以许行为代表的农家学派则明确提出了“贤者与民并耕而食”的主张，强调贤人应与民众一同参与农耕，进行耕读教育。许行著有《野老十七篇》，被认为是我国农耕文化教育的开山之作，对后世的耕读文化产生了深远影响。

在商周时期，虽然农业已成为生活资料的主要来源，但耕读文化尚未形成明确的概念。然而，从教育制度和教育形式来看，至少在西周时期，已经出现了耕读结合的雏形。虽然当时的教育主要掌握在贵族手中，但乡学的存在使得少数庶民也有机会在农事之余接受教育。在这一背景之下，耕读文化逐渐破土而出、萌发成芽。

二、封建时代：耕读文化的形成与发展

（一）秦汉三国时期：耕读文化的初步形成

秦汉时期是中国历史上一个至关重要的转折点，它不仅标志着封建土地私有制的确立与统一国家的建立，更是耕读文化初步形成的黄金时代。这一时期，统治者们以身作则，亲自参与农耕活动，将农业视为国家之本，为耕读文化的兴起奠定了坚实的基础。

汉高祖刘邦，他深知农业对国家稳定与发展的重要性。因此，即便在登基为帝后，他依然保持着对农耕的深厚情感，时常亲自下田劳作、与民同耕，这一举动不仅提高了农民的生产积极性，也树立了重视农业、尊重农民的典范。随后，汉文帝、汉武帝等继任者，更是将这一传统发扬光大，他们不仅亲自推广农业技术，还重用农业专家，如氾胜之等。通过他们的智慧和努力，农业生产技术得到了显著提升，农业产量大幅增加，为国家的繁荣富强奠定

了坚实的物质基础。

在这一时代背景下，涌现出了一批杰出的农学家和农书。西汉的氾胜之，凭借着自己丰富的农业实践经验和对农业生产的深刻理解，撰写了《氾胜之书》——中国历史上第一部较为完整的农书。该书系统地总结了黄河流域的农业生产经验和技术，对于后世农业生产的发展产生了深远的影响。而东汉的崔寔，根据自己经营田庄的实践经验，编撰了《四民月令》这部月令体农书。该书以月份为纲，详细记述了农民一年四季的农业生产活动以及家庭生活的各个方面，为后世了解古代农业生产生活提供了珍贵的资料。

与此同时，亦耕亦读的生活方式也在这一时期逐渐兴起。例如，诸葛亮作为三国时期的杰出政治家、军事家，其行为和思想中蕴含着对于耕读生活的重视。《三国志·蜀志·诸葛亮传》记载：“亮躬耕陇亩，好为《梁父吟》。”此处的“躬耕陇亩”即诸葛亮在南阳亲自耕种土地，同时不忘读书学习。这一行为本身就是耕读结合的生动体现。诸葛亮在《出师表》中也自述“臣本布衣，躬耕于南阳，苟全性命于乱世，不求闻达于诸侯”，进一步印证了他躬耕南阳、读书养性的生活状态。

（二）魏晋南北朝至隋唐：耕读文化的进一步发展

魏晋南北朝至隋唐时期，社会动荡不安，但耕读文化却在这一时期得到了进一步发展。《颜氏家训》是南北朝时期著名文学家、教育家颜之推所著，该书不仅是中国古代家庭教育的珍贵遗产，也对耕读教育有着深刻的论述。具体来看，一是强调农业劳动的重要性。颜之推在《颜氏家训》中强调要教育子女“知稼穑之艰难”，认为“斯盖贵谷务本之道也。夫食为民天，民非食不生矣。三日不粒，父子不能相存”。他明确指出，通过农业劳动来体会人生、了解世情，是做好官、当好家的基础。士大夫如果不了解农业，不参加农业劳动，会“治官则不了，营家则不办”。这种思想体现了对农业劳动的高度重视，以及将农业劳动视为教育子女的重要内容。二是强调读书问学的目的与意义。颜之推认为读书问学的目的是“开心明目，利于行耳”。他强调无论年龄大小，都应该读书学习，认为“幼而学者，如日出之光；老而学者，如秉烛夜行，犹贤乎瞑目而无见者也”。这种观点体现了对读书学习的重视，认为读书可以开阔视野、增长智慧、修身养性，是提升个人素质的重要途径。

三是强调耕读结合的教育理念。他要求家族后代"要稼穑而食，桑麻而衣"，即应当参与耕作，所吃粮食应来自收割得到的谷物，所穿衣裳应来自亲手或指挥种植的桑麻等农作物。这种教育理念强调了在从事农业生产的同时，也要注重读书学习，将耕与读有机结合起来，以培养家族成员的综合素养和实践能力。《颜氏家训》中有关耕读的论述体现了对农业劳动的高度重视、耕读结合的教育理念、读书问学的目的与意义以及耕读传家的家族传承方法。这些思想对于后世家庭教育和社会发展产生了深远的影响。

唐代，科举制度的完善为知识分子提供了更多的入仕机会，同时也促进了耕读文化的传播。许多士人通过科举考试进入仕途，但他们并未完全脱离农业生产，而是将耕读结合作为一种生活方式和价值取向。如唐代诗人李绅，他虽身居官场，但仍不忘农耕之本、感叹民生艰辛，写下了"锄禾日当午，汗滴禾下土"的千古名句，可见耕读文化对这一时期士人为人治学等方面也产生了深远影响。

（三）宋元时期：耕读文化的广泛普及

宋元时期，耕读文化得到了广泛普及。宋代是中国古代科技文化发展的高峰期之一，也是耕读文化发展的重要阶段。这一时期，农业技术得到了显著提高，农具和灌溉设施的不断改进促进了农业生产的发展。同时，耕读结合的观念也深入人心，成为当时社会的一种普遍现象。

宋代，随着科举制度的完善和发展，士人阶层逐渐崛起，成为社会中坚力量。这些士人大多出身农村，或有着浓厚的农村背景，他们既精通儒家经典，又熟悉农业生产实践。他们通过科举考试进入仕途后，往往将耕读结合的理念带入官场和社会生活中，从而推动了耕读文化的普及和发展。一方面，宋代出现了许多以耕读为主题的诗词歌赋和文学作品，如范成大的《四时田园杂兴》等。这些作品不仅描绘了田园生活的美好景象，也表达了作者对耕读文化的热爱和向往之情。另一方面，宋代的知识分子不仅积极参与农业生产实践，还总结了大量生产经验，写出了许多农书。如陈翥的《桐谱》是世界上第一部研究泡桐的专著；刘蒙的《菊谱》则是菊花研究的权威著作。这些农书的出现不仅丰富了中国的农学宝库，也推动了耕读文化的发展。

进入元代，虽然统治政策对汉人有一定的限制和压迫，但耕读文化仍然得到了传承和发展。许多士人通过科举考试进入仕途，但他们并未忘记自己的农耕之本，而是将耕读结合作为一种生活方式和价值取向。同时，元代的农业技术也得到了进一步提高，为耕读文化的发展提供了更加坚实的物质基础。

（四）明清时期：耕读文化的鼎盛与传承

明清时期是耕读文化的鼎盛时期。随着科举制度的进一步完善和农业生产的不断发展，耕读结合的观念更加深入人心。在这一时期，不仅士人阶层普遍重视耕读结合，而且许多农民家庭也开始注重子女的教育和培养。他们希望子女能够通过读书改变命运，但同时也强调劳动的重要性。

明清时期出现了许多著名的农学家和农书。如徐光启的《农政全书》是一部集大成的农书，不仅总结了前人的农业生产经验和技术成果，还提出了许多新的农业思想和理论。此外，清代还出现了许多地方性、专业性的农书，如《齐民要术》的续编《农桑辑要》，江南地区的《沈氏农书》《补农书》等，这些书籍不仅记录了各地的农业技术和实践经验，也反映了当时社会对于耕读文化的深刻理解和广泛应用。

明清时期，耕读文化还体现在乡村社会结构和教育制度的变革上。许多地方开始建立义学、社学等教育机构，为乡村子弟提供免费或低廉的教育机会，鼓励他们既学习文化知识，又掌握农业技能。这种教育模式不仅促进了乡村教育的发展，也强化了耕读结合的理念，使得更多的人能够在劳动中寻求智慧，在知识中体会劳动的价值。

明清时期的士人阶层也普遍重视耕读结合的生活方式。他们不仅在田间地头劳作，还致力于研究和推广先进的农业技术，提高农业生产效率。同时，他们也注重文化的传承和创新，通过编写农书、诗词歌赋、撰写家书等方式，将耕读文化的精髓传递给后人。例如，清代医学家石成金在其所著的《传家宝》中写道，“人生在世，惟读书、耕田二事是极要紧者。盖书能读得透彻，则理明于心，做事自不冒昧矣……若不读书，何以立身行道、显亲扬名？若不耕田，何以仰事父母？何以俯畜妻子？……要知一切事，总不如此二字之高贵安稳也"①，对"耕"与"读"的价值和意义进行阐述；晚清重臣左宗棠在家书中对子孙后代寄予希望，希望其能"学吾之耕读为业，务本为怀"，并在家中私塾、家庙中刻以"是好子弟，耕田读书""要守六百年家法，有善策还是耕田"等家训，劝诫家中后辈②。这种既重视实践又注重理论、既关注物质生产又关注精神追求的生活态度，成为明清时期耕读文化的重要特征。

三、近现代：耕读文化的衰落与重生

近代以来，耕读文化作为中华民族悠久历史中的重要组成部分，经历了前所未有的挑战与变迁，深刻反映了中国社会从传统向现代的艰难转型过程。

随着西方列强的坚船利炮打开国门，工业文明的浪潮汹涌而至，中国传统农业社会结构逐渐解体，农民的生活方式和价值观念发生了天翻地覆的变化。机械化生产逐渐取代了手工劳作，农民们不再仅仅依赖土地为生，而是纷纷涌入城市，寻求更广阔的发展空间。这一过程中，耕读文化所倡导的"耕以养身，读以明理"的和谐共生理念，逐渐失去了其原有的社会土壤和生存空间。与此同时，在"欧风美雨"的侵袭下现代教育体系逐步建立，尤其是随着西方教育模式的引入、新式学堂的建立，对传统耕读教育产生了强烈冲击。传统的儒家教育体系以科举制度为核心，培养了大量精通经典、擅长诗词歌赋的士人。然而，随着科举制度的废除和现代教育制度的建立，学生们开始接受更为系统和全面的知识教育，而不再局限于传统的经史子集；读书人也不再以耕读为业，而是更多地追求现代知识和专业技能。这种变化使得耕读文化中的许多元素，如农耕技能、乡土知识等，逐渐被边缘化甚至遗忘。

然而，新中国成立后，随着国家政治经济制度的根本变革和社会主义建设的全面展开，耕读文化迎来了重生的春天。

新中国成立后，政府高度重视农业和农村问题，将农业视为国民经济的基础，并采取了一系列措施推动农业现代化和农村文化建设。在这一背景下，耕读文化被赋予了新的时代内涵和使命。政府不仅倡导农民学习现代农业知

① 林万龙．耕读教育十讲［M］．北京：高等教育出版社，2021：85.
② 林万龙．耕读教育十讲［M］．北京：高等教育出版社，2021：88-89.

识技术，提高农业生产效率和质量，还鼓励农民传承和弘扬优秀传统文化，特别是耕读文化中的勤劳节俭、自强不息、尊老爱幼等美德。这些举措不仅促进了农村经济的繁荣发展，也提升了农民的文化素养和精神面貌。此外，新中国成立后教育的普及和发展也为耕读文化的重生提供了有力支撑。1958年，刘少奇在中央政治局扩大会议上提出应该建立两种“学校教育制度和工厂农村的劳动制度”，一种是“现在的全日制的学校教育制度和现在工厂里面、机关里面八小时的劳动制度”，另一种是“半工半读的学校教育制度和半工半读的劳动制度”①。为响应党中央号召，彼时各地农村开办了大量“半工（农）半读”式的“耕读学校”，在学校教育中注重劳动教育和实践活动的开展，使得学生们有机会亲身体验农耕生活、了解农村文化，使得耕读传统在新中国大地上重新焕发生机。

第二节 耕读文化的演绎机制

一、农耕文明奠定耕读文化资源基础

人类最基本的需要是生存的需要，是吃饭、穿衣等最基本的生活需求。作为四大文明古国之一的中国，五千年的文明史，造就了丰富的物质文化遗产和非物质文化遗产。可以说，农政、农艺和传统手工艺，作为农耕文化的物质基础，形成了以男耕女织、铁犁牛耕、精耕细作为基础特征的自给自足的小农经济；宗法制度和宗族制度作为农耕文化的生息环境，构建了政权、族权、神权、夫权结合交织的相对稳定的社会秩序和人际环境；宗教信仰和伦理道德作为农耕文化的行为理念，通过三教融合、纲常伦理、乡风民俗交织互构社会多元化主流价值观；阳春白雪与下里巴人的农耕文明文化艺术，通过传统演艺、民俗文化、宗教文化、琴棋书画等形成多维文化陶冶环境。

（一）农耕文明的物质基础

农耕文明的物质基础，具体表现为中国古代的农艺、农政和传统手工艺，

① 陈小梅．“两种教育制度，两种劳动制度”［J］．中国档案，2012（3）：74-75.

以及由此而建构的男耕女织、铁犁牛耕、精耕细作为基础特征的自给自足的小农经济。中国传统农耕文明的物质基础，留下了丰富的物质文化遗产和非物质文化遗产，奠定了耕读文化资源基础。

1. 农艺与农政

中国社会历来以农立国，农艺备受统治者和广大民众推崇。“农，天下之大本也，民所恃以生也；而民或不务本而事末，故生不遂。”① 历朝历代的统治者在施政方针上都以重农思想为指导，注重农业政策的稳定，客观上促进了农业技术的发展，并逐步形成了相对健全的农业制度、农业税收政策与土地制度。在长期农耕实践中总结农事生产经验创作的农书和总结农业生产经验形成的谚语是中国农耕技术得以传承的智慧结晶。中国传统农艺的典型特征是精耕细作，通过施用有机肥、间混套作技术和合理的轮作换茬维持地力，通过生物措施和物理措施防治病虫草害保证了食品安全，使其成为现代生态农业的雏形。需要说明的是，传统农艺不单指种植业，它是一种以家庭经营为基本特征的小规模作物种植结合小规模的蔬菜生产和小规模的庭院养殖，实现家庭消费的自给，除完成赋税和军备需要外，很少有产品形成商品，故而形成典型的自给自足小农经济。

2. 传统手工艺

传统手工艺有着悠久的历史，新石器时代就出现了简单工具的手工制作，其后逐渐发展形成了陶艺、编制艺、雕艺、木艺、印染艺、金属冶炼艺和金属加工艺等。据周煇撰《清波杂录》所载，我国唐代社会的手工艺分为“三十六行”。徐珂在《清稗类钞·农商类》中说：“三十六行者，种种职业也。就其分工而约计之，曰三十六行，倍则为七十二行，十之则为三百六十行。”在现代工业化冲击下，许多传统手工艺产品已不再具有市场需求，取而代之以工业化产品。

（二）农耕文明的生息环境

农耕文明的生息环境，具体表现为封建宗法制度和宗族制度，封建宗法制度和宗族制度形成了政权、族权、神权、夫权相互交织的相对稳定的社会

① 《资治通鉴》第三卷汉文帝二年皇帝诏书语。

秩序和人际环境，并留下与之相关的大量物质文化遗产和非物质文化遗产。

1. 宗法制度

宗法制度是由封建父系家长制演变而来的，经过历朝历代的封建统治者的不断强化和改造，随着农耕文化的不断发展，在血缘延嗣和利益聚合的过程中，逐步形成了特有的宗族利益集团。宗法制度确立于夏朝，发展于商朝，完备于周朝，影响了后来的各封建王朝。按照周代的宗法制度，宗族中分为大宗和小宗。周王自称天子，为天下的大宗。天子的除嫡长子以外的其他儿子被封为诸侯。诸侯对天子而言是小宗，在他的封国内却是大宗。诸侯的其他儿子被分封为卿大夫。卿大夫对诸侯而言是小宗，在他的采邑内却是大宗。从卿大夫到士也是如此。因此贵族的嫡长子总是不同等级的大宗（宗子）。大宗不仅享有对宗族成员的统治权，而且享有政治上的特权。后来，各王朝的统治者对宗法制度加以改造，逐渐建立了由政权、族权、神权、夫权组成的封建宗法制。

人类社会是以血缘关系结合的家庭、家族和以地缘关系联系的社区为经纬组织而成的。虽然人类生存必定以一定的血缘组织和地缘组织为前提，但二者在社会结构中的作用，各个民族是不同的。中国古代，血缘组织的家庭、家族非常发达，而地缘组织的社区相对微弱。因此，社会生活与政治生活中血缘气氛浓厚，血缘组织对国家制度与政治思想影响之深世所罕见。

人类进入文明门槛之前，经历了漫长的氏族阶段。氏族制度大约起源于旧石器时代，一般认为，氏族的第一个阶段是母系氏族阶段，然后逐渐转化并过渡到父系氏族阶段。就中国的情况看，在距今5000年左右，黄河流域、长江流域地区已处于新石器时代的后期和原始社会的末期，氏族组织已普遍转化为父系氏族。父系氏族制度下的基本社会单元为“父系家族”，也称“父家长制大家庭”，一般由三四代或更多世代的同一个男性祖先的后裔所组成。中国跨入文明社会，约从公元前21世纪的夏朝开始，阶级对立产生后，阶级对抗的主要表现形式是氏族部落酋长职能向王权的转变，引起氏族部落成员的反抗，夏王朝依靠氏族血缘关系和军事力量实行对各部族方国的征服和压迫。公元前16世纪，商人在氏族血缘组织继续留存的情况下取夏而代之，社会结构表现为以商王为最高家族长的血缘家族系统。农业生产的基本组织形式还是以血缘关系为纽带的农村公社。公元前11世纪，周人取商而代之建立周朝，其大体过程以及西周的社会结构与夏、商颇为相似。可见，在建立国家后的阶级社会中，作为父权制血缘性亲属集团的“家族”（或称“宗族”）是由氏族社会后期的“父系家族”演变而来的。当然，二者也有区别，氏族社会的家族尚保留一定的“原始民主”遗风，而阶级社会中的家族，其家长已具有至尊的统治权和支配权。

随着“家族”的起源、成形和演变，相应的“家族制度”也逐渐形成，中国早期国家的家族制度，其主要表现形式就是“宗法制度”。孔子说：“殷因于夏礼，所损益，可知也；周因于殷礼，所损益，可知也。”（《论语·为政》）所谓的“礼”，是指以维护宗法制度为目标的社会制度体系、道德伦理体系和社会舆论体系。至西周，宗法制度已完全成熟，且非常完备而发达。与商代相比，其突出特点是与行政制度的结合，最高表现是君权与宗权的统一，并在此基础上规定了严格的嫡长子继承制。西周宗法制的三大原则为嫡长子继承制、宗庙祭祀制和同姓不婚制，也有学者认为分封制也是西周宗法制的主要特征之一。

夏、商、周被史学家称作“三代”。夏、商两代的国家最高元首称“帝”。夏朝的帝位由儿子接任，偶尔也有传给兄弟的。商朝的帝位大多传给弟弟，最后由最年幼的弟弟再传给长兄的长子或传给自己的儿子。公元前11世纪，周武王灭商建周，定都于镐京，并改“帝”为“王”。周王朝的王位明确规定只传长子，而且是“传嫡不传庶，传长不传贤”。周王朝的这一制度就是“宗法制”，它与中国姓氏有着直接的关系。宗法制是一个非常复杂的制度，其主要精神为“嫡长子继承制”，这是一种以父系血缘关系亲疏为准绳的“遗产（包括统治权力、财富、封地）继承法”。

宗法制源于原始社会后期的父权家长制。随着社会发展，漫长的原始母系氏族社会逐渐被父系氏族社会取代，并最终确立了父权在家庭中的统治地位，太古先民“知母不知父”的历史终于画上了句号。父权家长制家庭普遍实行“一夫多妻制”，并在诸妻中分别嫡庶。这个章法就是以母亲的身份和儿子出生的先后，把所有的儿子（女儿不在其中）划分为“嫡”和“庶”两类。嫡，正妻为嫡，正妻所生的儿子谓嫡生、嫡子，即正宗之意。庶，旁支也，妾所生的儿子谓庶子、庶出。嫡为大宗，庶为小宗。据《史记·殷本纪》载，"自中丁以来，废嫡而更立诸弟子，弟子或争相代立"，从而造成"比九世乱""诸侯莫朝"的局面。殷商后期，兄终弟及制为父子相承制代替。如帝乙的长子微子启生在"微"，封为子爵，名启；因启的母亲身微，非正妻，因此启虽为长子却不能承袭帝位。帝乙的小儿子辛（纣王），因其母是正宫，为嫡出，故继承了殷商的帝位。这说明殷商末期，嫡长子继承制已经确立。根据宗法制"传嫡不传庶，传长不传贤"的精神，周王朝规定：只有嫡长子才是继承王位或爵位的唯一合法者，庶子即使比嫡长子年长或更有才能，也无权继承。这就使弟统于兄，小宗统于大宗。庶子虽然不能继承王位，但他们可以得到次于王位的其他爵位。

周王朝依据宗法制度的基本原则，又创设了"分封制"，其具体办法是：周王朝的国王以都城镐京为中心，沿着渭水下游和黄河中游，划出一大片土地，建立由周王直接统治的中央特别行政区，此谓之"王畿"；王畿以外的全国所有土地，划分为大小不等无数块，分封给各路诸侯。但这些封国面积很小，实质上都是一个个城堡式的军事据点，以此为中心对四周地方加以控制，二三十个封国加起来的面积也没有王畿大。这就保证了中央对封国的绝对控制权，诸侯国像群星捧月似的，环绕拱卫着王畿。

2. 宗族制度

所谓宗族，是指拥有共同祖先的人群集合，通常在同一聚居地，形成大的聚落，是一种基于父系血缘的族群。宗祠、族权、族谱是宗族制度的三大要素。

宗祠习惯上称祠堂，是供奉祖先神主、进行祭祀的场所，被视为宗族的象征。宗庙制度产生于周代，《礼记·王制》中记载了帝王贵族的宗庙制度。上古时代，士大夫不敢建宗庙，宗庙为天子专有。后来宋代朱熹提倡建立家族祠堂：每个家族建立一个奉祀高、曾、祖、祢四世神主的祠堂四龛。在初立祠堂时，还要从现田中每龛取二十分之一作为祭田。清代，祠堂已遍及全国城乡各个家族，祠堂是族权与神权交织的中心。祠堂中的主祭称为宗长或族长，是封建社会中家族的首领，通常由家族内辈分最高、年龄最大且有权势的人担任。族长总管全族事务，是族人共同行为规范、宗规族约的主持人和监督人。宗祠体现了宗法制家国一体的特征。

宗族制度以姓氏为表征，以既得利益为主体，要求约定形成族权。族权有一系列规章制度，不同区域或不同家庭略有不同。族权大多通过族规、谱禁、宗规、祠规、家范、族约、族训、家训等条款以公约形式来约束本家族成员，并通过族长制度来行使奖惩权力。民间所谓“国有国法，族有族规”，反映了家族规约对族人的影响力。宗族制度得到历朝历代封建统治者的支持，族权布满中国社会各个角落，成为仅次于政权的权力体系。族权与政权互补互用，是中国封建社会得以长期延续的重要原因。毛泽东在《湖南农民运动考察报告》中有言：“这四种权力——政权、族权、神权、夫权，代表了全部封建宗法的思想和制度，是束缚中国人民特别是农民的四条极大的绳索。”深刻地揭露了宗法制度和宗族制度对广大人民群众的思想束缚。但是，从历史唯物主义角度来考察，正是这四种权力的结合，有效地维护相对稳定的封建统治和地方秩序。

族谱又称家谱、家乘、祖谱、宗谱等，是一种以表谱形式记载一个以血缘关系为主线的家族世系繁衍和重要人物事迹的特殊图书体裁。族谱以记载父系家族世系、人物为中心，是由记载古代帝王诸侯世系、事迹而逐渐演变来的。族谱是一种特殊的文献，就其内容而言，是中国五千年文明史中具有平民特色的文献，记载的是同宗共祖血缘集团世系人物和事迹等方面情况的历史文献，对于历史学、民俗学、人口学、社会学和经济学研究具有不可替代的独特功能。

（三）农耕文明的行为理念

1. 图腾文化

所谓图腾，就是原始时代的人们把某种动物、植物或非生物等当作自己的亲属、祖先或保护神。相信他们有一种超自然力，会保护自己，并且还可以获得他们的力量和技能。在原始人的眼里，图腾实际是一个被人格化的崇拜对象。我国是一个多民族国家，不同民族的先民有着不同的图腾文化，而且留下了一些特殊的文化资源，其中最为典型和普遍的是龙图腾。

距今 8000 年以前，原始先民已不单纯地、被动地依靠上天的赏赐了，他们把猎获的野马、野牛、野猪等畜养起来；也不单单吃那些采拾得来的野果了，而是有选择地种植谷物以求收获。他们能够熟练地取火用火，学会了用木头搭简单的房子，开始磨制石器、骨器，手工制作陶器，逐渐定居下来，从事生产活动了。生产活动使人们同大自然的接触越来越宽泛，自然界作为人之外的不可思议的力量对人们精神世界的冲击也越来越大。

在与自然的交往中，人们模糊地猜测到，应当有那么一个力大无穷的，与“水”相关的“神物”主宰着指挥着操纵着管理着这些动物和天象，像一个氏族必有一个头领那样。龙，作为一种崇拜现象，一种对不可思议的自然力的一种“理解”，也就从这个时候起，开始了它的“模糊集合”。

辽宁阜新查海原始村落遗址出土的“龙形堆塑”属“前红山文化”遗存，距今约8000年。“龙形堆塑”位于这个原始村落遗址的中心广场内，由大小均等的红褐色石块堆塑而成，全长近20米、宽近2米，扬首张口，弯腰弓背，尾部若隐若现，这条石龙是我国迄今为止发现的年代最早、形体最大的龙。内蒙古敖汉旗兴隆洼出土的距今达7000—8000年的陶器龙纹，陕西宝鸡北首岭遗址出土的距今达7000年的彩陶细颈瓶龙纹，河南濮阳西水坡出土的距今6400年的蚌塑龙纹等，都是我国龙图腾崇拜的年代证据。

龙的模糊集合过程的起点在新石器时代，经过商、周至战国时期的长足发展，到秦汉时便基本成形了。这个“基本”有两个意思，一是说构成龙的框架、要素、样式，秦汉时都基本具备了；二是说龙是一个开放的、不断纳新的系统，它并不满足秦汉时的基本成形，之后的历朝历代，直到今天，还都在不断地增减、衍变和发展。

严格意义上的图腾是自然界中存在的实物，而龙不符合这个条件，它们是自然图腾界里没有的神物，因此，要说龙为图腾的话，就只能将龙划归到广义图腾的范畴。龙是广义的图腾，有着图腾的实物体现。龙是由许多不同的图腾糅合成的一种综合体，这也体现了华夏民族绝对优于其他民族，是蛇图腾兼并与同化了许多弱小单位的结果。也就是龙是从蛇演变过来的，传说中龙的形象是：蛇身为主体，接受了兽类的四脚，马的毛，鬣的尾，鹿的角，狗的爪，鱼的鳞和须，意味着以蛇为图腾的远古华夏氏族部落，不断战胜并融合其他氏族部落，即蛇不断合并其他图腾逐渐演变为龙。

中国历代君王，皇袍上都以龙作为帝王标志。龙就是一种权力、力量、智慧的综合体，龙的广义解释，最能体现中国人的聪明才智。所以中国人始终爱龙、望龙、信龙。无论中国人走到哪里，都以自己是龙的传人感到骄傲和自豪！

2. 祖先崇拜

祖先崇拜是指一种宗教习惯和伦理道德的衍生物，在母系氏族社会向父系氏族社会发展的过程中，由图腾崇拜过渡而来，即在亲缘意识中萌生、衍化出对本族始祖先人的敬拜思想。最初始于原始人对同族死者的某种追思和怀念。氏族社会的演进确立了父权制，原始家庭制度趋于明朗、稳定和完善，人们逐渐有了其父亲家长或氏族中前辈长者的灵魂可以庇佑本族成员、赐福儿孙后代的观念，并开始祭拜、祈求其祖宗亡灵的宗教活动，从此才形成严格意义上的祖先崇拜。其崇拜行为的特点，首先是将本族的祖先神化并对之祭拜，具有本族认同性和异族排斥性；其次是相信其祖先神灵具有神奇超凡的威力，会庇佑后代族人并与之沟通互感；最后超越了原始图腾崇拜和生殖崇拜的认识局限，不再用动植物等图腾象征或生殖象征来作为其氏族部落的标志，而以其氏族祖先的名字取代，由此使古代宗教从自然崇拜上升为人文崇拜。在儒家的观念中，“忠”“孝”是最重要的美德，即使对已经去世的先人，也要像他们活着时一样尊敬，在节日中要供奉、祭祀。在中国，对祖先的崇拜已不再是一种宗教信仰，而是日常要遵守的行为准则。中国人对祖先的崇拜表现在定时扫墓、祭拜，在逝者下葬时，随同准备许多日常生活应用物品纸样，一同烧毁，如同送先人到另一个世界生活一样，并定时烧纸（送钱），甚至在不同季节送不同衣物的纸样烧毁。

3. 宗教信仰

信仰是指对某种主张、主义、宗教或人物极其相信和尊敬，作为自己行动的指南或榜样。信仰是心灵的产物，不是宗教或政党的产物，宗教或政党只起了催化剂的作用，没有宗教和政党，人同样可以拥有信仰。古代先民基于对自然界认识的限制，对超自然力量的敬畏心理和恐惧感，形成了对自然物的膜拜，进而形成图腾信仰。随着人类文明的发展，呼应统治者的需要和促推，不同国家、不同民族逐步形成了特定的主流文化，主流文化对大众的信仰具有引导、感染、潜移默化的作用，从而形成时代社会的主流价值观。

在中国传统农耕社会中，宗教信仰受佛教影响最大，道教作为本土原生宗教，虽然其明确的信徒群体不是很大，但其思想内核和基本教义却为大多数汉族人民所接受。此外，无论是佛教还是道教，在其发展演变过程中，都体现了与儒家文化的融合以及彼此之间的交融，即所谓“三教合一”“一体三家”。

作为中国最有影响力的本土宗教，道教弘扬道家文化，对中国人的修身养性和世界观、人生观、价值观形成具有重要影响。道家文化源于周朝末年的思想家李耳（老子，约前570—前400）创作的《道德经》，汉末建立太平道的张角（活动于约168—184年）和组织五斗米道的张修（活动于约178—191年）尊奉老子创立宗教，成为后世道教的发端。道教开创于公元2世纪，至今已有1800多年的历史，是一个崇拜诸多神明的原生多神教宗教形式，主要宗旨是追求长生不死、得道成仙、济世救人。道教以道为至高信仰，认为无形无象、玄之又玄、无法言说。道在人和万物中的显现就是德。故万物莫不尊道而贵德。道散则为气，聚则为神。《道德经》的“道生一，一生二，二生三，三生万物”，就是“不停地无中生有、有又还无地周而复始运转变化”。在中华传统文化中，道教（包括道家、术士等）被认为是与儒学和佛教一起的一种占据着主导地位的理论学说和寻求有关实践练成神仙（不老不死、普济众生）的方法。基于现实世界，道教也有着各种积极的意义：道法自然，珍爱生命、珍爱自然环境，追求人与自然和谐，实现修身养性，延年益寿，得道成仙。通过度化自己，提升个人的生命质量与灵魂能量，再进一步为人类社会做贡献。以一定的方式和方法，对精神和肉体进行自我控制，达到“我命由我不由天”，突破生命的桎梏，掌握自己的命运。道教的基本教义：尊道贵德（最高信仰）、仙道贵生（鲜明特色）、清静寡欲（行为标准）、自然无为（生活态度）、柔弱不争（自我修养）、返璞归真（理想状态）、天人合一（文化主体）、天道承负（善恶报应）、性命双修（修炼要诀）。道教作为一种宗教形式，它深深扎根于中华传统文化的沃土之中，不同于其他宗教体系的独神膜拜，道教以多神论形成了一种特有的相生相克体系，这正是近年来道教和道家文化备受西方各国关注的原因所在。道教具有如下核心概念：无极（道）；太一（炁）；两仪（阴、阳）；三宝（精、气、神）；四象（青龙、白虎、朱雀、玄武）；五行（金、水、木、火、土）；六合（上、下、东、南、西、北）；七星（天枢、天璇、天玑、天权、玉衡、开阳、瑶光）；八卦（乾、坤、艮、兑、震、巽、坎、离）；九宫（乾宫、坎宫、艮宫、震宫、中宫、巽宫、离宫、坤宫、兑宫）；十天干（甲、乙、丙、丁、戊、己、庚、辛、壬、癸）；十二地支（子、丑、寅、卯、辰、巳、午、未、申、酉、戌、亥）。这些概念或名词在中国可谓是深入人心、家喻户晓。

佛教在公元1世纪前后传入中国，公元4世纪后开始广为流传，逐渐成为在中国影响最大的宗教。中国的佛教由三大语系构成，即汉语系佛教、藏语系佛教、巴利语系佛教（又称南传佛教）。目前中国有开放的佛教寺院13000多座，有佛教院校33座。藏传佛教属于中国佛教的一支，主要流传于西藏自治区、内蒙古自治区、青海省等地。南传佛教主要分布在中国西南部云南省的西双版纳傣族自治州、德宏傣族景颇族自治州、思茅地区（今普洱市）等，傣族、布朗族、阿昌族、佤族的大多数人信仰南传佛教。汉传佛教的信仰者以汉族为主，分布在中国各地。

4. 伦理道德

中国传统农耕文化具有丰富的内涵，在长达2000多年的封建时代，孔孟之道无疑是一种主流文化，从而形成了“三纲五常”的主流价值观。孔孟之道主流文化和“三纲五常”主流价值观虽然有很多封建糟粕，但对当时的社会稳定和家庭秩序构建起到了非常重要的历史作用，其中也不乏有价值的文化遗产。

孔子强调以等级名分教化社会，认为为政首先要“正名”，做到“君君、臣臣、父父、子子”。汉代董仲舒倡导审察名号，教化万民。在西汉武帝时，把符合封建统治利益的政治观念、道德规范等立为名分，定为名目，号为名节，制为功名，用它对百姓进行教化，称“以名为教”，其内容主要就是三纲五常。

董仲舒为了维护封建等级制正式提出“三纲五常”理论。“三纲”即“君为臣纲”“父为子纲”“夫为妻纲”，要求为臣、为子、为妻的必须绝对服从于君、父、夫，同时也要求君、父、夫为臣、子、妻做出表率，它反映了封建社会中君臣、父子、夫妇之间的基本伦理道德关系。“五常”是指仁、义、礼、智、信，是用以调整、规范君臣、父子、兄弟、夫妇、朋友等人伦关系的行为准则。“三纲五常”体现了整个封建统治的各种关系，成为封建立法的指导思想，是封建统治阶级用来控制人们思想、防止人民“犯上作乱”的思想武器。

（四）农耕文明的文化艺术

在长期农耕实践过程中形成的乡村文学、民间艺术、山水田园诗与以山水为核心的园林组成的文艺，以农事、祭祀、庆贺节日形成的节庆活动，以婚嫁、丧葬、宜忌、饮食等形成的风俗共同形成了农耕文化的文化遗产。我国农耕文明的文化艺术，概括起来可以分为传统演艺、民俗文化、宗教文化、民间文学和琴棋书画等，既有高雅的阳春白雪，又有通俗的下里巴人。

1. 传统演艺

中国地大物博，具有数千年的农耕文化历史，积累和传承的丰富的传统演艺资源，包括民歌、山歌、地方戏、皮影戏、舞龙灯、耍狮子、踩高跷、采莲船等表现形式，不同地域的生活群体形成了多种多样的传统演艺。

2. 民俗文化

民俗是依附人民的生活、习惯、情感与信仰而产生的文化。由于民俗文化的集体性，使民俗培育了社会的一致性和社区认同性。民俗文化增强了民族的认同，强化了民族精神，塑造了民族品格，集体遵从，反复演示，不断实行，这是民俗得以形成的核心要素。民俗文化既是一种社会意识形态，又是一种历史文化遗产。早在《汉书·王吉传》中就有“百里不同风，千里不同俗”的记载。《礼记·王制》云：“岁二月，东巡守。至于岱宗，柴而望祀山川。觐诸侯，问百年者就见之。命太师陈诗，以观民风。”这里说的王者巡守之礼，就是国君深入民间，对乡村社会的民情风俗进行调查研究。太师是掌管音乐及负责搜集民间歌谣的官吏，他把民间传承的民歌（国风）呈递给国君。国君通过这些民歌“观风俗、知得失”，制定或调整国家的方针政策。我国古代诗歌总集《诗经》中的《风》，就是古代各民族之间流传的民歌，这些民歌反映了古代人民的风俗习惯，包含着大量的古代民俗故事；《雅》分《大雅》《小雅》，多为贵族祭祀诗歌或宫廷乐歌；《颂》则为宗庙祭祀之诗歌，都属于民俗文化的内涵，对研究我国古民俗具有重大价值。

中国民俗文化具有一个庞大的体系：①生产劳动民俗。生产劳动民俗是在各种物质生产活动中产生和遵循的民俗。这类民俗伴随着物质生产的进行，多方面地反映着人们的民俗观念，在历史上对保证生产的顺利进行有一定的作用。②日常生活民俗。由于自然环境、社会条件、经济水平的差异，中国各民族在饮食、服饰等方面形成了各自独特的风俗习惯。③岁时节日民俗。岁时节日民俗是农耕文明的重要组成部分。我国各民族具有一些共同的岁时节日民俗，不同民族、不同地区也可能具有其独特的岁时节日民俗。岁时节日民俗具有鲜明的农业文化特色、深厚的伦理观念和人情味，同时也呈现出世俗的内容和功能由单一化向复合化方向发展的趋势。④人生仪礼。一个人的肉体生命，必然会经历出生、成长、成熟、衰老、死亡的过程，不会停顿，也不可逆转。人生仪礼正是人类安排的使自己的生命有内容、有价值的活动之一。一般而言，诞生、成年、婚姻、丧葬被认为是人生中最为重要、关键的时刻，在这几个时间段形成了所谓四大仪礼，体现出人生仪礼的阶段性特征。可以说，人生仪礼正仿佛一根长长的线，把人的肉体生命、文化生命的各个阶段串联起来。法国民俗学家范·热内普（Amold van Gennep）把人生仪礼称为“通过仪式”，认为这些在人生重要关节点发生的礼仪具有“通过仪式”的特征。人生仪礼是生命历程中柔软的节点，它承接了上一段生命历程，又开启了新的生命前景。

3. 宗教文化

宗教是人类社会发展进程中的特殊文化现象，是人类传统文化的重要组成部分，它影响到人们的思想意识、生活习俗等方面。宗教文化不仅在教徒的精神生活中发挥着作用，对社会的精神文化生活也产生了影响。浩如烟海的宗教典籍，丰富了传统历史文化宝库。宗教在漫长的发展历程中，形成了浩繁的书籍、绘画、建筑等宝贵财产。它们跨越历史的时空，传承着深厚的宗教文化。如道教经典之集大成者《道藏》，内容宏富，包罗万象，既有道教经典论著、科仪方术、仙传道史，又有医药养生、天文史地、诸子百家；既是研修道教的经书宝典，也是探讨传统文化的珍贵资料，对于研究中国古代哲学、历史、文艺思想以及医药、化学、天文、地理等具有重要的文献价值。佛教经典丛书《大藏经》，最先翻译的印度佛教著作，已是鸿篇巨制，再加上我国古代佛教学者的阐释和著述，形成了经、律、论三藏，成为研究我国古代哲学、伦理、逻辑、文学、艺术、历史的宝藏。

4. 民间文学

民间文学是民族文化的重要组成部分。民间文学由于其作者（包括修改者和传播者）人数众多且大多生活在社会底层，所以能够更广泛、准确地反映社会生活，更贴近生活，尤其是基层群众的生活实际，因而具有更大的社会价值。

一般说来，民间文学具有以下基本特性：一是口头性。民间文学是广大劳动人民的集体创作，由于他们大都处于社会底层，被排斥在文字使用之外，其文学创作一般只能用口头语言，甚至还用地方土语方言去构思、表现（包括演出）和传播。二是集体性。民间文学作品大多是群众集体创作，依靠群体流传或传播，而且在传播过程中不断地被修改和完善，从而提高共艺术价值。三是变异性。民间文学作品的结构、形式、主题等在长期口头流传中，有相对稳定的一面，但由于口头语言的不稳定性，作品在流传过程和具体的讲唱中，常常因时间、地域、民族的不同，以及传播者的主观思想感情和听众的情绪变化等因素，而有所变异。这种变异，更多的是对民间文学的修改、提高和本土化。四是传承性。民间文学没有文献或古物那样能够经久保存，但它的生命力不可低估。依靠口头宣传世代传承下来民间文学，在形态上或内容上难免会有些变化，但有些民间文学作品可传承上千年。

5. 琴棋书画

在古代，弹琴（多指弹奏古琴）、弈棋（大多指围棋）、书法、绘画是文人骚客（包括一些名门闺秀）修身所必须掌握的技能，故合称琴棋书画，即“文人四友”。

二、传统文化塑造耕读文化精神内核

中国传统文化，概括地说，就是以儒道佛三家为根本的综合性文化，即“一体三家”。其中儒家是本体，是“躯干”，道家和佛家是流淌其中的“血液”。

（一）儒家文化的思想底蕴

儒家文化的代表人物是孔丘，是中国古代教育集大成者、私立学校教育先驱，素有“三千弟子、七十二贤人、四科十哲”之称。其中，四科十哲是指的是在德行方面，子渊、子骞、伯牛、仲弓卓有成效；在言辞方面，子我、子贡表现突出；在政事方面，子有、子路表现出其才智；在文学方面，子游、子夏成就超群。孔子的儒家思想集中体现在克己复礼、教化纲常，其弟子曾参上承孔子之道、下启思孟学派，曾参弟子子思（孔子嫡孙）上承孔子中庸之学、下启孟子心性之论，从而铸就了孔子、曾参、子思、孟子在儒家道统中的历史地位。总的来说，儒家思想是一种人类社会道德伦理规范的学说，对维护封建统治和稳定秩序具有特殊的历史意义。儒家文化重视对人的教化，认为人的本性是好的，恶习只是后来感染的，所以治理社会就应该从道德教育入手，劝人们放弃恶习，回归和发挥先天性的“善”，社会就会安宁了。“三纲五常”是儒家文化的核心，“三纲”指君为臣纲、父为子纲、夫为妻纲，构建了基本的社会伦理关系；“五常”指仁、义、礼、智、信，教化人们为人处世的基本原则或行为准则，对维护社会和谐具有重要意义。

1. 产生背景

孔子所处的春秋时代，由于社会内部不可调和的矛盾，引起了深重社会危机，摇撼了传统文化的权威性，对传统文化的怀疑与批判精神与日俱增，就连祖述尧舜、宪章文武的孔子也不能不把当时所处的时代精神，注入自己的思想体系中，并对传统文化加以适当的改造，以便在社会实践中建立一种新的和谐秩序和心理平衡，这种情况到了大变革的战国时代显得尤为突出，因为人们在崩塌的旧世界废墟上已经依稀看到了冲破旧尊卑等级束缚的新时代的曙光。未来究竟是什么样的社会模式，就成了举世关注的大问题，并在思想界引起了一场百家争鸣式的大辩论。当时代表社会各个阶级、阶层利益的诸子百家，纷纷提出各自的主张，其中一个最主要的争论焦点就是如何对待传统文化的问题。围绕这个问题而进行的思想交锋，儒、法两大思想流派最有代表性。他们旗鼓相当，针锋相对，应者云集，皆为显学。另外还有墨家、道家、阴阳家等学派，可谓林立。

2. 儒家经典

儒家经典主要有儒学十三经。儒家本有六经，即《诗经》《尚书》《仪礼》《乐经》《周易》《春秋》。秦始皇“焚书坑儒”，据说经秦火一炬，《乐经》从此失传；东汉在此基础上加上《论语》《孝经》，共七经；唐时加上《周礼》《礼记》《春秋公羊传》《春秋谷梁传》《尔雅》，共十二经；宋时加《孟子》，后有宋刻《十三经注疏》传世。“十三经”是儒家文化的基本著作，就传统观念而言，《易》《诗》《书》《礼》《春秋》谓之“经”，《左传》《公羊传》《谷梁传》属于《春秋经》之“传”，《礼记》《孝经》《论语》《孟子》均为“记”，《尔雅》则是汉代经师的训诂之作。后来的“四书”指是指《大学》(《礼记》中一篇)、《中庸》(《礼记》中一篇)、《论语》、《孟子》，五经则指《周易》《尚书》《诗经》《礼记》《左传》。

3. 代表人物

（1）创始人孔子

孔子（前551—前479），名丘，字仲尼，兄弟中排行第二（故称“孔老二”），春秋后期鲁国人。公元前551年9月28日（夏历八月二十七日），生于鲁国陬邑昌平乡（今山东省曲阜市东南的鲁源村）；公元前479年4月11日（农历二月十一日）逝世，享年73岁，葬于曲阜城北泗水之上，即今日孔林所在地。孔子年轻时在鲁国做过官，治声较好，但他一生大部分时间都是从事教育。孔子作为春秋末期思想家、教育家，儒学学派的创始人，任鲁国司寇，后携弟子周游列国，最终返鲁，专心执教。在世时已被誉为“天纵之圣”“天之木铎”“千古圣人”，是当时社会上最博学者之一，并且被后世尊为“至圣”、万世师表。因父母曾为生子而祷于尼丘山，故名丘，曾修《诗》《书》，定《礼》《乐》，序《周易》，作《春秋》。孔子的思想和学说对后世产生了极其深远的影响。《史记·孔子世家》载：“自天子王侯，中国言六艺者折中于夫子。可谓至圣矣！”

（2）思孟学派

思孟学派指以子思与孟子为代表的儒家学派。孔子的弟子曾参（前505—前432）勤奋好学，颇得孔子真传，积极推行儒家主张，传播儒家思想，提出“修齐治平”的政治观、省身慎独的修养观、以孝为本的孝道观。子思（孔汲，孔子嫡孙，前483—前402）师从曾参，再传给孟轲（前372—前289），从而构成思孟学派，对孔子的儒家思想既有继承，又有发展和建树。孟子是战国时期儒家代表，他主张施行仁政，并提出“民贵君轻”思想；主张“政在得民”，反对苛政；主张给农民一定的土地，不侵占农民劳动时间，宽刑薄税。

（3）后世传承与发展

西汉的董仲舒（前179—前104）以儒学为基础，以阴阳五行为框架，兼采诸子百家，建立起新儒学。其核心是“天人感应”“君权神授”。他的思想集中于《天人三策》和《春秋繁露》。理学是以儒家思想为基础，吸收佛教和道教思想形成的新儒学，是宋代主要的哲学思想。朱熹（1130—1200）是理学发展的集大成者，朱熹继承了北宋哲学家程颢（1032—1085）、程颐（1033—1107）的思想，进一步完善和发展了客观唯心主义的理学体系，后人称之为程朱理学。其核心内容为：“理”是宇宙万物的本源，是第一性的；“气”是构成宇宙万物的材料，是第二性的。把“天理”和“人欲”对立起来，认为人欲是一切罪恶的根源，因此他提出“存天理，灭人欲”。这实际上是为封建等级秩序辩护。明中叶的王阳明（1472—1529）反对朱熹把心与理视为两种事物的观点，创立与朱熹相对立的主观唯心主义理论——心学。理学由客观唯心主义向主观唯心主义演变，说明它已经走到极端。

（二）道家文化与道法自然

道家文化与道教不能混为一谈。道家文化也可以称为老庄哲学，是中国人的根蒂，是东方科学智慧之源，是促进科技发展、珍爱生命、尊重女性的思想之源，也是自然辩证法和生态文化的思想基础。道家文化强调修身养性，关注个人修炼，强调“无为”而治，尊奉“道法自然”，重视人与自然的和谐协调，体现了以人为本、顺应自然的朴素唯物主义思想，当今世界所推崇的生态文明有很多思想源端都可追溯到道家文化。

1. 道家哲学思想

道家思想的核心是“道”，认为“道”是宇宙的本源，也是统治宇宙中一切运动的法则。老子曾言：“有物混成，先天地生。寂兮寥兮，独立而不改，周行而不殆，可以为天地母。吾未知其名，字之曰道。”（《老子·二十五章》）

道家哲学首先摆脱儒家社会哲学的进路，直接从天道运行的原理侧面切入，开展了以自然义、中性义为主的“道”的哲学。天道运行有其原理，道的哲学即在解明这一原理性内涵而得以提出一个广阔空间。透过对这一空间运行秩序之无定限、无执着的认识，道家哲学发展出迥然不同的社会哲学，社会只是一方存在的客体，在其中生存的人们，应有其独立自存的自由性，而不受任何意识形态的束缚。道家哲学并不否定社会理想，但对于社会责任的态度并不先存立场，而能有更尊重人类自主性的态度与存在定位。

道家重视人性的自由与解放。一方面是人的知识能力的解放，另一方面是人的生活心境的解放。前者提出了“为学日益、为道日损”“此亦一是非彼亦一是非”的认识原理，后者提出了“谦”“弱”“柔”“心斋”“坐忘”“化蝶”等的生活功夫来面对世界。

道家的社会哲学认为社会只是天道的过程，而不是目的本身。道家认为社会理想是合理的，但不是绝对的，因此也就不需要提出一套决定性的社会理想，因为天道变化，本身无所谓绝对的是非善恶之性能，因而道家强调得更多的是在社会中生存的智慧原理，而且这种智慧必须是能在任何历史情境的社会之中都行之有效的生存之道。也就因为道家的社会哲学不以自己发展规格为主，而强调应对的智慧，因此利于人们休养生息的需求。

2. 道家经典

老子，姓李名耳，字聃，楚国苦县厉乡曲仁里人，约生活于前 571 年至前 471 年之间。是我国古代伟大的哲学家和思想家、道家学派创始人。老子乃世界文化名人，世界百位历史名人之一，存世有《道德经》（又称《老子》），其作品的精华是朴素的辩证法，主张无为而治，其学说对中国哲学发展具有深刻影响。在道教中，老子被尊为道教始祖。《道德经》一书上下五千言，字字珠玑，书中广论道的形上学义、人生智慧义，提出一种有物混成且独立自存的自然宇宙起源论，也提出世界存在与运行原理是“反者道之动”的本体论思想，对存活于其中的人类而言，应学习的就是处世的智慧，于是老子也提出了众多的政治、社会与人生哲学观点出来，重点都在保身修身而不在于世俗功利，可以说他是以一套宗本于智慧之道的社会哲学与理论来应对混乱的世局，而无意制造社会的新气象，因为那些都不是大道之本。

庄子（约前 369—前 286），名周，字子休，战国中期宋国蒙人。老子思想的继承和发展者，后世将他与老子并称为“老庄”。著有《庄子》，被分为内篇、外篇和杂篇，一般认为内篇是庄子本人的作品，外篇是学生门人的作品，杂篇则是伪作，该书也被称为《南华真经》。庄周继承和发展了老聃的“道法自然”的观点，认为“道”在时间和空间上都是无限的物质实体，是一切事物存在的基础。他否认有神的主宰，认为万物的生长和发展，是按照客观规律进行的，自然界本身就有它的规律，不以人的意志为转移。所以他说：“天地固有常矣，日月固有明矣，星辰固有列矣，禽兽固有群矣，树木固有立矣。”庄子主张“天人合一”和“清静无为”。他的学说涵盖着当时社会生活的方方面面。庄子曾做过漆园吏，生活贫穷困顿，却鄙弃荣华富贵、权势名利，力图在乱世保持独立的人格，追求逍遥无恃的精神自由。

列子，本名列御寇，战国时期郑国圃田（今河南省郑州市）人。道家学派的杰出代表人物，著名的思想家、文学家。对后世哲学、文学、科技、宗教影响深远。著有《列子》，现存《列子》八篇，是东晋张湛所辑，一般认为该书反映了战国至魏晋间的思想。《列子》从道家思想出发，并对道家思想中无为的人生观有所改造，强调人在自然天地间的积极作用，认为人在一种不任强使力的生存状态下，不忧天，不畏天，才是最好的生存状态。

3. 道家文化

（1）道教神学

在道教文化杂而多端的内容当中，核心就是道教神仙信仰。道教作为一个成熟的宗教，具有一套自己的神学理论，有一种能够吸引人们进行追求的宗教信仰目标。这种信仰就是，人可以通过努力追求而成为长生不死、功能广大的神仙。这种神仙信仰乃是道教所阐发的神学理论核心。道教产生之初，即已确立了其神仙信仰，同时这一时期的道教还从古代哲学、原始宗教及古人的养生锻炼等行为中吸取了许多成分，用来组建其有关神仙信仰的理论和行为体系，奠定了道教神学发展的基础。在神仙信仰这块磁石的吸引之下，道教徒进行了种种吸收、创建文化的活动，营造出一个庞杂的道教文化体系。

（2）道教伦理

道教的伦理道德思想，反映在道教的教规、戒律之中。道教的伦理道德观念，既吸收了道家的伦理道德观念，同时也吸收了儒、释二家的一些思想，故其内容越来越多，亦越来越复杂。其中对道教伦理观念影响十分显著的是儒家以忠孝为主轴的三纲五常思想，但和儒家不同的是，道教的伦理道德主要是靠神灵的威力来贯彻。道教一方面以长生成仙的美好幻想来引导人们自觉地遵守伦理道德；另一方面又用赏善罚恶的神灵威力来迫使人们遵守伦理道德。正面引导与反面恐吓相结合，使它的道德伦理准则在社会上发生更大的影响。此外道教的劝善书，使道教的伦理道德思想更集中、更系统化和更通俗化。

（3）道教哲学

道教哲学是为其教义服务的，是其教理教义的思想理论基础。换言之，对道教教义的哲学论证就是道教哲学。道教哲学的思想素材一开始就来自老庄哲学，即道家哲学。道教大量地利用了道家哲学的理性论证，使道教思想中包含世界观、认识论、伦理学、人生论等丰富的哲学内容，这些内容是道教哲学的基本范围和构成成分。其中神仙不死之“道”是道教哲学的中心范畴，神仙存在和人能成仙不死是基本的命题，论证人有无成仙的内在根据、人成仙取何途径是其思想体系中最主要的一面。

（4）道教金丹术

金丹术是道教的重要方术，包括外丹和内丹。外丹即通常所说的炼丹术，也称外丹黄白术，以丹砂、铅、汞、硫为主要原料与其他药物相配合置于炉鼎之中，运用飞、抽、伏、封、淋等手段加以烧炼，以求制得服食后能使人长生不死、羽化登仙的仙丹妙药。因相信服食金丹才能长生成仙，故历来道士莫不投入毕生心力加以炼制。虽然服食金丹最后并不能长生不老，但道士在炼丹过程中，却意外地推动了中国古代科学的发展。随着外丹术的逐渐衰落，代之而起的是炼养人体精、气、神的内丹术。内丹术继承综合了服气、胎息、守一、存思等功法，对后来的气功影响很大。

（5）道教医学

自道教创兴之时，道教就把医术作为其传道济世的工具，随着魏晋神仙道教理论体系的建立，道教徒更是把医药视为其追求和达到长生的必要辅助手段和必备知识。道教医学以“道法自然”的思想为理论指导，加以进一步发展，从而形成了极富道教特色的人体医学思想。道教医学家经过长期济世行医的医疗实践活动，积累了丰富的医疗经验，并且发明了各种能强身健体、延年益寿的道教医学养生功法。

（6）道教文艺

道教文学艺术就是以宣传道教教义、神仙长生思想以及反映其宗教生活为题材和内容的各种形式的文学艺术作品。文学艺术可以扩大道教的社会影响，进而提高道教的宗教素质。反过来，道教的神仙信仰也对中国文学艺术的发展产生巨大的影响。在道经中，不仅有些道经本身就是文学作品，而且道教中的音乐、宫观建筑、神仙图像等，也有很高的艺术价值。在中国的文学艺术作品中，以道教和神仙为内容的作品更是不可胜计，从中也可以看出道教与文学艺术的密切关系。

（三）佛教文化的多元价值观

佛教（Buddhism）起源于公元前10世纪的古印度。相传为古印度的迦毗罗卫国（今尼泊尔境内）王子乔达摩·悉达多（Siddhartha Gantama）所创，他20岁时离家修道，被尊称为“佛陀”，意为“觉悟者”，简称为“佛”，因而所传宗教被称为“佛教”。佛教传入我国的确切时期尚无定论，在公元前后的春秋战国至东汉之间。由于传播途径和时代差异，传入我国的佛教有汉传佛教、藏传佛教（西藏等地）和南传佛教（云南西双版纳等地）三大派别。佛教传入中国以后，经历了试探性传教、渗透式影响、适应性改革、融合性发展、交错性同化等发展阶段，最终成为中国传统文化的一部分。佛教是以信仰观念为核心的多层次多形式的文化，是一种全面包含各种文化形态的综合性文化。它强调知错就改，不脱离实际，重视辩证思维，推崇自由思想和理性分析，体现了佛教的多元价值观。

佛教对中国文化产生过深远的影响和作用，在全国各地留下了灿烂辉煌的佛教文化遗产，既包括各种各样的佛教寺塔、佛教建筑以及散留各地的各类佛像，也包括敦煌、云冈、龙门等石窟遗留的佛教艺术作品，还包括内涵广泛的佛教书籍、图画、石刻、石雕等文化遗产。

佛教的思想内核：信奉因果报应、众生平等，小乘修现世福报，大乘由色入空修来生，强调知错就改，推崇自由思想和理性分析，体现了佛教的多元价值观。佛教是一种典型的宗教，它不是哲学。虽然宗教和哲学之间有着一定的必然联系，宗教总是在传播或弘扬一定的哲学思想，但佛教并没有十分深刻的思想体系或哲学框架。佛教的成功，仅在于它以一系列或一整体复杂的形式和仪式，来实施对人们的教化和感染，这些形式和仪式中承载着佛教的基本思想或理念。

中国是一个文明古国，也是一个文化大国。佛教传入中国2000年来，与中国固有的文化相融合，从其信仰形态来说，已成为中国人自己的宗教；从其文化形态而言，已成为中国传统文化的一个重要组成部分。这就注定了佛教在中国的弘扬具有先天的优势，而突出佛教的文化性，在当今社会更具有特殊的意义。但是，如果只是强调佛教的文化性或文化功能，无视佛教的宗教性和宗教功能，就会带来一系列严重的后果，导致佛教的泛文化化。

佛教是一种典型的宗教形式，在其长期发展过程中，佛教重视形式和仪式，以庄重的仪式和形式来实现对教徒的教化和心理感染，在整个佛教的仪式和形式系统中，贯穿了佛教的基本思想，这些基本思想具体表现在：一是人间性。佛陀不是来无影、去无踪的神仙，也不是幻想出来的上帝。他和我们一样，有父母，有家庭，有生活，在人间的生活中也表现他慈悲、戒行、般若等超越人间的智慧，所以他是人间性的佛陀。二是生活性。佛陀所发展的佛教，非常重视生活，对生活中的衣食住行乃至行住坐卧，处处都有指导。三是利他性。佛陀降生于这个世界，完全是为了"示教利喜"，为了教化众生，为了给予众生利益，以利他为本怀。四是喜乐性。佛教是种给人欢喜的宗教，佛陀的慈悲教义就是要解决众生的痛苦，给予众生快乐。五是普济性。佛教虽然讲过去、现在、未来，但是重在现世的普济；空间上佛教虽然有此世界、他世界、无量诸世界，也是重视此界的普济；佛教对待众生，虽然有十法界众生，但更是重在人类的普济。

三、新时代耕读文化的守正与创新

2012年，中国共产党召开第十八次全国代表大会，标志着中国特色社会主义进入新时代。新时代以来，以习近平同志为核心的党中央高度重视"三农"问题，乡村振兴等国家政策的明确引领与战略部署为耕读文化的传承与创新提供了强大的动力和支持，使耕读文化在新时代进入了一个全新的阶段，呈现出蓬勃生机与深刻变革。

在政策层面，党中央高度重视耕读文化在乡村振兴和文化建设中的重要作用，出台了一系列政策措施，旨在加强农耕文化的保护、传承和合理利用。2018年，中共中央、国务院发布《关于实施乡村振兴战略的意见》，指出要“切实保护好优秀农耕文化遗产，推动优秀农耕文化遗产合理适度利用”以及“深入挖掘农耕文化蕴含的优秀思想观念、人文精神、道德规范，充分发挥其在凝聚人心、教化群众、淳化民风中的重要作用”；2022年，中共中央办公厅、国务院办公厅发布的《“十四五”文化发展规划》中提出要“加强农耕文化保护传承，支持建设村史馆，修编村史、村志，开展村情教育。把乡土特色文化融入乡村建设，留住乡情乡愁”。这些政策不仅为耕读教育的发展指明了方向，也为耕读文化的实践探索提供了广阔的空间和舞台。

在教育实践方面，耕读教育得到了广泛的推广和深入的实施。一方面，各地纷纷建立耕读教育实践基地，将农耕劳动与传统文化教育相结合，为学生提供了亲身体验、动手实践的机会。例如，清华附中永丰学校的“半亩棉田”、陕西省西安市八府庄小学的“红领巾成长种植园”等，通过参与农耕活动、学习传统文化知识，学生们不仅增长了见识、锻炼了能力，更深刻体会到了劳动的价值和传统文化的魅力。另一方面，耕读教育也被纳入学校教学体系，不仅着力构建耕读教育课程教材体系，出现了《耕读教育十讲》等专门教材；还涌现出一批优质的网络通识课程资源，成为培养学生综合素质的重要途径。

此外，农耕场馆与文博场所的建设也为耕读文化的传承与发展注入了新的活力。乡村文化馆、耕读博物馆等特色文博场所的兴起，不仅丰富了乡村文化生活，也为公众提供了一个了解农耕历史、感受乡土文化的窗口。近年来，浙江等地的“乡村博物馆”热度攀升，显现出农耕文化在新时代焕发出的新活力。在涉农高校中，耕读教育也有了创新性发展，例如，湖南农业大学于2020年辟建的“耕读书院”，以及2023年建成并开放的全国涉农高校中第三座综合性的农耕主题博物馆——“中华农耕文明博物馆”等。这些场馆通过实物展示、文化活动等形式，生动再现了农耕文化的魅力，激发了人们对传统文化的兴趣和热爱。

新时代以来，耕读文化在党中央的高度重视与政策支持下，实现了从传统到现代的守正与创新，展现出蓬勃的生命力。通过政策引领、教育实践、场馆建设等多维度发力，耕读文化不仅得到了有效保护与传承，更在乡村振兴和文化自信提升中发挥了积极作用。未来，随着各项举措的持续深化，耕读文化将继续在新时代的舞台上绽放光彩，成为连接过去与未来、传承与创新的重要桥梁。

第三节　耕读文化赋能就业教育的时代需求

一、新时代耕读文化的内涵拓展

（一）“耕”的时代特征

“耕”的原初含义是指用犁翻地以播种庄稼，后来用来泛指从事农业活动，也常常被引申为长期致力于某项活动或某种事业。随着经济社会的发展，人们已抛弃了铁犁牛耕的小农经济，耕不再是驾牛耕田，也不是简单的劳动体验，必须对耕读教育中的“耕”赋予现代内涵：教学计划中的劳动教学、实验教学、实践教学、实训操作等是第一层次的耕；第二课堂、社会实践活动、志愿者行动等属于第二层次的耕；学科竞赛、调查研究、科技创新或投身创业实践等则是更高层次的耕。

（二）“读”的现代模式

“读”指读书学习，是个体社会化过程中获得间接经验的重要途径。在推进教育现代化的进程中，必须对耕读教育中的“读”赋予现代内涵：完成教学计划中的课程学习任务和文献阅读任务，实现知识结构迭代，是第一层次的读；面向个人兴趣、职业理想或现实职业目标，阅读课外书刊、学习线上教学资源，横向或纵向拓展知识结构，奠定个性发展的知识基础，是第二层次的读；在读书学习的过程中，主动联系国家战略需求、行业发展需要以及个人发展实际，学习前沿性知识和技术，了解国内外研究和发展动态，探寻解决生产问题的方法和技能，自主获取学术养分，自觉开发心智潜能，则是更高层次的读。

二、农林高校就业教育的目标指向

耕读文化作为中华传统文化中的重要组成部分，其深远影响与独特魅力跨越时空，至今仍熠熠生辉。这一文化形态不仅深刻描绘了古代中国农民的生活画卷，更蕴含了人与自然、劳动与学问、家庭与社会之间复杂而微妙的和谐共生关系。

（一）农耕与治学的和谐统一

作为世界公认的农业起源地之一，中国长期将农业作为国民经济发展的基础性产业，从古至今，农业生产不仅滋养了中华儿女，也孕育了中华文明。在这一背景之下，中国自古以来就有重农的传统，以农为本、以耕为重的理念源远流长、深入人心，司马迁《史记·孝文本纪》中有“农，天下之本，务莫大焉”，直接指出了农业的重要性。同时，中国自古有崇学尚智的治学传统，诸葛亮《诫子书》中有“非学无以广才”，历史上有“囊萤映雪”“凿壁借光”“悬梁刺股”等先贤勤学苦读的典故传颂千古，激励着后人不断追求学问。耕读文化中农耕与治学的和谐统一正是重农、治学传统的有力体现。

在现实层面上，“耕”“读”结合是一种从实践中获取、反哺于农业实践的农耕智慧，也是一种以耕促读、亦耕亦读的现实选择。对农业生产的主体——农民来说，耕读文化打破了体力劳动与脑力劳动的传统界限，赋予了农民双重身份——既是土地的耕耘者，也是知识的探索者。作为一种独特的文化现象，在古代，农民日出而作，日落而息，他们在田间地头辛勤劳作，用汗水浇灌出丰收的希望。农耕实践为农民提供了丰富的经验和素材，他们通过观察自然、总结规律，逐渐形成了一套独特的农业学问体系。这些学问不仅关乎农作物的种植、病虫害的防治、土壤的改良等具体技术层面，更蕴含着对天地万物的敬畏之心和对生命循环的深刻理解。同时，农民们也深知读书学习的重要性，在农闲之余，他们还会捧起书本，沉浸在知识的海洋中，寻找心灵的慰藉与智慧的启迪。他们相信知识能够改变命运，提升家族的社会地位，因此鼓励子弟读书，希望通过教育来打破阶层的壁垒，实现家族的跨越式发展。

耕读文化中还有另一类主体，即活跃在乡土大地上的一批“乡间知识分子”。唐宋时期，随着科举制的实行以及士族门阀的瓦解，平民子弟有机会通过科举考试改变命运、实现阶级的跃升。但由于物质的匮乏，他们往往只能采取“半耕半读”“以耕养读”的模式，也正是在这个时期，“耕读”作为专有名词得以确立。于是我们可以看到曾巩“昼耕读书陇上，夜燃松明继之，学艺大成。乡举进士第一，遂中其科”①，白天耕作于田垄之上，晚上挑灯夜读；晁补之记录“尝游于齐、楚之郊，见夫带经而耕者，莫非求仕也”② 等现象。“耕”与“读”相结合既是现实的无奈选择——以“耕”打造物质基础；也是艰难的圆梦历程——以“读”扩充知识储备，通过科考实现阶级跃升。在这一过程中，提升了知识分子的精神境界，塑造了自强不息的奋斗精神。

在哲学层面上，“耕”“读”结合体现着传统知识分子“知行合一”的价值追求。耕读文化强调“耕”与“读”的并重，即在从事农业生产的同时，不忘读书学习，提升文化素养和道德修养。这里的“知”指的是通过学习儒家经典、历史文献、诗词歌赋等，获取人文知识和道德准则。而“行”是指将所学知识内化为自身的行为准则，指导日常生活和人际交往。在耕读文化中，读书不仅仅是为了追求功名利禄，更重要的是通过学习来修身养性，培养高尚的品德和情操。因此，耕读文化的“知行合一”还体现在个体道德修养的实践中，即通过不断的学习和实践，使个人行为符合社会道德规范，达到“内圣外王”的理想境界。例如，清初理学家张履祥阐述“耕”“读”关系时指出：“然读而废耕，饥寒交至；耕而废读，礼义遂亡”③，强调从事农业生产和提升个人境界的辩证统一。

农耕与学问的和谐统一，不仅促进了农业生产的进步，也推动了文化的繁荣。农民们在实践中积累的经验和智慧，通过口耳相传、文字记载等方式得以传承和发展，形成了丰富多彩的农耕文化；同时，他们也通过读书学习，汲取了儒家、道家等传统文化的精髓，将其融入自己的生活方式和价值观念

① 曾巩．曾巩集卷 42［M］. 陈杏珍等，点校．北京：中华书局，1984：575.

② 晁补之．鸡肋集卷 52［M］. 上海：上海书店，1989：2.

③ 张履祥．训子语译注［M］. 张天杰，余荣军，译注．上海：上海古籍出版社，2020：35.

之中，形成了独具特色的耕读家风。知识分子在农耕实践中体悟着生活，养成勤劳、坚韧和朴素的品质，也从中获取了创作的素材与灵感；同时，通过寒窗苦读，在精神层面上得到了质的飞跃，也在身份地位上获得了显著提升。

（二）治家与治国的责任担当

家国意识是耕读文化中最为核心的价值观念之一。它不仅仅是一种政治观念或道德准则，更是一种深植于每个中国人内心深处的情感认同与责任担当。在耕读文化的背景下，家国意识的形成是一个自然而然的过程，它伴随着人们的成长、劳作与学习，逐渐渗透到每个人的思想深处。

耕读文化中家国意识的形成有着深刻的社会和文化因素。一方面，在农耕社会中，以土地作为最根本的生产资料，以家庭成员为核心组成了稳定的生产单位。此时的家庭既是最基本的社会单元，也是人们情感与精神的寄托。在传统小农经济中，家庭成员之间通过共同劳作、共享收获，形成了紧密的血缘关系与情感寄托。这种“共生关系”不仅让家庭成员之间产生了深厚的亲情，也让他们对家庭产生了强烈的归属感与责任感。而这种归属感与责任感，正是家国意识在微观层面的体现——当个人将家庭视为生命中最重要的一部分时，他自然而然地会将这种情感扩展到对家族、家乡乃至国家的认同与忠诚上。另一方面，在读书学习的过程中，人们通过阅读历史典籍、诗词歌赋等文学作品，了解了国家的兴衰更替、民族的苦难辉煌，从而激发了对国家的热爱与对民族的自豪。同时，读书也让人们学会了思考、批判与创造，培养了独立思考的能力与批判性思维的习惯。这种能力与习惯使得人们能够更加理性地看待国家的发展与进步，更加积极地参与到国家建设中来，为国家的繁荣富强贡献自己的力量。

在中国人的意识中，家风代表着一个家庭乃至一个家族的行为方式和价值准则，不仅关系到家族兴衰荣辱，关系到社会和谐安定，甚至关系到国家和民族的繁荣昌盛。在传统耕读文化中，对家庭家风的重视、对家族后代的教育是不可忽视的重要内容，例如，苏辙在《示诸子》中写道：“般柴运水皆行道，挟策读书那废田？兄弟躬耕真尽力，乡邻不惯枉称贤。裕人约己吾家世，到此相承累百年。”① 表明家中“耕读传家”这一文化传统由来已久。在“耕读传家”的家风范式之下，一方面隐含着万千家庭对后代读书务农、勤俭持家、守本正源的期许。例如，陆游晚年退居家乡甘当“识字农”时，在《农家六首（其六）》一诗中写道：“诸孙晚下学，髻脱绕园行。互笑藏钩拙，争言斗草赢。爷严责程课，翁爱哺饴饧。富贵宁期汝？他年且力耕。”教育子孙不图大富大贵，但求做一个有知识的农民。另一方面体现着世家大族对子孙后代不忘先祖创业艰难、孝亲敬祖的告诫，寄托“丰家成业”“养德致远”的美好愿望。例如，明末清初著名理学家、教育家朱用纯在《朱子家训》中以“一粥一饭，当思来处不易；半丝半缕，恒念物力维艰”传达耕读所含感念祖恩、勤俭节约之意；晚清名臣左宗棠更是将“勤耕读”作为传家之本，他写下“要大门间，积德累善；是好子弟，耕田读书”的楹联，教育子侄后辈要在力耕和勤学上下功夫，这不仅是对家族后代的殷切期望，更是对国家未来人才培养的深刻洞察。

在古代社会，“家”与“国”本就是两个紧密不可分割的概念。“国家”这一专有名词诞生之前，原始社会由带有血缘关系的部落组成，此时“家”便是“国”，“国”便是“家”，直到禹传位给儿子启，世袭制取代禅让制，“公天下”变成“家天下”，西周建立起宗法制，进一步巩固了“家国一体”的模式。处在这其中的传统中国人，自然而然地被“家国同构”这一政治理念所同化，由此形成的“家国情怀”逐步实现着“修身齐家治国平天下”的责任和担当。北宋时期，宋仁宗颁布“劝耕”政策，鼓励农家子弟参加科举，在“劝耕”政策与“科举”制度的相互作用之下，既让更多的农家子弟有机会通过读书学习参加国家治理、实现治国理政的理想抱负，也在一定程度上带动了农业生产的积极性、促进了农业生产的发展。在这一时期，农家子弟通过从事农业生产以满足口腹之欲，通过读书学习及参加科考以丰富学识、实现阶级跃升与治国理想，既推动了农耕文化的发展，也在治家治国层面上丰富并强调了耕读文化的价值内涵。

---

① 苏辙，栾城集·三集：卷1［M］. 曾枣庄，马德富，校点. 上海：上海古籍出版社，1987：1466.

(三) 自然与人文的和谐共生

中国自古以来便是农业大国，如何处理人与自然之间的关系从古至今都是摆在人类面前的一个不可忽视的问题。原始社会时期，先民的生产意识和生产能力都比较落后，此时对自然的抵抗力较弱、自主性较差，只能被动地接受大自然的馈赠、隐忍地接受大自然的变化，在这一阶段，先民们虽已初步萌生了对自然生态环境的模糊认识，但他们的态度更多地表现为一种被动的顺应与服从。自然界的每一次变化，无论是四季更迭还是风雨雷电，都深刻地影响着他们的日常生活与生存状况。他们尚未掌握足够的知识与技能去主动干预自然，只能依靠世代相传的经验与智慧，小心翼翼地与自然共舞，以求在这片土地上得以延续。

然而，随着时间的推移，人类智慧的火花逐渐点亮了文明的灯塔。农业的诞生，尤其是种植业的兴起，成为人类历史上的一次重大飞跃。它标志着人类开始从被动地依赖自然转向主动地利用自然规律，通过耕种土地、培育作物，实现了食物的稳定供应，极大地提高了生存能力。这一转变不仅极大地丰富了人类的食物来源，还促进了社会分工、人口增长与文明进步，标志着人类与自然的互动关系进入了一个全新的阶段。种植业的发展，让人类学会了观察天文、气象，掌握农作物的生长周期与土壤肥力的变化规律，进而通过灌溉、施肥、除草等农业活动，主动调控农业生产环境，提高农作物产量。这一过程，不仅体现了人类智慧与创造力的巨大飞跃，也标志着人类开始以更加积极、主动的姿态参与到自然界的循环之中，与自然建立起一种既相互依存又相互影响的新型关系。

张岱年先生在《中国农业文化》序言中说："中国古代哲学理论，价值观念，科学思维及艺术传统，大都受到农业文化的影响。例如，中国古代有一个重要的理论观点天人合一，肯定人与自然的统一关系，事实上这是农业生活的反映。"① 耕读文化在追求农耕与读书治学相结合的价值取向背后，既有尊重和顺应农耕的自然规律，实现人与自然和谐共生的理想，也是最大限度发挥主观能动性，改造和利用自然、表现和描绘自然风光的过程。最终目的

---

① 邹德秀．中国农业文化［M］．西安：陕西人民教育出版社，1992.

则指向打通“天时、地利、人和”，以实现“天人合一”的最高理想状态。

在农耕社会中，农民与自然环境之间形成了紧密的联系和互动关系。他们尊重自然规律、顺应自然变化来安排农业生产活动；同时也注重保护生态环境、维护生态平衡来保障农业生产的可持续发展。农民们深知“天人合一”的道理，他们将自己视为自然的一部分，与天地万物同呼吸共命运。在农耕实践中，他们注重观察自然、了解自然、顺应自然，通过合理的耕作方式和科学的管理方法来实现人与自然的和谐共生；同时他们也注重保护生态环境，通过植树造林、水土保持等措施来维护生态平衡和生物多样性。除了进行日常的耕作劳动，农民们还通过读书学习来汲取人文精神的滋养和熏陶，并利用简单的农谚、民谣来抒发辛苦劳作之余的所思所想，记录在耕作中发现的自然规律，如“白露早，寒露迟，秋社种麦正当时”“芒种糜子急种谷，立夏才种好稻黍”“立夏前后，种瓜点豆”等用文学化的语言揭示了农业生产播种的一般规律，《击壤歌》中的原始先民“日出而作，日入而息。凿井而饮，耕田而食。帝力于我何有哉!”表达出自得其乐的农耕生活。

在传统耕读文化中，还有一类群体，即知识分子，他们或是出身贫苦以耕促读，或是厌倦官场隐居山林，又或是仕途蹇塞被贬乡间。陶渊明厌倦官场，以一首《归去来兮辞》辞官归隐，在田间开启耕读生活。归隐后的陶渊明，亲自参与农业生产，维持生计。这种自给自足的生活方式，使他与普通的劳动人民生活日益接近，也为他的田园诗创作积累了丰富的素材。例如，在《归园田居》组诗中，我们既能看到诸如“晨兴理荒秽，带月荷锄归”的辛苦耕作，也能看到如“白日掩荆扉，对酒绝尘想”般的安静独处，还有诸如“暧暧远人村，依依墟里烟”般的静谧田间生活，在耕读生活中，陶渊明用“久在樊笼里，复得返自然”来感慨复归自然的欣喜与放松。辛弃疾官场失意后在乡闲居二十年，他主张“人生在勤，当以力田为先”，因而将住处取名为“稼轩”，并以此自号“稼轩居士”，取意于“他日释位后归，必躬耕于是，故凭高作屋下临之，是为稼轩”①。晚年辛弃疾又被罢官回上饶瓢泉，决意在此地“结吾庐”“学渊明”，过上耕读结合的田园生活。而这一时期的耕

① 邹德秀．中国的“耕读文化”[J]．中国农史，1996（4）：61-63.

读生活也使他写出了大量描写乡间生活、田园风光的作品，如在《浣溪沙·父老争言雨水匀》中上阕："父老争言雨水匀，眉头不似去年颦。殷勤谢却甑中尘。"表现出乡间农夫对于风调雨顺的盼望，以及受大自然状态而影响的心境和心情。

除了从自然中汲取灵感，将自然之美融入生活与艺术创作之中，创作出富有诗意和哲理的文学作品，古代的学者还常常从农耕实践中提炼哲学思想，他们阅读经典著作、学习传统文化、领悟人生哲理，不断提升自己的文化素养和审美情趣。这种对人文精神的追求，使他们面对自然时不仅仅是简单的征服与利用，更多的是尊重与和谐共生。如《吕氏春秋·审时》中的"夫稼，为之者人也，生之者地也，养之者天也"，强调了农业生产中天、地、人的相互作用和和谐共生，体现了对自然的敬畏和爱护。

三、耕读文化赋能就业教育的思想基础

在历史的长河中，耕读文化作为中华民族独有的精神瑰宝，承载着农耕文明与儒家思想的深厚底蕴，其核心理念与现代教育体系中的诸多理念不谋而合，尤其在育人目标、育人思想、育人方法及育人价值等方面展现出高度的契合性，在培养全面发展人才、促进通专并重、践行知行合一，以及强化服务社会功能等方面彰显共同追求。

（一）育人目标的契合性：全面发展

"德智体美劳"五育并举的教育理念是对人的全面发展理论的具体实践。这一理念源自马克思主义关于人的全面发展学说，并在中国教育实践中不断丰富和发展。在中国，最早提出"五育并举"的是近现代教育思想家蔡元培。2018年，习近平总书记在全国教育大会上指出，"培养什么人"是教育的首要问题，也正是在这次大会上，习近平总书记首次完整地以"五育并举"即培养"德智体美劳"全面发展的社会主义建设者和接班人作为培养人才的终极目标，为育人工作指明了方向。《高等教育学》中规定，在"五育并举"的现代教育理念中，"德"指德育，即思想、政治和品德教育，其中"思想教育主要是指世界观、人生观、价值观教育；政治教育主要是指党的基本路线、

纲领以及形势政策教育，爱国主义教育，社会主义民主、法治教育等”①；“智”指“智育”，即教育教学对于传授知识、启迪智慧、开拓思维等方面做出的主体性活动；“体”指“体育”，本质上是“永无止境地强化体能”②，提升身体素质；“美”则指“美育”，即“美的教育”或“审美教育”，以提升人的综合素质为终极目标，培养高尚的审美情操；“劳”则指“劳动教育”，教育部于2020年颁布的《大中小学劳动教育指导纲要（试行）》中提到“劳动教育是发挥劳动的育人功能，对学生进行热爱劳动、热爱劳动人民的教育活动”，强调劳动技能、劳动知识和劳动价值观的重要性。“五育并举”的现代教育理念重在强调教育的全面性和系统性，旨在培养既有高尚品德、丰富知识，又具备强健体魄、审美情趣和劳动技能的复合型人才，为现代教育改革发展指明了方向。

耕读文化孕育下的耕读教育，作为中国传统教育的一种独特形式，在教育实践中将农业生产劳动与读书学习紧密结合，从育人目标上来看，与现代高等教育理念中对全面发展人才的培育有一定的共通性。耕读教育蕴含着“树德”“增智”“强体”“育美”的综合育人功能，是德智体美劳“五育”融通的具体体现。第一，耕读以树德。传统耕读教育一方面主张在耕作中体验劳动的艰辛与价值，以培养勤劳节俭、自强不息的道德品质；另一方面注重在读书中汲取先贤智慧、涵养品德，形成正确的世界观、人生观和价值观，自觉树立起“家国意识”，从而培养拥有正确思想品格和政治取向的人才。第二，耕读以增智。传统耕读文化及耕读教育强调通过基本的耕作实践，了解自然规律，磨砺农学专业技能，通过读书学习增长农业知识、拓宽视野，提升科学素养和人文情怀。第三，耕读以强体。耕作劳动作为体力劳动，属于体力与耐力的双重锻炼，在农耕生产中出力流汗，既有助于增强体质，又有助于培养坚韧不拔的意志品质。第四，耕读以育美。耕读生活并非单纯的“面朝黄土背朝天”，在单调的体力劳动之余，还强调发现和欣赏自然之美，在过程中感受田园诗意的宁静与和谐；闲暇之余捧书阅读，在书本中领略文学艺术的魅力，继而提升自身的审美情趣和创造力。

---

① 薛天祥．高等教育学［M］．桂林：广西师范大学出版社，2001：170.

② 薛天祥．高等教育学［M］．桂林：广西师范大学出版社，2001：286.

关注“全面发展”的育人目标并非无源之水、无本之木，相反，其渊源深深根植于中西方文化的深厚土壤之中。这一思想的形成，不仅是历史演变的产物，更是中西方教育传统与现代教育理念相互交融的结果。在时代的浪潮中，这一育人目标集中国传统教育理念与西方现代教育理念之所长，在守正创新中延续至今，在今天涉农高校人才培养的过程中仍有不可忽视的重大意义，培养综合素质优良、综合能力突出的农业新型人才是每个涉农高校的责任，也是重要的使命。

（二）育人思想的契合性：通专并重

通才教育与专才教育作为两个看似对立实则辩证统一的概念，无论是在传统耕读教育中还是在现代教育中都有所体现。就具体概念而言，通才教育强调学生的综合素质和广泛的知识面，注重培养学生的批判性思维、创新能力和跨文化交流能力；而专才教育侧重于某一专业领域的知识和技能培养，旨在培养高精尖的专业人才。尽管两者各有侧重，但无论是在耕读文化中还是在现代教育的发展中，“通专并重”都指向最终的价值旨归。

耕读文化本身就蕴含着通才教育的思想。一方面，通才教育注重价值观培养。例如，儒家强调“君子不器”（《论语·为政》），即强调君子不能像器具那样，只发挥某一方面的专门作用，而应该成为像孟子所主张的“富贵不能淫，贫贱不能移，威武不能屈”的有“浩然之气”的“大丈夫”；荀子主张培养“以浅持博，以古持今，以一持万”的“大儒”，即能够融会贯通、博古通今的人才。与之相对应的是，中国古代的高等教育机构也以培养“通才”为主要目标，官学如太学、国子监等，主要培养官僚体系所需的人才，注重儒家经典的传授和道德品质的培养；私学虽形式更为灵活多样，但也往往以儒家经典著作为主要教学内容，注重“仁义礼智信”的培养和教育。耕读教育中“耕”与“读”的结合，实际上就是一种通才教育的实践，它要求个体在掌握专业技能的同时，也要具备广博的知识面和深厚的文化底蕴，以达到触类旁通的目的。另一方面，通才教育涉及多学科领域。“通”在《说文解字》中释为“达也”，即打通学科壁垒，有助于达到成才的目的。耕读教育涉及多个学科领域的知识和技能，如农学、生物学、环境科学、人文社科等，这种跨学科融合的教育方法与现代高等教育中强调的“宽口径、厚基础”教育理念相契合，通过跨学科的学习和实践有利于学生形成更加系统的知识结构、获得更加开阔的理论视野，从而为提升自身专业能力和知识水平打下良好的基础。

耕读文化与专才教育也有一定的共同之处。通才教育与专才教育本质上分属于“术与道”的问题。通才教育注重对人才培养的形而上的“道”的培养，专才教育则侧重于具体技能方法之“术”的传授，通过技术技能的培训以实现专业问题的解决和专业领域的突破性进展，具有更多“功利性”的实用主义色彩。具体来看，专才教育的核心就是培养学生在特定领域内的专业技能，这些技能通常具有高度的专业性和实用性，能够满足行业发展的需求。通过系统的课程设置、实践教学和校企合作等方式，确保学生能够全面掌握所学专业的核心技能，并具备在实践中运用这些技能的能力。反观传统耕读文化，“耕”这一概念和行为本身就包含了丰富的农业生产技能，如耕作、播种、收割等，这些技能的学习和实践，不仅能够满足生存需求，还能够培养动手能力和解决问题的能力；在现代耕读教育中，学校通过设立农耕文化课程、开展农业科技创新项目等方式，进一步拓展了学生的技能领域，使他们能够掌握更多与农业生产相关的知识和技能，最终服务于培养技术水平过硬的专门人才。

耕读文化本质上还是一种“通专并重”的文化思想。通过“耕”来提升农业认识水平、农业生产能力和技术，通过“读”来提升个人修养和道德情操，继而有效地实现“专”与“通”的融合互通。我国现代教育理念中，“通专并重”思想的最终定型离不开我国现代教育学家竺可桢的贡献。他在传统私塾教育与西方新式教育的共同影响之下，认识到了“通才教育”与“专才教育”二者的本质，并在日记中写道：“所谓通才教育，乃柏拉图之理想教育，此种教育曾鼓励艺术之发展，曾培养无所为而为之好奇精神，而为科学之发源；曾为人类维持其心灵之尊严以应付物质势力，而此一尊严则为要求思想之自由。”但“此种教育病在于重脑而不重手，重思想而不重行动，或重心灵而不重物质。……所谓专才教育或技术教育，其主要任务注重手工之技艺，注重眼与手之协调的行动，注重建设历程中之控制的判断”①。经过理论与实践研究，最终提出“在大学内通才教育与技术教育，理应并重”② 这一“通专并重”的大学育人思想。

无论是耕读文化还是现代教育理念中所具有的“通专并重”思想，都对当下人才培养成效做出了重要指示，为新时代培养适应未来社会需求的高素质人才指明了方向。

（三）育人方法的契合性：知行合一

“知行合一”是中国传统哲学中的重要思想之一，强调认识与实践的统一。“知行合一”的源头可以追溯到先秦时期，孔子有言：“诵诗三百，授之以政，不达；使于四方，不能专对，虽多，亦奚以为?”③ 虽未直接提出“知行合一”的命题，但其“学以致用”的思想已经蕴含了知与行相结合的初步理念，他强调知识的实际应用，认为学习的目的在于指导实践，为后来“知行合一”思想的形成奠定了基础。荀子提出“见之不若知之，知之不若行之，学至于行而止矣”④，把实践视作学习和认识的最终目的，进一步深化了“知行合一”的理念。到了宋明时期，知行关系的研究逐渐系统化，出现了多位对“知行合一”有重要贡献的哲学家，如程颐提出了“知先行后”说，朱熹以“论先后，知为先；论轻重，行为重”提出“知先行重”的主张。王守仁则是这一思想的集大成者，他明确提出了“知行合一”的哲学理论，认为知与行并非两个相互独立的概念，而是相互依存、相互渗透的统一体。在王阳明看来，“知”是内心的觉知，对事物的认识，而“行”是人的实际行为。他强调真正的知识必须转化为行动，而行动又必须受到正确知识的指导。这种思想打破了传统意义上知与行的二元对立，对后世产生了深远的影响。

现代教育理念同样高度重视知行合一的重要性，倡导“在做中学，在学中做”，以实现知识和实践的统一。中国现代教育学家陶行知融合了王守仁的“知行合一”与杜威的实用主义教育思想，提出“生活即教育”“社会即学

① 竺可桢．竺可桢全集：第九卷［M］．上海：上海科技教育出版社，2006：484-485.
② 竺可桢．竺可桢全集：第二卷［M］．上海：上海科技教育出版社，2004：641.
③ 论语译注［M］．杨伯峻，译注．北京：中华书局，2017：191.
④ 荀子［M］．叶绍钧，选注．宛志文，校订．武汉：崇文书局，2014：33.

校”等观点，一方面主张生活本身就是一种教育过程，教育应与生活紧密相连，反对脱离实际生活、仅停留在书本纸面上的“死教育”；另一方面认为社会是一个大课堂，人们可以在其中学习到各种知识和技能，打破了传统学校的界限，有力拓展了教育的场所，使教育更加开放和包容。

耕读教育本身就是一种知行合一的教育模式。耕读文化一方面强调在“耕”中实践，通过实际的农业生产活动为个人成长成才、改善生活条件打下物质基础，并且在具体的生产实践中切身走进乡土中国、认识乡土中国，增加艺术创作的真实性；另一方面强调在“读”中学习，学习先哲的思想和精神，在读书中领悟人生哲理、提升精神境界，实现认知层面的升华。但“耕”与“读”并非各自对立，而是相互促进、彼此影响的关系，读书学习不仅仅是为了获取知识，更重要的是将所学知识应用于实践之中。通过“耕”“读”结合，耕读教育打通了知识与实践之间的壁垒，实现了二者的统一。因此，在耕读文化中，人们注重将读书学习与农业生产实践相结合，通过实践来检验知识的正确性和实用性。这种知行合一的学习方式不仅有助于人们更好地掌握知识和技能，还有助于培养他们的创新思维和实践能力。这与现代教育中强调体验式学习、产学研深度融合等教学模式有一定的共通之处，即体验式学习鼓励学生走出课堂，通过参与社会实践、科研项目、志愿服务等活动，将所学知识应用于解决实际问题中，从而加深对知识的理解和记忆；产学研深度融合则是指高等教育与产业界、科研机构的紧密合作，共同推动科研成果的转化和应用，实现实践与知识、教育与经济的良性互动。

在涉农人才的培养过程中，强调知行合一具有尤为重要的意义。一方面，“耕”作为实践环节，不仅让学生亲身体验农业生产的艰辛与乐趣，掌握农业技术和管理知识，还培养了他们的劳动观念、团队协作能力和解决问题的能力，这种物质层面的实践，为学生将来从事农业相关工作打下了坚实的基础。另一方面，“读”作为学习环节，则让学生深入了解农业政策、市场动态、科技创新等方面的信息，拓宽了他们的视野和思路，提升了他们的专业素养和创新能力，这种精神层面的学习，为学生提供了理论支持和智力保障。

因此，耕读教育中的知行合一模式，既注重了物质层面的实践锻炼，又兼顾了精神层面的知识学习，实现了理论与实践的有机结合，为培养全面发展的涉农人才提供了有效途径。

四、耕读文化融入就业教育的实践模式

（一）寓耕于读的课程教学

关于读书学习，有很多励志故事，也有很多成功典范。众所周知，读书有方法，读书有技巧，读书有艺术，在知识快速更新的当今世界，勤读、苦读固然需要鼓励，但对寓耕于读的正确理解和实施策略尤为重要。读书学习是获取知识养分，不是见书就读或尽可能多地把知识塞进脑海，必须关注知识价值密度，[①] 面向科学问题、技术瓶颈、学术发展动态、职业发展目标、现实具体任务，以较少的时间投入获取最有效的知识，朝着特定方向更新和升级知识结构，是寓耕于读的核心，即面向目标或面向对象获取知识养分。寓耕于读是在读书学习的过程中，重视所学知识的目标关联度和实际价值，关注学习效率，实现三个结合：教育与生产劳动相结合、知识分子与工农相结合、理论与实际相结合。

（二）寓读于耕的实践活动

寓读于耕，就是在实践活动中手脑并用，实现实践活动的过程体验与知识养分获取的有机统一。耕读教育不能简单地将耕、读活动割裂开来，应该突破思维桎梏，实现耕读相融互促。为此，教、学双方都应贯彻落实耕读相融教育理念，坚持勤读与力耕相结合，实现耕、读的有机融合。寓读于耕，就是在力耕活动中手脑并用，实现在实践活动中的过程体验与知识养分获取的有机统一。为此，学校应加强耕读教育基地建设，积极开发耕读相融课程资源，构建耕读相融校园文化，建成能够落实耕读相融的办学条件。

（三）耕读互融的技能竞赛

能力本位教育是从职业岗位的需要出发，针对性地强化实践能力和专业技能训练。[②] 各类技能竞赛作为检验学生创新创业能力、激发创新思维、促进

---

① 高志强，官春云．卓越农业人才培养的机制创新［M］．长沙：湖南科学技术出版社，2019：87-91.

② 徐晨郁，郭慧，刘金梅．基于能力本位教育（CBE）的金融专业人才培养模式研究［J］．金融客，2024（1）：7-9.

成果转化的重要平台，在提高人才培养质量方面发挥着举足轻重的作用。学生参加各类技能竞赛，必须围绕选题查阅大量文献资料，"勤读"拓展知识面提高知识深度，关键技能必须反复练习"深耕"熟练度，基于竞赛获奖刺激的耕读互融得到了有效体现。

（四）亦耕亦读的素质提升

思想政治素质、专业素质、人文素质、创新精神和担当意识等构成大学生素质体系，[①] 素质提升是一个家庭教育、学校教育、环境感染与自我修炼的综合过程，[②] 亦耕亦读是提升大学生综合素质的有效策略。

---

① 刘秀芳．立德树人视域下大学生素质提升研究［J］．安徽建筑大学学报，2019，27（5）：119-122.

② 朱翠英，高志强．心理素质形塑论［J］．大学教育科学，2013（5）：3-6.

第二章

耕读文化赋能农林高校就业教育的理论逻辑

在人类历史上，无数先哲用智慧和灵感著书立说，如点点星光汇聚成人类文明的长河。前人的思想和理论学说，不仅为我们解决现实问题提供了系统的认识论和方法论基础，还有助于教育者借助其深刻的洞察力，了解教育的本质属性和基本规律，继而为教育实践提供科学的理论依据。就耕读文化而言，作为中国先民在实践与读书中长期积累发展而来的智慧结晶，与西方教育理论有一定的共通之处，这份对教育教学的关注、对人类文明的烛照，使得两种文化资源跨越时空，在新时期耕读教育中找到了新的连接点，共同成为赋能农林高校就业教育的理论支撑。

第一节 耕读文化融入就业教育的作用机制

一、耕读文化与社会责任感

社会责任感的意义在于它构成了个人与社会之间紧密联系的桥梁，体现了个人对社会的主动担当与贡献意识。这种责任感促使个体在追求个人利益的同时，关注并参与到社会公共事务中，积极为社会的和谐、稳定与进步贡献力量。它不仅是个人道德品质的体现，也是推动社会整体向前发展的重要动力。在就业教育中注重社会责任感的培育，有助于增强农林人才爱农学农为农的决心，实现高等教育人才培养、社会服务的重要职能，为人才强国、农业强国贡献力量。

（一）社会责任感的内涵及重要意义

社会责任感是一种“基于对社会、国家的深厚热爱，主动承担义务和责任的精神”①。它不仅体现在遵守法律法规、尊重他人权益等基本道德要求上，更深化为对社会发展、环境保护、文化传承等公共福祉的积极贡献与担当。

具体来看，社会责任感一方面体现在主观上对社会的关注与认知，即个人或组织能够认识到自己是社会的一部分，是构成社会关系中的一个要素，是维系社会机器运转的重要环节，继而关注自身对整体的作用和影响，关注社会的发展状况，了解社会存在的问题和需求；另一方面体现在责任意识与担当，具备社会责任感意味着愿意承担起对社会、环境和公共利益的责任，不逃避、不推诿，积极寻求解决问题的途径，以实现集体利益的最大化。最终，社会责任感将落实到行动与实践当中。个体通过参与社会公益活动、推动可持续发展、保护环境等具体方式，以个人的力量为社会做出一定贡献，以实现个人价值，践行对社会的责任和担当。

自古以来，社会责任感便是人类社会发展的重要基石。在中国传统社会中，顾炎武“天下兴亡，匹夫有责”的思想深入人心，林则徐“苟利国家生死以，岂因福祸避趋之”的呼号震耳欲聋，范仲淹“先天下之忧而忧，后天下之乐而乐”的主张流传千古，强调将个人命运与国家兴衰紧密相连，鼓励士人阶层以天下为己任，积极投身社会改革与建设。近代以来，在“欧风美雨”的侵扰之下，中华民族一度经历了至暗时刻，在神州大地满目疮痍之时，一代青年知识分子高举自由民主的大旗，以“为有牺牲多壮志，敢教日月换新天”的豪情投入民族解放的事业；社会主义革命和建设时期，一批又一批青年组成突击队、垦荒队、扫盲队，喊着“把青春献给祖国”的口号，立志为国家建设做出自己的贡献；改革开放和社会主义现代化建设时期，特别是中国特色社会主义进入新时代以来，无数青年立下报国之志，将个人的职业选择与国家发展、民族振兴的伟大事业相融合，以“澄澈的爱，只为中国”的铮铮誓言宣告着属于新时代青年的社会责任感。放眼世界，从古希腊哲学

---

① 陈锡敏．健全人格与大学生社会责任感［J］．高校理论战线，2005（11）：49-51.

家苏格拉底提出的“未经审视的人生不值得过”，隐含了对个人行为应负社会责任的深刻思考，到马克思主义将个人价值实现与社会进步紧密结合，强调无产阶级革命者应为全人类的解放事业而奋斗，社会责任感始终是激励无数青年“系好人生的第一颗扣子”，将个人的人生选择和职业规划与国家发展规划、前途命运相结合的重要驱动力。

在高等教育领域，对大学生社会责任感的培养有极端重要的意义。主要体现在以下两方面：①促进个人全面发展，提升社会适应能力。社会责任感是大学生综合素质的重要组成部分。通过培养社会责任感，大学生能够更全面地认识自我，理解自己作为社会成员的角色和责任，进而在学术、道德、社会实践等多方面得到均衡发展，最终成长为国家和社会需要的高素质人才。同时，社会责任感的培养能使大学生增强社会适应能力，能够主动关注社会动态，了解社会需求，从而在未来的职业生涯中更好地适应社会环境，能够更好地融入社会，与不同背景和领域的人建立联系，共同为社会发展贡献力量。②推动社会进步与创新，提升国家发展软实力。在全球化的背景下，国家的竞争力不仅取决于经济实力和科技水平，还取决于公民的社会责任感和道德素质。培养大学生的社会责任感，可以为国家培养出一批具有高尚品德、强烈责任感和使命感的优秀人才。社会责任感和使命感将会进一步激励大学生投入国家发展、民族振兴的宏伟事业，激发他们的创新精神和创造力，鼓励他们为解决社会问题提出新的思路和方法。这些人才将在未来的国际竞争中发挥重要作用，提升国家的整体竞争力。

（二）高等学校服务社会的重要使命

潘懋元在《新编高等教育学》中将高等教育定义为“建立在普通教育基础上的专业教育，以培养专门人才为目标”①。高等教育在诞生之初主要承担培养贵族子弟的职能。例如，中国古代的太学、古希腊的寺庙学校等，教育内容以政治、文化为主，注重研究“高深学问”。发展到中世纪时期，包括牛津大学、剑桥大学等在内的中世纪大学强调探索普遍的学问，并将这些学问传授给普通人，此时大学的唯一职能是教学，即培养具有一定专门知识的人

① 潘懋元．新编高等教育学［M］．北京：北京师范大学出版社，1996：5-6.

才，尽管存在科研活动，但主要是学者个人行为，科研尚未成为大学的主要职能。直到19世纪初，著名教育家洪堡将发展科学作为大学的重要职能，并在柏林大学展开具体实践，促进了大学从教学型向研究型的转变，结束了高等学校培养人才与发展科学职能的分离状态。南北战争后，美国各地出现了农工学院，各州根据1862年林肯总统签署的《莫里尔法案》建立了一批“赠地学院”，并最终孕育出美国高教史上著名的以服务社会为核心的“威斯康星思想”，使高等学校日益走到社会的中心，将大学的职能范围从教学和科研拓展到社会服务、文化传承创新等方面。

近年来，随着社会的进步与教育的发展，高等学校的职能进行了进一步扩展，作为青年成才成长的摇篮，大学不仅担负着人才培养的重要职能，还承担着科学研究、社会服务及文化传承创新、国际交流与合作三大责任。其中，“社会服务”这一职能作为连接高校与社会的重要桥梁，要求高校不仅要致力于提供基本公共服务、科普宣传、技术咨询，参与社会问题的解决，推动社会进步与发展；还要致力于践行社会主义大学的办学宗旨，坚持教育的“四为服务”，为培养德智体美劳全面发展的中国特色社会主义事业的合格建设者和可靠接班人做出应有的贡献。在新时代背景下，随着知识经济的兴起和全球化的深入发展，高等学校的社会服务职能日益凸显，其社会服务能力的高低成为衡量其办学水平和影响力的重要指标之一。

中国特色社会主义进入新时代以来，面对国内国际形势的挑战与机遇，高等学校被赋予了更加重大的历史使命。作为我国教育体系的“龙头”，高等学校同样应该承担起相应的社会责任，以高度的政治敏锐性和强烈的社会责任感做好“为党育人，为国育才”的工作。涉农高校作为培养农业领域专业人才的重要基地，其学生社会责任感的强弱直接关系到我国农业现代化建设的进程和成效。然而，当前涉农高校在培养学生社会责任感方面仍存在一些不容忽视的问题。一方面，部分学生对农业专业的认同感不强，缺乏为农业、农村、农民服务的热情和动力；另一方面，受市场经济和就业压力的影响，部分学生过于追求个人利益和短期效益，忽视了社会责任和长远发展。这些问题的存在不仅影响了涉农高校的人才培养质量和社会声誉，也制约了我国农业现代化的进程和成效。因此，加强涉农高校学生社会责任感的培养显得尤为迫切和重要。

（三）耕读教育对社会责任感的强化效应

文化作为一种社会精神力量，能够在潜移默化中影响人的行为选择，继而在人们认识世界、改造世界的过程中转化为物质力量，对物质世界产生能动的反作用。耕读文化在农业生产和读书学习的双重强调之下，从实践层面和思想层面加深学生对“三农”问题的认识和体会，提升个人素质、树立崇高的职业理想，继而作用于提高学生的社会责任感，树立强农报国的择业观和就业观。

1. 在读书学习中继承先哲为民情怀

在耕读文化的影响下，学生在读书学习中领悟先哲思想，提升精神境界。涉农高校学生在接受耕读教育时，会接触到传统文化经典的学习和传承，深入了解中国传统文化中的优秀思想和价值观。涉农高校在日常教学中一方面可以通过“显性课堂”的方式，开设耕读教育课程、劳动教育课程等，让学生在课本中学习和体会历史上先哲心忧天下的胸怀，感受革命先辈抛头颅洒热血的奉献，学习雷锋、焦裕禄一类的基层干部舍家忘我的无私，从中汲取精神养分。这种文化修养的提升不仅能够帮助学生树立正确的世界观、人生观和价值观，还能通过历史事实、理论知识的学习，唤起他们心中对于集体、国家、社会的认同感和责任感，使他们在面对职业选择时更加关注社会需求和公共利益，自觉将个人就业选择与国家前途命运相结合，投身到为国家现代化事业不懈奋斗的火热征程中。另一方面，涉农高校可通过开设经典诵读、传统文化讲座、学术研讨会、农业生产实践等活动形式，以浓厚的校园文化氛围打造有力的“隐性课堂”，以让学生近距离接触和感受传统农耕文化的魅力与智慧；同时，引导学生将所学知识与农业生产实践相结合，思考如何运用现代科技手段解决农业生产中的实际问题，从而在实践中加深对传统文化精髓的理解和认同。这一过程不仅能够提升学生的文化素养和精神境界，还能够激发他们的创新意识和实践能力，为培养社会责任感奠定坚实的基础。

2. 在农耕实践中体会劳动辛苦与光荣

在耕读文化的影响下，学生在农耕实践中贴近劳动大众，增加对“三农”问题的切身体会。马克思主义认为，实践是检验真理的唯一标准。在当前语境下，社会实践也是培养学生社会责任感的有效途径。耕读文化注重实践活动的融入，注重在农耕实践中培养“知行合一”的人才。涉农高校则可以通过引导学生参与农耕活动和社区服务，使学生亲身体会到劳动辛苦和不易，从中培养学生的劳动技能，同时也能使其享受到收获的快乐和自食其力的满足感。更重要的是，劳动有助于增强学生的责任感，它让学生在集体劳作中体会到团结的力量、集体智慧的闪光，继而意识到自己是团体的一员，是社会的一分子，需要为集体事业、社会进步贡献自己的力量。例如，在当今社会，许多涉农高校加强与地方政府、农业企业、农民合作社等单位的合作与交流，建立稳定的校外实习基地和产学研合作平台；同时，鼓励学生积极参与农耕实践活动，如田间管理、作物种植、畜禽养殖等，让他们在亲身参与中感受劳动的艰辛与乐趣、体验农民的辛勤与付出。通过这一过程，学生能够更加深入地了解农业生产现状和农村社会发展状况，增强对农业、农村、农民的认同感和归属感；同时，也能够更加直观地认识到自己所学知识的价值和意义所在，从而更加珍惜学习机会，努力学习专业知识，积极投身农业现代化建设事业。

二、耕读文化与专业认同感

在高等教育的广阔天地里，专业认同感作为连接学生个体与所学专业之间的情感纽带，不仅关乎学生个人成长的深度与广度，更直接影响到高等教育的质量与成效，尤其在涉农高校这一特殊领域，其重要性更是不言而喻。耕读文化以其对农业生产生活的关注，对“三农”问题的切身实践与体验，使学生在读书和实践中增加对所学专业的认同感和归属感，从而在择业与就业的过程中增强选择的坚定性和对未来职业规划的正向期待，积极投身乡村振兴的火热征途，为农业农村发展、国家现代化建设贡献出自己的力量。

（一）何为专业认同感

专业认同感，简而言之，就是个体在接触、学习并实践某一专业过程中，逐渐形成对该专业价值的认可、对专业身份的接纳以及对未来从事该专业工作的积极期待。这一概念根植于心理学与社会学的交叉领域，深受塔尔科特·帕森斯（Talcott Parsons）的特质因素论与约翰·霍兰德（John Holland）

的职业兴趣理论影响。其中，帕森斯强调个体特质与职业要求的匹配度，认为选择适合个人特质的专业是建立专业认同感的基础；而霍兰德进一步细化职业兴趣类型，指出当个人兴趣与所学专业高度契合时，能够激发更高的学习动力与职业满意度，从而增强专业认同感。

具体来说，专业认同感包括以下三方面。①专业兴趣。专业兴趣指的是个体对所学专业的内容、方向、应用领域等方面所产生的浓厚的兴趣，并能够在兴趣的驱使下愿意主动探索和学习相关专业知识，乐于在专业学习过程中投入大量的时间、精力和情感，积极参与课堂讨论、实践活动、科研项目等，以高度的热情和专注与时俱进地提升自己的专业技能。②专业价值认同。价值认同指的是社会成员在社会活动中对某类行为或事物产生的内在认可或共识。它突出表现为个体理解并认同所学专业所产生的社会价值、所在行业的发展前景，以及个人在该专业领域内可能实现的职业发展和个人成长，并由此产生强烈的内驱力，据此形成自身的价值定位和定向，自觉为所学专业辛勤耕耘、努力奋斗。③专业归属感。归属感指的是个体对所属群体的关系界定和认同，弗洛姆将其定义为心理上的安全感与落实感，马斯洛则在个体需求理论中将“归属和爱的需要”作为个体自我实现的重要前提。在专业学习领域，归属感表现为个体将自己视为所学专业群体的固有一员，与同学、老师及行业内的专业人士建立良好的关系，并由此形成强烈的集体荣誉感和责任感。

在涉农高校中，专业认同感具体表现为学生对农业科学的热爱、对解决农村问题的责任感、对农业技术推广的使命感，以及对未来从事农业相关职业的坚定信念。这种认同感不仅体现在对专业知识的渴求与掌握上，更在于对农业行业前景的乐观态度及投身其中的决心。

（二）涉农高校提升专业认同感的意义

专业认同感对于学生的学习动力、职业选择和未来发展具有重要影响。当学生对自己所学专业产生强烈的认同感时，他们更有可能保持积极的学习态度，在兴趣的驱使下投入更多的时间和精力进行专业学习，以更加积极昂扬的态度面对学业中可能出现的挫折和挑战，从而在学业上取得更好的成绩。同时，专业认同感还有助于学生产生强烈的职业情感，在专业认同感和归属感的驱使下，对所学专业、未来就业选择、人生目标等产生主观倾向，继而形成明确的职业规划，为未来的职业发展奠定坚实的基础。

在涉农高校中，培养学生的专业认同感尤为重要。由于农业领域的特殊性，学生需要面对相对艰苦的学习环境和工作环境，社会对农业职业一定程度上的忽视、偏见，以及从事农业职业所带来的收入、阶级方面的相对劣势。因此，涉农高校需要通过多种途径来增强学生的专业认同感，多措并举增强涉农专业学生学农为农的内在驱动力。例如，通过加强专业教育、提供实践机会、邀请行业专家进校讲座、组织专业社团活动等，让学生深入了解农业领域的现状和发展前景，感受农业工作的价值和意义，从而激发他们对所学专业的认同感和归属感。

对涉农高校而言，提升学生的专业认同感具有深远的意义。首先，它是提高人才培养质量的关键。党的十八大以来，习近平总书记围绕教育、科技、人才等领域发表系列重要讲话，做出重要指示，其中便有强调将“立德树人的成效”作为检验学校一切工作的根本标准。在涉农高校加强专业认同感教育，有助于切实培养知农爱农新型人才，当学生真正认同所学专业，便会以更加饱满的热情投入学习中，主动探索专业知识，积极参与实践活动，从而全面提升自身综合素质与专业能力，自觉投身农业农村现代化的建设事业。其次，专业认同感是促进学生就业创业的重要驱动力。具备高度专业认同感的学生，在职业的选择和规划方面往往有明确的自我定位和自我规划，在就业市场上往往更具竞争力，能够更快地适应工作环境，实现个人价值与社会价值的统一。除此之外，在现实层面上，提升专业认同感还有助于缓解市场经济冲击下涉农专业人才流失的问题，促使涉农专业学生端正职业认识，树立正确的职业价值观，继而有利于吸引更多有志青年投身农业强国建设中，为乡村振兴、国家富强贡献力量。

（三）农林高校就业教育的责任

就业是民生之本，一头连着国计民生，一头连着千家万户，无论是对于个人、社会还是国家都具有极其重要的意义。它不仅是个人获取经济来源、维持日常生活、实现自我价值的重要途径，也是维系社会稳定、促进经济发展的基石。

具体来说，对个人而言，就业是实现自我价值和人生目标的关键。通过就业，个人能够将自己的知识、技能和才能转化为实际的工作成果，获得经济上的独立和自主；同时，就业也是个人实现社会交往、建立人际关系的重要平台，有助于提升个人的社会适应能力和综合素质。对社会而言，就业是维护社会稳定和促进经济发展的重要因素。就业率的提高意味着社会劳动力的有效利用，能够为社会创造更多的财富和价值；同时，稳定的就业环境也有助于减少社会矛盾和冲突，维护社会的和谐与稳定；此外，就业还能够促进消费和市场的繁荣，为经济的持续增长提供动力。对国家而言，就业是实现国家富强和民族复兴的必然要求。就业率是国家经济发展的重要指标之一，反映了国家经济活动的活跃程度和劳动力市场的供求状况，通过促进就业，国家能够增强经济实力和综合国力，提高人民的生活水平和幸福感，贯彻以人民为中心的发展理念；同时，就业也是国家实施人才强国战略和创新驱动发展战略的重要保障，有助于培养高素质的人才队伍和推动科技创新和产业升级。

高校作为人才培养的重要基地，加强就业教育具有重要意义。首先，就业教育能够帮助学生树立正确的就业观念，明确自己的职业定位和发展方向。通过系统的就业指导和服务，学生可以更加全面地了解就业市场和用人单位的需求，提高自己的就业竞争力和适应能力。其次，就业教育能够提升学生的职业素养和综合能力。通过参加模拟面试、职场礼仪培训、团队协作等实践活动，学生可以更好地掌握职场规范和技能，提高自己的沟通能力，培养团队协作精神。最后，加强就业教育有助于促进高校与社会的紧密联系和合作。高校可以通过与用人单位建立合作关系，共同开展实习实训、人才培养等活动，实现资源共享和优势互补。这不仅能够提高学生的就业率和就业质量，还能够促进高校科研成果的转化和应用，推动社会的科技进步和经济发展。

择业观是学生在选择职业时所持的基本观点和态度，它直接影响到学生的职业选择与职业发展。涉农高校在进行学生就业创业指导、培养学生专业认同感的同时，也要注重引导学生树立正确的择业观。通过对农业专业技能的培训、对农业农村问题的解读、对新时代新形势下农业发展的重要性及广阔前景的梳理，鼓励学生在择业时勇于将个人理想融入国家发展大局之中，善于将论文写在祖国的大地上，乐于成为有担当肯奉献的新时代农业青年。

（四）耕读教育对提升专业认同感的促进作用

耕读文化作为一种文化资源，作用于耕读教育实践当中，有利于培养和塑造新时期涉农专业学生的专业认同感，提升其职业认同感，继而作用于择业和就业选择，为农业发展源源不断地输入高素质人才。

1. 在耕读融合中深化专业价值认同

专业价值认同作为个体对自己所从事或学习的专业领域所蕴含的价值观念、社会意义以及个人发展前景的深刻理解、积极接受和高度认同，不仅涉及对专业知识的尊重和信任，更包括对专业在社会中的作用、对个人成长的贡献以及未来职业发展的展望的肯定。在就业择业方面，专业价值认同能够增强个体对所学专业的忠诚度和稳定性，使他们在面对职业选择时更加坚定地选择与自己专业相关的领域；在职业发展生涯中，专业价值认同有助于激发个体的学习兴趣和实践热情，使个体在职业生涯中保持持续的学习和发展动力，不断适应行业变化和技术更新。

耕读文化中对“耕”的强调，即对农业生产实践的关注和重视。中国自古是农业大国，对农业的重视带来了对土地的敬畏与崇拜。耕读教育作为涉农高校特有的教育模式，强调将农业生产实践与理论学习相结合，让学生在农耕实践中体验农业生产的艰辛与乐趣，感受劳动的魅力与价值。在“耕”的过程中，学生不仅能够掌握农业生产的基本技能与知识，更能在与土地、作物、农民的亲密接触中，深刻理解农业对于国家发展、社会稳定的重要意义。这种亲身体验与感悟，有助于学生形成对农业行业的正确认识与积极评价，从而树立起正确的职业价值观，即农业是一项崇高而伟大的事业，值得每一位有志青年为之奋斗终身。

耕读教育中的“读”，不仅指对农业科学理论的学习与研究，更包括对学生人文素养、职业道德等方面的培养与熏陶。马克思主义从认识来源差异出发，将人的经验分为直接经验和间接经验，其中，直接经验是指从实践中获取知识，而间接经验是从他人或书本中获取知识。耕读教育除了强调在农业生产实践中直接获取相关认知，还强调在阅读专业书籍、学习专业知识的过程中，间接性地获取对“三农”问题的认识，学习先哲对耕读的理解和看法、对治国理政的理想和抱负，从而加强对所学专业未来发展前景、社会责任的理解和认同。例如，涉农高校在教学实践中一方面可以利用丰富的教育资源与平台，组织学生阅读经典著作、参与学术研讨等，从知识学习中拓宽学生的知识视野与思维深度；另一方面，可以通过讲述农业领域杰出人物的事迹与成就、组织“劳模”“大国工匠”“能工巧匠”进校园等活动，利用农业领域“活教材”，激发学生的职业荣誉感与使命感。在“读”中深化对农业学科的认同、逐步确立起高尚的职业理想，即立志成为具有社会责任感、创新精神和实践能力的农业人才，为推动我国农业现代化进程贡献自己的力量。

2. 在耕读融合中深化专业情感认同

专业情感认同是指个体对自己所从事或学习的专业领域在情感层面产生的强烈归属感和积极态度。这种认同不仅基于对专业知识、技能及其社会价值的理性认知，更融合了个人情感体验和价值观的融合。作为一种主观意识，它同样能够发挥主观能动性，对个体的行为产生一定的影响。专业情感认同除了能够激发个体的学习动力，促进个体职业的发展与职业目标的实现，还能够增强个体的社会责任感，使他们更加关注所学或所从事专业的社会贡献和价值，积极为社会进步和发展贡献力量。

耕读文化借助于耕读教育这一具体形式，作用于人才培养领域，在新时期重新焕发出了新的生机与活力。耕读教育的核心在于“耕”与“读”的有机结合，在理论与实践的双重路径之下，两者相辅相成，共同作用于学生专业情感认同感的提升。

在“耕”的实践环节，学生亲手操作，亲身体验，这种直观的感受往往比书本知识更能触动心灵，让学生深刻理解到农业不仅是生产粮食、提供生活资料的简单过程，更是与自然和谐共生、促进经济社会发展的重要力量。这种深刻的理解会激发学生对农业专业的热爱和尊重，进而转化为强烈的专业认同感。具体来看，在耕读活动中，学生亲手触摸土地、耕种作物、收获果实，与土地建立了深厚的情感联系；与农民亲密接触、亲切交往，直面他们的生活方式、劳动习惯。这种情感联系不仅让学生感受到了农业生产的艰辛与乐趣，也让他们对土地产生了敬畏之心和感恩之情，这种情感上的认同和归属，使学生更加珍惜和热爱自己的专业，愿意为农业的发展贡献自己的力量。除此之外，耕读教育往往以团队为单位进行组织和管理，学生在参与耕读活动的过程中需要相互协作、共同努力。这种团队协作的方式不仅培养了学生的沟通能力和团队精神，也让他们深刻体会到了集体荣誉感和归属感的重要性。当团队成员共同努力完成一项任务或取得一项成果时，那种由衷的喜悦和成就感会让他们更加珍惜彼此之间的友谊和合作关系，也更加认同和热爱自己的专业团队，产生强烈的归属感和集体意识。

而在“读”的理论学习阶段，学生不仅学习专业知识，还接触到农业历史、农业科技、农业政策等多方面的内容，这些知识的积累让学生能够从更广阔的视角审视农业，认识到农业在现代化进程中的战略地位和作用，继而产生自豪感。同时，耕读教育还注重对学生人文素养和价值观的培养，通过传统文化的熏陶和农耕精神的传承，让学生懂得尊重自然、关爱他人、追求真善美的价值理念。这种人文素养和价值观的提升，使学生更加认同自己的专业身份和使命担当，也为他们未来的职业生涯奠定了坚实的道德基础。例如，通过阅读名人传记、经典案例等，学生可以汲取前辈们的智慧和力量，感受到农业人的使命与担当，从而更加坚定自己从事农业事业的决心和信念。

三、耕读文化与创新创业能力

在新时代新征程中，面对国内国际“两个大局”，提升创新实践能力不仅关系到中国特色社会主义事业“后继有人”这一根本大计，还深切地关系到我国的综合国力和国际竞争力，意义重大，不容忽视。耕读文化中对于创新开放思维、实践应用能力的重视，与近年来国家强调的“拔尖创新”“复合应用”“实用技能”人才培养目标高度契合，对涉农高校人才培养产生了深远影响。

（一）注重创新实践能力的重要意义

在快速变化的21世纪，创新与实践能力已成为衡量人才培养质量的核心指标之一。随着全球化和信息化的深入发展，农业领域正经历着前所未有的变革，在从传统农耕向现代农业、智慧农业转型的过程中，对具备创新实践能力的高素质人才的需求越发迫切。党的二十大报告指出，必须坚持科技是第一生产力、人才是第一资源、创新是第一动力，深入实施科教兴国战略、人才强国战略、创新驱动发展战略；党的二十届三中全会通过的《中共中央关于进一步全面深化改革、推进中国式现代化的决定》指出，要“统筹推进教育科技人才体制机制一体改革，健全新型举国体制，提升国家创新体系整体效能”。注重学生创新实践能力培养既是现代化建设的必然要求，也是涉农高校的重要使命。

1. 推动农业现代化，提升国际竞争力

农业现代化是指运用现代科学技术、现代工业提供的生产资料和科学管理方法，对农业进行改造的过程。当前，我国农业正处于由传统农业向现代农业转型的关键时期，产业转型升级是必由之路。在这一过程中，科技创新是关键驱动力。随着生物技术、信息技术、智能装备等高新技术在农业领域的广泛应用，农业生产方式、经营模式和管理手段都在发生深刻变革，劳动者作为生产力中最活跃的因素，提升自身在就业创业方面的创新实践能力，对于掌握先进的农业科技手段、运用先进生产工具等有着不可忽视的意义。因此，涉农高校必须注重培养学生的创新实践能力，使他们能够掌握最新的农业科技知识，具备将科技成果转化为现实生产力的能力，从而适应农业现代化发展的需求。具体来看，具备创新实践能力的涉农高校学生，能够运用所学知识、结合市场需求和地域特色，开发出具有竞争力的农业新产品、新技术和新模式，推动农业产业向高端化、绿色化、品牌化方向发展；同时，他们还能够运用现代信息技术手段拓展农产品销售渠道，提升农业产业的市场竞争力。在全球经济一体化的背景下，世界正在面临“百年未有之大变局”。一方面，国际竞争日趋激烈，单边主义、强权政治仍有抬头，面对西方敌对势力对我国展开的技术封锁，我国要在国际市场上占据一席之地，必须紧紧依靠科技创新提升核心竞争力，突破西方“卡脖子”的技术难题。另一方面，地球生态问题不容忽视，面对资源环境约束加剧、生态环境压力增大的现实挑战，农业可持续发展已成为全球共识，而要想实现农业可持续发展，必须紧紧依靠科技创新和制度创新。在此国际背景之下，涉农高校作为农业科技创新的重要阵地，必须注重培养学生的创新实践能力，既要引导他们关注国家发展的战略性问题，以学习先进的农业科学技术，提升自身创新能力；又要引导他们积极关注农业生态环境问题，提出创新性的解决方案；与此同时，涉农高校作为培养农业国际化人才的重要基地，还必须注重提升学生的国际视野和跨文化交流能力，培养他们的创新思维和开放意识，使他们有能力参与全球农业科技创新合作与竞争，提升我国的国际影响力。

2. 促进学生个人成长，引导科学职业规划

对涉农高校学生而言，注重创新实践能力的培养不仅是适应社会发展需求的外部要求，更是促进个人成长与职业发展的内在需求。从学生个人成长的角度来看，创新实践能力是促进学生全面发展的关键。马克思主义认为，实践是认识的来源，也是认识发展的重要动力。创新实践活动不仅能帮助学生在实践中增长经验、丰富经历，让学生更深刻地认识自己的能力和兴趣所在，从而为他们未来的个人发展奠定坚实的基础；还能有效提升学生解决问题的能力，鼓励学生运用创新思维和批判性思维去应对挑战，寻找新颖的解决方案，从而为学生独立解决困难、实现自我成长和蜕变打下良好的基础。从科学职业规划的角度来看，创新实践能力同样具有不可替代的作用。它帮助学生明确自己的职业方向，通过实践中的体验和观察，让学生更清晰地了解不同职业领域的特点和要求，从而做出更加符合自己兴趣和能力的职业选择。同时，这种能力也大大提升了学生在职场中的竞争力，使他们能够在众多求职者中脱颖而出，获得更好的职业发展机会。此外，创新实践能力还能有效拓展学生的视野，使学生在面对就业选择时能够保持开放性思维，从而为学生拓宽职业路径，使他们能够紧跟时代步伐，不断做出适应社会需求的调整，实现个人价值的最大化。

（二）卓越农林人才教育培养机制

党的十八大以来，以习近平同志为核心的党中央高度重视“三农”工作，围绕全面脱贫、乡村振兴等做出了系列重要部署。例如，2014 年中共中央、国务院发布《关于全面深化农村改革加快推进农业现代化的若干意见》，针对完善国家粮食安全保障体系、强化农业支持保护制度、建立农业可持续发展长效机制等方面做出重要指示；2015 年国务院出台《关于加快转变农业发展方式的意见》，指出农业和农村经济发展面临的挑战及未来发展方向；2018 年中共中央、国务院发布《关于实施乡村振兴战略的意见》，为新时代解决“三农”问题指出了方向遵循。

人才是促进经济社会发展的重要资源，在推动农业农村发展的同时，国家也加大了对农林人才的培养力度，为乡村全面振兴提供坚实的人才基础。2013年，教育部、农业部、国家林业局根据《国家中长期教育改革和发展规划纲要（2010—2020年）》及《教育部 农业部 国家林业局关于推进高等农林教育综合改革的若干意见》的要求，全面启动“卓越农林人才教育培养计划”，并于2018年继续印发《关于加强农科教结合实施卓越农林人才教育培养计划2.0的意见》，在全国高校范围内掀起卓越农林人才培养改革的高潮。与此同时，“高等学校创新能力提升计划”与“双一流”建设计划同步推进，为涉农高校进行卓越农林人才培养改革工作指明了方向、营造了浓厚的氛围。①

在此背景之下，高等学校积极展开卓越农林人才培养机制改革。新时代卓越农林人才培养机制坚持科学发展，以服务“三农”为导向，是适应农业现代化、乡村振兴战略以及全球农业发展趋势的重要举措，这一机制旨在培养具备创新精神、实践能力、国际视野和社会责任感的高素质农林人才，为生态文明、农业现代化和社会主义新农村建设提供坚实的人才支撑，推动高等农林教育内涵式发展。在培养模式与路径方面，高等学校通过分类培养、连续培养、协同培养等培养模式改革，贯穿于课程、教学、教师、教法等体系，深入培养可堪民族复兴大任的新型农林人才。在培养目标方面，卓越农林人才计划中旨在培养的拔尖创新型、复合应用型、实用技能型等人才类型，对于学生的创新能力和实践能力、应用能力都有所强调、有所重视，与耕读文化中对于培养“知行合一”的创新实践人才有着一定的契合之处。

具体来看，高校针对卓越农林人才的创新实践能力方面的培养主要体现在以下三方面。首先，注重培养学生的创新思维和科研能力，培养拔尖创新人才。通过实施导师制、小班化教学、个性化培养等措施，为学生提供丰富的科研资源和实践机会；加强与国内外高水平科研机构的合作与交流，拓宽学生的国际视野和学术前沿认知。其次，注重培养学生的综合应用能力和实践能力，培养复合应用人才。通过构建多学科交叉融合的课程体系和实践教

① 高志强，官春云．卓越农业人才培养机制创新［M］．长沙：湖南科学技术出版社，2019：12-20.

学体系，加强实践教学环节和校企合作，使学生掌握多领域的知识和技能，提升学生的综合素质。最后，注重培养学生的职业技能和动手能力，培养实用技能型人才。通过优化课程设置和教学内容，强化实践教学和技能培训环节，使学生掌握农业生产、加工、销售等方面的实用技能；加强与农业技术推广机构、职业学校的合作与交流，推动产学研用深度融合。

涉农高校卓越农林人才培养机制是一项系统工程，也是一项长期工程。它有效回答了新时代涉农高校“培养什么人”的重要问题，为涉农高校落实立德树人根本任务指明了重要的方向，有利于通过深化教育教学改革、加强师资队伍建设、构建完善的实践教学体系、加强创新创业教育与指导以及加强国际交流与合作等措施培养出更多高素质、创新型、复合型的卓越农林人才。

（三）耕读教育培养创新创业人才

耕读文化作为中华优秀传统文化的瑰宝，蕴含着丰富的农耕智慧与人文精神，为涉农高校培养学生的创新实践能力提供了独特路径。2021 年的中央一号文件《中共中央、国务院关于全面推进乡村振兴，加快农业农村现代化的意见》中提出了“开展耕读教育”的重要意见，之后印发的《关于加快推进乡村人才振兴的意见》中明确要求“将耕读教育相关课程作为涉农专业学生必修课”，有效回应了涉农高校利用耕读文化重要资源，培养创新应用人才的重要使命。

1. 培育开放精神，提升创新能力

耕读教育强调“读万卷书，行万里路”，鼓励学生走出教室，走进田间地头，近距离观察自然，亲身体验农耕生活。这种教育模式有助于打破学科壁垒，拓宽学生的知识视野，培养他们对未知领域的好奇心和探索欲。同时，通过与农民交流学习，学生能够深刻理解农业生产的实际情况和农民的真实需求，从而激发创新灵感，提出更加贴近实际、能够解决问题的创新方案。此外，耕读教育还鼓励学生关注国际农业发展动态，学习借鉴国际先进经验和技术，培养全球化视野和开放精神，为农业创新注入国际元素。这种开放精神和创新能力的培养对大学生择业就业的影响主要体现在以下两方面。

第一，有助于拓宽就业视野。一方面，耕读教育重视实践、重视现实的

务实精神，有助于涉农高校学生在农业生产实践中发现问题、开拓思路、获取灵感、提升创新实践能力，在择业时有助于涉农高校学生打破传统就业观念的束缚，基于实践得来的经验，不再将就业选择局限于传统的农业种植、养殖等领域。相反，他们可以将所学知识与创新实践能力相结合，在农业科技、农产品加工、农业电子商务等新兴领域寻找就业机会，这种多元化的就业选择为学生提供了更广阔的发展空间。另一方面，具备创新思维的学生更容易接受新事物，关注国际农业发展趋势和前沿技术。他们能够通过国际交流、留学深造等方式，拓宽国际视野，了解不同国家和地区的农业发展模式和就业机会，为未来的职业发展打下坚实基础。

第二，有助于增强职业适应性。《易经·系辞下》中有言："穷则变，变则通，通则久。"告诉我们懂得变通、培养开放性创新思维对于处理问题的重要性。耕读文化强调在农耕实践中应用和增长本领，而在这片耕作的广袤土地之上，不仅能结出劳动的果实，还孕育着无限希望、无限可能，培养着开放精神；在土地上进行耕作，既能锻炼自食其力、自力更生的能力，也有效强调和发挥着农耕主体主观能动性，在面对深不可测的大自然、面对种种生产劳作的困难时，是坐以待毙还是迎难而上，同样提示着人们培养创新意识、以"变"促"通"的重要性。在就业与择业方面，在耕读教育追求创新能力与开放思维的影响下，拥有创新思维的学生往往更加关注个人兴趣和优势，从而更清晰地认识自己的职业发展方向，做出有主见的职业选择。除此之外，具备创新思维的学生通常更加具备勇于尝试和挑战的精神，使他们在面对失败和挫折之时，敢于以"破"的思维创新解决问题的方法，寻求解决问题的方案，在面对职业瓶颈时不断突破自我、实现职业成长。

2. 培育实干思维，提升实践能力

耕读文化倡导"知行合一"，即理论知识与实践操作相结合。在涉农高校中，这体现为强化实践教学环节，如建立校外实习基地、开展农业科技创新竞赛等，让学生在实践中学习、在学习中实践。通过参与农作物种植、畜禽养殖、农业机械操作等实践活动，学生能够亲身体验农业生产的艰辛与乐趣，掌握农业生产的基本技能和方法。更重要的是，这些实践活动能够锻炼学生的实干精神，培养他们面对困难时不畏艰难、勇于探索的勇气和毅力。这种实干思维不仅有助于提升学生的实践能力，更为他们将来在农业领域创新创业奠定了坚实基础。

第一，有利于增强职业认知与定位。一方面，耕读教育对于实践的强调，使得广大涉农专业学生有机会通过实践锻炼深入了解农业生产实际状况，能够亲身体验农业领域的实际工作环境和流程，了解行业发展现状、发展趋势以及面临的挑战和机遇，这种深入的行业认知有助于他们更加准确地把握自己的职业定位和发展方向，为今后的职业生涯规划打下坚实的基础。另一方面，在耕读教育的影响下，学生在读书与实践中逐渐明确职业目标。在读书学习中让学生增长专业知识、掌握科学文化，在实践锻炼中让学生有机会将所学知识与实际工作相结合，达到学以致用，并通过解决实际问题来检验自己的能力和兴趣所在。这种理论与实践的互动过程有助于使学生进一步明确自己的职业目标，从而更加有针对性地、动态性地调整自己的职业生涯规划。

第二，有利于提升职业素养与技能。2023 年，习近平总书记在给中国农业大学科技小院的同学们的回信中寄语同学们要“走进乡土中国深处”，既要志存高远，又要脚踏实地，把课堂学习和乡村实践结合起来，厚植爱农情怀、练就兴农本领，在乡村振兴的舞台上建功立业。耕读文化强调的便是这样一种在田间地头、村屯农家“解民生”“治学问”的实干思维、实践能力。在耕读文化的影响下，这种实干思维作用于大学生择业观的教育中，一方面使学生在实践中获得了职业技能提升，即通过参与农业生产、科研实验、技术推广等实践活动，学生可以掌握更多实用的职业技能，在求职过程中提升竞争力。另一方面，实践能力的提升还伴随着学生的职业素养的提高。例如，团队合作精神、沟通能力、解决问题的能力等。这些素养是职场中不可或缺的软实力，能够帮助学生在未来的工作中更好地适应环境、融入团队并取得优异成绩。

耕读文化以其独特的魅力和深厚的底蕴，为涉农高校培养学生的社会责任感、专业认同感和创新实践能力提供了有力支撑，这些个人素质及能力提升将深刻影响农林高校大学生的择业观念，使他们更加自信、更有能力地投身于农业现代化和乡村振兴的伟大事业中。

第二节 耕读文化融入就业教育的理论支撑

古今中外，从文艺复兴时期“人的发现”，到儒家学说的“仁爱”思想，再到五四运动强调“个人主义的人间本位主义”，对“人”的关注始终是一个贯穿历史长河、跨越文化界限的深刻主题。无论是在现代教育理论还是在耕读文化中，这份对“人”的关注都闪烁着人性的光辉，以此为契合点使农林高校就业教育获得了深厚的理论资源。

一、行为主义教育理论

行为主义的创始人是美国心理学家华生（J. B. Watson，1878—1958），行为主义教学理论包括巴甫洛夫（I. Pavlov，1849—1936）的经典条件反射理论、斯金纳（B. F. Skinner，1904—1990）的操作性条件反射理论和班杜拉（Albert Bandura，1925—2021）的社会学习理论。

（一）经典条件反射理论

巴甫洛夫在研究消化生理时注意到，狗的消化腺分泌似乎是有规律的，即狗在见到食物一定的时间之后其消化腺才开始分泌。显然，这种预期性的分泌带有反射性质。进一步观察发现，食物刺激和消化腺分泌之间的关系在每只狗上表现得并不一样，甚至同一只狗在不同时间的表现也不一样。

巴甫洛夫在实验室里添设了灯光和响铃装置，先给狗以声、光刺激，一定时间之后给予食物。见到食物后，狗必然会分泌唾液，这是其先天固有的反射。但是，巴甫洛夫通过反复试验发现，狗只要见到这种灯光、听到这种铃声，即便没有食物出现，它也会分泌唾液。巴甫洛夫认为，灯光、铃声已与食物共同形成了刺激物，而这种“刺激—分泌”的神经联系已在大脑中建立。只要刺激信号出现，就会引起唾液分泌。这种后天习得的反射，巴甫洛夫称之为“条件反射”，它与那种与生俱来的无条件反射截然不同。巴甫洛夫发现了条件反射的许多规律，其中重要的一条是，条件反射的建立必须依赖于一种无条件反射，即条件反射无法凭空建立。

巴甫洛夫还发现，条件反射的形成并非一劳永逸，它是可以变化的。如果不经常用相应的无条件反射去强化它，旷日持久，条件反射就会削弱或消退。例如，那条学会了听见铃声就分泌唾液的狗，如果你老是响铃，却不按时地把食物放进它的嘴里，久而久之，狗对单独的铃声反应便会减弱，最后会置若罔闻。这表明，原已形成的条件反射因为得不到无条件反射的强化已逐渐消退了。巴甫洛夫还研究了条件反射的泛化、辨别等规律，并用来解释行为的建立、改变和消退。经典条件反射学说已成为行为治疗最基本的理论之一，利用条件反射的建立或消退的规律已成为消除不良行为、塑造健康行为的重要方法。

（二）操作性条件反射理论

斯金纳把行为分成两类，一类称应答性行为，另一类称操作性行为。他认为，应答性行为是被动的，是被一定的刺激诱发的。比如，巴甫洛夫在狗身上观察到的行为。而操作性行为却带有主动的性质，虽然它也要受环境的影响，但不是直接由某一明显的刺激所引发。斯金纳认为，吃饭、睡觉、走路、讲话、工作、娱乐、争斗等都属于操作性行为。显然，操作性行为要比应答性行为复杂得多，不是能用几个条件反射可以阐明的。例如走路，最初可能是由想到某个地方去的念头引起的。但是这个行为是否发生，却还要取决于气候、心情、精力，以及诸多的社会因素。不过，在某种程度上也可以为奖赏所决定，奖赏是一种强化。如果预计走到目的地之后能会见一位朝思暮想的挚友，那么，走路这一行为较之没有这一期望时更易发生，因为奖赏强化了走路行为。

斯金纳制成了一套盒式实验装置，装置里有一套操作工具和传送强化物的设施。这就是后人所称的斯金纳箱。斯金纳首先是用鸽子做实验，实验箱里装有两把钥匙，一把是红色的，另一把是绿色的。当鸽子无意中啄动红钥匙时，传送强化物的装置就自动丢出几粒它喜欢吃的食物。啄动绿钥匙时，箱内则无任何动静。不久，鸽子就学会了啄红钥匙。类似的结果在老鼠身上同样得到验证：斯金纳箱中安装一副杠杆，老鼠在箱子里自由行动，如果无意中压了一下杠杆，传送强化物的装置便会送来食物，于是老鼠很快就学会了按压杠杆以获得食物。

强化物通常是某种食物，也可以是作为奖赏的任何其他东西，比如娱乐，甚至只是避免某种惩罚，奖赏或娱乐属于正强化，惩罚属于负强化。斯金纳将老鼠放在箱中，底板是金属制成的，可以通电。箱内设一副杠杆，但杠杆不再是获取食物的暗道机关，而是一个设计巧妙的电闸开关。底板通电之后，老鼠受到电击，它会在箱里惊慌失措，但偌大的箱内就是没有安然立足之处。如果老鼠偶然碰压了杠杆，则电源立即被切断，老鼠即可安宁。它一旦停止按压，电源又自动接通。为了避免电击，老鼠迫不得已地反复按压杠杆，丝毫不敢松懈，直至精疲力竭。这时候，老鼠亦被认为学会了按压杠杆。

除了对正强化与负强化做出区分外，斯金纳还区分了强化的两个来源：一级强化物和二级强化物。一级强化物包括所有在没有任何学习发生的情况下也起强化作用的刺激，如食物和水等可以满足生理基本需要的东西。二级强化物包括那些在开始时不起强化作用，但后来作为与一级强化或其他强化物关联而起强化作用的刺激，如斯金纳箱里的灯光。斯金纳认为，对人类来说，二级强化物包括对大量行为起强化作用的许多刺激，诸如特权、社会地位、权力、财富、名声等，这些大多是由社会文化所决定的，它们构成了决定人类行为的极有力的二级强化物。

斯金纳从事实验和研究的主要目的，是论述和澄清强化的类型和强化的安排对学习测度的影响。学习测度主要包括习得速度、反应速度和消退速度。从某种意义上说，斯金纳在强化安排方面的实验，是他对心理学的最大贡献。斯金纳认为，在行为实验分析中，最容易控制的、最有效的变量是给予强化的方式。在一种仔细控制的实验情境中，实验者可以精确地决定使用什么类型的强化，以及怎样给予、何时给予强化。也就是说，实验者完全可以控制强化程序。

根据这一原理，斯金纳提出了一套行为矫正程序，他称之为“塑造作用”。在行为塑造过程中，实验者首先观察被试的全部行为反应，然后对其中的部分行为反应进行奖励，忽视那些实验者不希望保留的行为反应，通过不断奖励、强化而塑造出一种基本上是全新的行为模式。利用这种方式，斯金纳曾经成功地教会了鸽子打乒乓球，甚至还教会鸽子在一架玩具钢琴上弹一支曲子。

斯金纳将行为塑造用于人类行为的研究，对一些精神和情感疾病的治疗起到过不小的作用。他认为，通过奖励可以重新塑造当事人的行为方式。他和两位研究生从 20 世纪 40 年代开始后来称为行为矫正法的实验尝试。他们在波士顿附近的州立医院进行实验，如果当事人做出合适的行为，如自愿进食、自我修整或者协助整理房间等，就会得到一些奖励，如糖果和香烟，或者得到一些特权，比如，自由选择进餐地点，与医生交谈，看电视，等等。由此可以看出，心理咨询就是通过改变对当事人起作用的强化物来矫正问题行为，同时发展良好行为。

（三）社会学习理论

巴甫洛夫和斯金纳的理论能说明许多行为，但在解释复杂社会行为的学习过程中遇到了困难。因为人在社会化过程中能在短期内习得大量的复杂行为，而人不可能在很短的时间内一一经历如此多的刺激并建立相应的刺激—反应联系。班杜拉认为，人有复杂的文化背景，所以人的行为是极为复杂的。这种复杂行为不可能通过经典条件反射及操作条件作用来简单地加以控制或改变，而要通过观摩示范式学习，通过模仿来获得。

班杜拉的社会学习理论特别强调榜样的示范作用，认为人的大量行为是通过对榜样的学习而获得的，不一定都要通过尝试错误学习和进行反复强化。榜样学习是人类的一种社会学习的基本方法，其过程分为四个步骤。

1. 注意过程。榜样的特征引起学习者的注意，可以是有意识的，也可以是无意识的。班杜拉认为我们所注意的往往是具有一定心理价值的行为模式。

2. 保持过程。将榜样特征、内容保持在记忆中以便必要时再现。在保持过程中应不断再现榜样的表象。班杜拉认为，行为以两种形式保存在我们的记忆中：一是形象，二是语言。观察学习把示范经验转换成表象或言语符号保持在记忆中，这些记忆代码在以后就能指导操作。除了符号编码外，演习也能成为一个重要的记忆支柱。

3. 运动再现过程。学习者将榜样的特征纳入自己的行为之中并赋予自身人格的特征。要把观察学习到的东西付诸行动，在行为水平上还会存在障碍。在运动再现的过程中，学习者必须根据自己的猜测、他人的反馈和对榜样行为的仔细观察进行调整。

4. 动机过程。人们通过观察获得的新知识，并不能保证在人们身上能自动出现与所观察行为相同的行为。操作是由动机变量控制的，当模仿的行为得到外部或自我的不断强化之后，习得行为相对稳定地建立起来并保持一定的连续性。

除了上述四个过程中提到的影响观察学习的因素外，下列因素也对观察学习产生影响：①榜样的特征。榜样的知名度、权威性、能力、地位以及与观察者相似程度都会影响观察者的模仿行为。②观察者的特征。观察者的依赖性高、受暗示性强、缺乏自信和安全感，则易模仿他人的行为；同时，观察者具有较强的模仿能力也会促进他的模仿行为。③观察者的参与程度。主动参与比被动参与的观察者更易产生观察学习。①

二、人本主义教育理论

（一）人本主义教育理论的核心观点

人本主义教育理论是“脱胎于人本主义心理学思想的一种认识体系，对当代西方教育理论以及教育实践产生了广泛而深刻的影响”②。

人本主义教育思想的历史发展源远流长，其精髓贯穿了多个历史阶段，不断演变并丰富着教育的内涵。古希腊罗马时期，哲学家们关于“人是万物的尺度”的探讨，虽未直接形成系统的教育理论，却为人本主义教育埋下了种子。彼时古罗马学者西塞罗曾用拉丁文中的一个词——humanitas，来表征对人进行全面的教育，以弘扬纯粹人性品质的教育观。③ 文艺复兴时期，人文主义的兴起极大地推动了人的自由、理性和尊严在教育中的体现，教育开始注重儿童的个性与兴趣，反对压抑人性的传统教学方式，彼时意大利学者弗吉里奥（P. P. Vergerio）在《论绅士风度的自由学科》一文中全面阐释了人文主义教育的目的与方法，即对学生进行全面的教育，并根据学生的兴趣和

① 高志强，郭丽君．学校生态学引论［M］．北京：经济管理出版社，2015：52-57.

② 方展画．当代西方人本主义教育理论评述［J］．河北师范大学学报（教育科学版），1999（1）：50-57.

③ 方展画．当代西方人本主义教育理论评述［J］．河北师范大学学报（教育科学版），1999（1）：50-57.

爱好进行教学。进入启蒙时代，思想家们进一步强调理性和科学的重要性，教育被视为培养自由、平等、民主精神的关键途径。这一时期的教育思想更加注重人的内在需求和全面发展，为人本主义教育思想的成熟奠定了基础。

19 世纪至 20 世纪初，随着心理学的发展，人本主义心理学家的贡献使得人本主义教育思想在教育领域得以深入实践。以卡尔·罗杰斯（Carl Ransom Rogers）、马斯洛等人为代表的人本主义思想流派，强调人的潜能发展、自我实现及情感体验的重要性。其中，马斯洛的需求层次理论和罗杰斯的自我实现理论等，为教育提供了新的视角，他们强调以学生为中心，关注学生的主观体验、自我实现和情感发展，尊重人的价值、潜能与个体差异，促使教育从传统的知识传授向注重学生全面发展、培养独立人格的方向转变。

时至今日，人本主义教育思想已成为现代教育的重要理念之一，广泛应用于各级各类教育中。它倡导的教育方法注重学生的主动参与和自主探索，鼓励学生发展个人潜能，实现自我价值。具体而言，人本主义教育理论高举人道主义旗帜，主要包含以下四个核心观点。[①] ①以人为本的教育观。“以人性为本位”是人本主义教育思想的核心所在。[②] 人本主义教育理论秉承马斯洛的人的“自我实现”理论，将教育的宗旨定位于激发人的潜力、促进人的终极成长和“自我实现”，培养具有“完整人格”的个体。这种教育理念认为，每个人先天具备创造、友爱等基本潜能，而教育的主要作用就是激发这些“天性”，使人达到自己潜力范围内的最佳状态。②平等互助的师生观。在传统的师生关系中，教师往往是学习的指导者，而学生是知识的接受者。人本主义教育理论则重新诠释了这一关系，强调“非指导性”教学，提出教师应该是学生学习的协助者和学习伙伴，而学生才是学习的主导者，实现了由“教师中心”到“学生中心”的转变。这种理论反对压抑学生的好奇心和潜能，重视对学生学习的解放，认为教师的主要作用是帮助学生创设一种适宜的学习环境，从而使学生能够积极主动地完成学习任务。在“非指导”教学

① 何志武．人本主义教育理论的主要观点及其应用［J］．重庆科技学院学报（社会科学版），2010（11）：181-182，187.

② 方展画．当代西方人本主义教育理论评述［J］．河北师范大学学报（教育科学版），1999（1）：50-57.

模式中，教师扮演的是一个促进者的角色，与学生之间建立一种和谐的人际关系，尊重学生、真诚地对待学生，让学生感受到学习的乐趣并自动自发地参与到学习中来。③以生为本的学习观。罗杰斯认为学习是一项由个人自主发起的、使整个人投入其中并能产生全面变化的活动。他对学习的定义主要包括“有意义的学习”“全脑的学习”“整人的学习”三方面。其中，“有意义的学习”与“无意义的学习”相对照，所谓“无意义的学习”类似于机械式学习，不涉及个人意义，与完整人格无关，因而学习效率极低；而“有意义的学习”则提倡对知识的灵活理解而非消极接受，是指一种使个体的行为态度、个性以及在未来选择行为方针时发生重大变化的学习，这种学习不仅涉及知识的增长，更是一种与个体各部分经验都融合在一起的学习。“全脑的学习”强调在学习过程中应充分利用大脑的左右两侧功能，实现情感与理智、直觉与逻辑、经验与概念的全面融合。“整人的学习”则主张不仅要关注学生的认知发展，还要关注学生的情感、态度、价值观等多方面的成长，对传统教育中漠视学生情感的特征予以否定。④科学动态的教学评价。在“自我实现”的教学目标指引下，人本主义强调“自由发展”的教学过程，主张教师“非指导性”的教学方法，秉持着“真诚、信任和理解”的原则进行教学活动。在教学活动结束之后，人本主义也有自己主张的一套教学评价模式。这种模式反对以考试和考核为主的外部评价，提倡自我评价，让学生主动地与自己进行纵向的比较而非横向比较，从而全面认识自己的过去，正确定位现状并科学规划未来。同时，人本主义认为教学评价应关注学生的全面发展，具体包括知识、技能、情感态度和价值观等多方面。这种全面的评价标准有助于促进学生成为既具有认知能力又具备良好情感素养的“完人”或“功能完善者”。

（二）耕读文化中的人本主义色彩

耕读文化作为中华优秀传统文化的重要组成部分，蕴含着丰富的人本主义思想。这种文化不仅在“耕”与“读”、理论与实践的互动中关注和促进人的全面发展，提升人的内在修养，还以“亦耕亦读”的方式注重从实践中获取创作的灵感，关注人在学习与实践中的主观感受。与人本主义教育理论的核心理念具有一定的契合性，充分显示出中华优秀传统文化的深厚内涵与独特的包容性。

1. 助力人的全面发展与自我实现

在耕读文化的语境中，“耕”与“读”不是两种彼此独立的生存技能获取途径，而是相互依存、相互促进的个体成长路径。古人云：“耕以养身，读以明道。”耕读文化将农业生产与读书学习紧密结合，既重视物质生活的自给自足，又强调精神世界的充实与提升。这一理念深刻揭示了物质与精神层面相互滋养、共同发展的道理。农业生产作为人类最原始也是最基础的生产方式，不仅教会人们如何与自然和谐共处，获取生活所需，更在日复一日的劳作中锤炼了坚韧不拔的意志，培养了勤劳朴实的品质。而读书学习是心灵的滋养、是智慧的启迪，它引领人们走出物质的束缚，探索未知的世界，提升个人的文化素养与道德境界。罗杰斯的人本主义教育理念首先将“完整的人”作为核心概念，当农耕实践的主体自觉自发地投入以追求自我提高、“自我实现”为目的的学习过程中时，不仅在实践层面上提升了感知自然的能力，丰富了情感与经验，也在知识层面上锻炼了理智与逻辑思维能力，实现了罗杰斯所倡导的代表感性与理性的左右脑“全脑”的学习，为个人的全面发展奠定了坚实的基础。

马斯洛需求理论将人的自我需求的五个层次，从低到高分为生理需求、安全需求、社交需求、受人尊重需求和自我实现需求。耕读生活以艰苦朴素的农耕实践为读书学习打造物质基础，解决口腹之欲，满足最低层次的生理需求，继而在物质条件充裕的条件下满足个体的安全需求，在进行集体耕作与课堂学习中认识志同道合的伙伴、满足基本社交需求，经过寒窗苦读在科举中一举夺魁便能实现阶级跃升，实现受人尊重的需求，最终，个人通过耕作实践获得生存技能，通过读书学习提升文化素养与道德修养，在实践与学习过程中不断激发自身潜力、取得自我突破，实现最高层次的自我实现的需求。耕读文化所倡导的这种“半为儒者半为农”的生活方式，正是实现人本主义教育理念中“自我实现”最终目标的有效途径。

2. 关注人的情感体验和主观感受

人本主义教育理论的核心在于尊重每一个学生的独特性，它倡导教育不应仅仅局限于知识的传授与技能的训练，而应是一个全方位、多维度地促进学生个体成长的过程，这一过程必须充满深厚的人文关怀与真挚的情感交流。在这一框架下，学生不再是被动接受知识的容器，而是拥有独立思想、丰富情感与独特个性的鲜活生命体。教育者需以同理心倾听他们的声音，理解并尊重他们的情感体验与主观感受，因为这些正是构成个体完整性和独特性的重要部分。

20世纪中叶，针对传统教育忽视学生的情感世界、当代现实社会人际关系日趋淡漠这一状况，以罗杰斯为首的人本主义教育家给予强烈的抨击，继而指出一个“完整的人”应当是理性与感性和谐共生的产物，是知识与价值观、技能与情感并重的综合体。因此，他们主张将关注学生的个人情感与价值观置于与知识学习同等重要的地位，通过构建充满爱与理解的教育环境，激发学生的内在潜能，促进其全面而自由地发展。

而从中国古代绵延至今的耕读文化，同样基于对“人”的关注、对教育方法的重视，与西方人本主义教育思想遥相呼应，作为中华民族传统文化的重要组成部分，以其独特的实践方式，生动诠释了人本主义教育理念的真谛。在耕读文化的映照下，人们得以在耕作实践中亲手触摸大地，感受其厚重与生命的律动，每一次挥汗如雨都是对生命力量的深刻体验，每一次满载而归都享受着人与自然的共生共存。当看到辛勤耕耘后的作物茁壮成长，最终迎来丰收的喜悦时，那份满足与成就感不仅仅是物质上的收获，更代表着对生命意义深刻理解后的精神馈赠。这种与自然界的亲密互动，不仅培养了人的坚韧与耐心，也让人在劳动中找到了归属感与幸福感，增加了对于农业、农村的真实主观感受和切身情感体验。而在读书的过程中，耕读文化同样注重情感的共鸣与智慧的启迪。在读书学习的过程中，古籍经典中蕴含的深邃思想、丰富情感与高尚情操得以从精神层面上与个体进行交流和互动，不断丰富和扩展着读者的精神世界。这种阅读体验，不仅拓宽了人的视野，增长了知识，使人在阅读中获取间接性经验；更使人在阅读中丰富和培育着个体情感与高尚品格。随着个人修养的不断提高，人对于事物的“共情”能力得以提升，阅读丰富了个体的内心世界，让人在共鸣中感受到人性的温暖与光辉。

耕读文化以其实践性与情感性的完美结合，为人本主义教育理念提供了生动的注解。它启示我们，教育应当是一种情感的滋养，一种心灵的触碰，一种对生命本质的深刻领悟。在这样的教育理念指导下，我们方能培养出既有深厚学识，又具备丰富情感与高尚品格的“完整的人”。

（三）耕读文化赋能就业教育的人本主义教育理论应用

在人本主义教育理论的指导下，耕读文化为农林高校就业教育提供了丰富的资源与启示。通过深入挖掘耕读文化的内涵与价值，可以有效促进学生自我认知与定位，激发内在学习动机与兴趣，提升综合素质与就业竞争力。

1. 促进学生自我认知与定位

由于人本主义的教育思想是以自我为本位，关注自我需求与自我实现的思想流派，在就业教育中，如何激发学生的潜力，以辅助性的角色帮助学生全面认识自己、发展自己，则是每一个教育者的责任。因此，就业教育的首要任务是帮助学生认识自我、了解自我，明确个人的兴趣、特长及职业方向，唯有如此，才能在面对就业选择时把握正确的方向。

耕读文化中的“耕”与“读”相结合的生活方式，为学生提供了多元化的体验与感受，有助于他们在实践中发现自己的兴趣所在与优势领域。人本主义学习理论认为学习是“一个情感与认知相结合的整个精神世界的活动”①，他们反对传统的教学方式只注重知识的灌输，将教育停留在“颈部以上”，从而忽视学生学习与实践的“知情剥离”。而耕读教育正是摆脱了传统教育“停留在纸面上”的教学方式，将学生的课堂扩展到自然当中，为学生自我认知、自我学习营造了良好的氛围，使他们在劳作中实现自我认知与自我提高。例如，涉农高校在组织农耕实践、职业探索等活动的过程中，可以让学生在亲身体验中加深对自我及职业世界的认识，从而更加清晰地定位自己的职业方向。此外，耕读文化还有利于勤劳、诚信、坚韧等个人品质与道德修养的培养，帮助学生形成积极向上的价值观与职业观，在“知”“情”统一中加深对自我的认知以及对农业的理性认识与情感倾向，从而为职业的选择奠定基础。

---

① 刘宣文. 人本主义学习理论述评［J］. 浙江师范大学学报，2002（1）：90-93.

2. 激发内在学习动机与兴趣

人本主义教育理论认为，学习动机源于学生的内在需求与兴趣，只有对个人“有意义”的材料进行学习，才是真正的学习。教育不应是单向的灌输，而应该是教师与学生之间双向的互动与灵魂的共鸣，唯有以学生为本位，注重由内激发学生学习的内发动力，才是学习的有效途径。

耕读文化中的农耕实践与读书学习相结合，摆脱传统课堂教学的单向知识输入，以学生个人的农耕实践作为学习的重要来源，而教师则扮演辅助性和指导性角色。耕读生活为学生提供了丰富的学习资源与兴趣点，通过参与农耕实践，学生可以亲身体会到劳动的艰辛与乐趣，主动发掘对农业生产的兴趣与热爱，对农民职业产生发自内心的价值认同与情感认同。通过耕读结合的方式，可以有效筛选出一部分真正知农爱农的人才，激发他们对专业知识的探索欲与求知欲，坚定他们学农为农的职业选择。

在此过程中，涉农高校可以营造一个开放、包容的学习环境，鼓励学生表达自己的观点与想法，尊重他们的个性差异与选择。通过师生间的互动与交流，学生可以更加深入地理解自己的兴趣所在，明确职业目标，并为之努力奋斗。这种基于内在动机的学习过程，不仅能够提升学生的学习效果，还能为他们未来的职业生涯奠定坚实的基础。

3. 提升综合素质与就业竞争力

人本主义教育理论强调人的全面发展与综合素质的提升，注重培养“完整的人”“知情合一的人”，认为这是实现自我价值与社会贡献的关键。耕读文化作为一种综合性的教育模式，不仅关注学生的专业技能培养，更重视人文素养、道德品质、团队合作精神等综合素质的提升，与人本主义教育理论有内在的一致性。

当涉农高校将耕读文化融入现代教育时，这一古老智慧便焕发出了新的生命力。它鼓励学生走出象牙塔，走进田野，通过亲身体验农耕的艰辛与乐趣，理解劳动的价值与意义，从而树立正确的劳动观念。同时，通过广泛阅读经典著作，学生得以在浩瀚的知识海洋中遨游，拓宽视野，深化思考，形成独立的人格与批判性思维。这种“手脑并用”的教育模式，不仅促进了学生专业技能的掌握，更激发了他们对生活的热爱、对知识的渴望以及对未来的憧憬，为他们的全面发展与自我实现奠定了坚实的基础。农林高校在就业教育中引入耕读文化，能够引导学生树立全面发展的观念，不仅关注专业技能的学习，更重视人文素养、道德品质及社会责任感的培养。通过参与农耕实践、阅读经典著作等活动，学生能够促进知识与情感、理性与经验的双重收获，继而实现个体的全面发展，提升在就业市场的个人竞争力。

人本主义教育理论视角下，耕读文化为农林高校就业教育提供了丰富的理论依据与实践资源。通过深入挖掘耕读文化的内涵与价值，涉农高校可以更加有效地促进学生自我认知与定位、激发内在学习动机与兴趣、提升综合素质与就业竞争力。这不仅能够为学生的个人成长与职业发展奠定坚实基础，还能够为社会的可持续发展培养更多具有创新精神和社会责任感的高素质人才。

三、建构主义教育理论

建构主义理论的主要代表人物有瑞士心理学家皮亚杰（Jean Piaget，1896—1980）、德国心理学家卡茨（David Katz，1884—1953）、苏联心理学家维果斯基（Lev Vygotsky，1896—1934）、美国心理学家科恩伯格（Otto F. Kernberg，1928—）和斯滕伯格（Robert J. Sternberg，1949—）。

建构主义源自关于儿童认知发展的理论，由于个体的认知发展与学习过程密切相关，利用建构主义可以比较好地说明人类学习过程的认知规律，即能较好地说明学习如何发生、意义如何建构、概念如何形成，以及理想的学习环境应包含哪些主要因素等。

（一）认知结构

建构主义理论一个重要概念是图式，图式是指个体对客观世界的知觉理解或思考方式，也可以把它看作心理活动的框架或组织结构。图式是认知结构的起点和核心，或者说是人类认识事物的基础。因此，图式的形成和变化是认知发展的实质，认知发展受三个过程的影响：同化、顺应和平衡。在这里，同化是指学习个体对刺激输入的过滤或改变过程，即个体在感受刺激时把它们纳入头脑中原有的图式之内使其成为自身的一部分。顺应是指外部环境发生变化，而原有认知结构无法同化新环境提供的信息时所引起的认知结构发生重组与改造的过程，即个体的认知结构因外部刺激的影响而发生改变的过程。平衡是指学习者通过自我调节机制使认知发展从一个平衡状态向另一个平衡状态过渡的过程。

（二）学习的含义

建构主义认为，学习不是通过教师传授得到知识，而是学习者在一定的情境下（社会文化背景），借助特定的帮助系统（教师、学习伙伴、教学资源）获取知识、建构意义的过程。由于学习是在一定的情境下，借助其他人的帮助，即通过人与人之间的协作活动而实现的意义建构过程，因此建构主义教学理论认为情境、协作、会话和意义建构是学习环境中的四大要素或四大属性。

1. 情境：学习环境中的情境必须有利于学生对所学内容的意义建构。这就对教学设计提出了新的要求，也就是说，在建构主义学习环境下，教学设计不仅要考虑教学目标分析，还要考虑有利于学生建构意义的情境的创设问题，并把情境创设看作教学设计的最重要内容之一。

2. 协作：协作发生在学习过程的始终。协作对学习资料的收集与分析、假设的提出与验证、学习成果的评价直至意义的最终建构均有重要作用。

3. 会话：会话是协作过程中不可缺少的环节。学习小组成员之间必须通过会话商讨如何完成规定的学习任务的计划；协作学习过程也是会话过程，每个学习者的思维成果（智慧）为整个学习群体所共享，会话是达到意义建构的重要手段。

4. 意义建构：这是整个学习过程的最终目标。所要建构的意义是指事物的性质、规律以及事物之间的内在联系。在学习过程中帮助学生建构意义就是要帮助学生对当前学习内容所反映的事物的性质、规律以及该事物与其他事物之间的内在联系达到较深刻的理解。这种理解在大脑中的长期存储形式就是前面提到的“图式”，也就是关于当前所学内容的认知结构。由以上所述的“学习”的含义可知，学习的质量是学习者建构意义能力的函数，而不是学习者重复教师思维过程能力的函数。换句话说，获得知识的多少取决于学习者根据自身经验去建构有关知识的意义的能力，而不取决于学习者记忆和背诵教师讲授内容的能力。

(三) 建构主义倡导的学习方法

建构主义提倡在教师指导下，以学习者为中心的学习，也就是说，既强调学习者的认知主体作用，又不忽视教师的指导作用，教师是意义建构的帮助者、促进者，而不是知识的传授者与灌输者。学生是信息加工的主体，是意义的主动建构者，而不是外部刺激的被动接受者和被灌输的对象。学生要成为意义的主动建构者，就要求学生在学习过程中从以下三方面发挥主体作用：①要用探索法、发现法去建构知识的意义。②在建构意义的过程中，要求学生主动去收集并分析有关的信息和资料，对所学习的问题提出各种假设并努力加以验证。③要把当前学习内容所反映的事物尽量和自己已经知道的事物联系起来，并对这种联系加以认真思考。联系与思考是意义构建的关键。如果能把联系与思考的过程与协作学习中的协商过程（交流、讨论等的过程）结合起来，学生建构意义的效率会更高、质量会更好。协商有自我协商（或内部协商）与相互协商（或社会协商）两种，自我协商是指自己和自己争辩什么是正确的，相互协商则指学习小组内部相互之间的讨论与辩论。

教师要成为学生建构意义的帮助者，在教学过程中应从以下三方面发挥指导作用：①激发学生的学习兴趣，帮助学生形成学习动机。②通过创设符合教学内容要求的情境和新旧知识之间联系的线索，帮助学生建构当前所学知识的意义。③为了使意义建构更有效，教师应在可能的条件下组织协作学习（开展讨论与交流），并对协作学习过程进行引导，使之朝有利于意义建构的方向发展。引导的方法包括提出适当的问题以引起学生的思考和讨论，在讨论中设法把问题一步步引向深入以加深学生对所学内容的理解，启发诱导学生自己去发现规律、自己去纠正和补充错误的或片面的认识。

(四) 建构主义的教学思想

1. 建构主义的知识观。①知识不是对现实的纯粹客观的反映，任何一种表达知识的符号系统也不是绝对真实的表征。它只不过是人们对客观世界的一种解释、假设或假说，不是问题的最终答案，它必将随着人们认识程度的深入而不断地变革、升华和改写，直至出现新的解释和假设。②知识并不能绝对准确无误地概括客观世界的法则，也不能提供对任何活动或问题解决都实用的方法。在具体的问题解决中，知识是不可能一用就准、一用就灵的，而是需要针对具体问题的情景对原有知识进行再加工和再创造。③知识不可能以实体的形式存在于个体之外，尽管通过语言赋予了知识一定的外在形式并且获得了较为普遍的认同，这并不意味着学习者对这种知识有同样的理解。真正的理解只能是由学习者自身基于自己的经验背景而建构起来，取决于特定情况下的学习活动过程，否则就不叫理解，而是叫死记硬背或生吞活剥，是被动的复制式的学习。

2. 建构主义的学习观。①学习不是由教师把知识简单地传递给学生，而是一种由学生自己建构知识的过程。学生不是简单被动地接收信息，而是主动地建构知识的意义，这种建构是无法由他人代替的。②学习不是被动接收信息，而是主动建构意义，是根据自己的经验背景，对外部信息进行主动的选择、加工和处理，从而获得自己的意义。外部信息本身没有什么意义，意义是学习者通过新旧知识经验间的反复的、双向的相互作用过程而建构成的。③学习意义的获得，是每个学习者以自己原有的知识经验为基础，对新信息重新认识和编码，建构自己的理解。在这一过程中，学习者原有的知识经验因为新知识经验的进入而发生调整和改变。④同化和顺应是学习者认知结构发生变化的两种途径或方式。同化是认知结构的量变，而顺应则是认知结构的质变。“同化—顺应—同化—顺应”循环往复，“平衡—不平衡—平衡—不平衡”相互交替，形成个体认知水平的发展过程。学习不是简单的信息积累，更重要的是包含新旧知识经验的冲突，以及由此而引发的认知结构的重组。学习过程不是简单的信息输入、存储和提取，而是新旧知识经验之间的双向的相互作用过程，也就是学习者与学习环境之间互动的过程。

3. 建构主义的学生观。①学习者并不是空着脑袋进入学习情境中的。在日常生活和以往各种形式的学习中，他们已经形成了有关的知识经验，他们对任何事情都有自己的看法。即使是有些问题他们从来没有接触过，没有现成的经验可以借鉴，但是当问题呈现在他们面前时，他们还是会基于以往的经验，依靠他们的认知能力，形成对问题的解释，提出自己的假设。②教学不能无视学习者的已有知识经验，简单地从外部对学习者实施知识的填灌，而是应当把学习者原有的知识经验作为新知识的生长点，引导学习者从原有的知识经验中生长新的知识经验。教学不是知识的传递，而是知识的处理和转换。教师不是单纯的知识呈现者，不是知识权威的象征，而应该重视学生自己对各种现象的理解，倾听他们的看法，思考他们这些想法的由来，并以此为据引导学生丰富或调整自己的解释。③教师与学生、学生与学生之间需要共同针对某些问题进行探索，并在探索的过程中相互交流和质疑，了解彼此的想法。由于不可避免地存在经验背景差异，学习者对问题的看法和理解经常是千差万别的。建构主义虽然非常重视个体的自我发展，但也不否认外部引导的作用，即教师的影响。

4. 师生角色的定位及其作用。①教师的角色是学生建构知识的忠实支持者。教师的作用从传统的传递知识的权威转变为学生学习的辅导者，成为学生学习的高级伙伴或合作者。②教师要成为学生建构知识的积极帮助者和引导者，应当激发学生的学习兴趣，引发并保持学生的学习动机。③学生的角色是教学活动的积极参与者和知识的积极建构者。建构主义要求学生面对认知复杂的真实世界的情境，并在复杂的真实情境中完成任务。学生需要采取一种新的学习风格、新的认知加工策略，形成自己是知识与理解的建构者的心理模式。建构主义教学比传统教学要求学生承担更多的管理自己学习的机会，教师应当注意使机会永远处于维果斯基提出的“学生最近发展区”，并为学生提供一定的辅导。④学生要用探索法和发现法去建构知识的意义。要善于把当前学习内容尽量与自己已有的知识经验联系起来，并对这种联系加以认真思考。联系和思考是意义建构的关键，可通过与协商过程结合起来达到最好的效果。

5. 建构主义的教学原则。①把所有的学习任务都置于能够更有效地适应学习的情境之中。②教学目标应该与学生的学习环境中的目标相符合，教师确定的问题应该使学生感到就是他们本人的问题。③设计真实的任务。真实的活动是学习环境的重要的特征，应该在课堂教学中使用真实任务和真实活动（日常活动或实践）的内容或技能进行多重整合。④设计能够反映学生在学习结束后就从事有效行动的复杂环境。⑤给予学生解决问题的自主权。教师应该刺激学生的思维，激励他们自己解决问题。⑥设计支持和激发学生思维的学习环境。⑦鼓励学生在社会背景中检测自己的观点。⑧支持学生对所学内容与学习过程的反思，发展学生的自我控制的技能，成为独立的学习者。

四、动作技能训练理论

（一）动作技能的定义

动作技能也叫操作技能或运动技能。关于动作技能的定义，心理学家们有不同的见解。克伦巴赫（Lee J. Cronbach，1916—2001）认为："最好是把技能定义为习得的，能相当精确执行且对其组成的动作很少或不需要有意识的注意的一种操作。"美国心理学家伍尔福克（Anita Woolfolk，1942—）把动作技能看作完成动作所需要的一系列身体运动的知识和进行这些运动的能力。加涅（Robert Mills Gagne，1916—2002）则认为，动作技能是协调动作的能力。动作技能包含两部分：一是描述如何进行运动的规则，二是因练习和反馈而逐渐变得精确而连贯的实际的肌肉运动。根据现代知识心理学的研究成果，我国教育心理学界一般认为动作技能是在练习基础上，由一系列实际动作以合理、完善的程序构成的操作活动方式，农事作业、农机操作都是典型的动作技能。动作技能本质上体现为按一定的关系组织起来的成套实际动作，是动作的连锁化，即动作技能一旦形成，只要动作刺激出现，就能自动地完成一系列的动作反应过程，表现出迅速、准确、协调、流畅、娴熟的特点。

（二）动作技能的分类

1. 连续性与非连续性动作技能

根据是否连贯及持续时间的长短，动作技能可分为连续性动作技能与非连续性动作技能。连续性动作技能是指由较长序列的连贯性动作构成的动作技能，需要根据复杂的外部情境不断进行调整和校正，动作延续时间较长，动作与动作间没有明显可以感知的始点和终点，难以精确计数。农事作业、农机操作都属于连续性动作技能。非连续性动作技能是指一个动作的开始和结束都十分明显，持续时间相对较短，较少受外部情境的控制，只包含较短的动作序列，可以精确计数。射击、投掷类运动是典型的非连续性动作技能。

2. 封闭性与开放性动作技能

封闭性动作技能的主要信息来自个人的动觉反馈信息，如体操、跳水、游泳等，主要是依据个人的动觉反馈信息来完成，不需要外部环境因素作为参照，而且具有相当固定的动作模式。开放性动作技能的主要信息来自外部环境的刺激，它的完成与外界刺激密切相关。农事作业、农机操作、实验技能等都属于开放性动作技能范畴。

3. 精细的与粗大的动作技能

根据完成动作技能时所参与的肌肉群的性质不同，动作技能可分为精细的动作技能和粗大的动作技能。精细的动作技能是指主要用小肌肉群来完成的动作技能，植物生产类专业的实验技能属于精细动作技能，它们在一个狭小的空间范围内就可进行，动作协调并且幅度小。粗大的动作技能则是指主要用大肌肉群来完成的动作技能，植物生产类专业农事作业、农机操作等属于粗大动作技能，它们需要在较大的空间范围里进行，动作幅度大。

4. 工具性与非工具性动作技能

根据完成动作技能时是否使用一定的工具，动作技能可分为工具性动作技能和非工具性动作技能。工具性动作技能是指完成动作技能时必须操作一定的装置或工具，实验技能需要使用专用仪器设备，属于工具性动作技能。非工具性动作技能就是不使用工具或某种装置来完成的动作技能。

动作技能还有初级和高级之分。初级的动作技能需要较多的意识控制，常表现出不熟练，只达到“会”的水平；高级的动作技能则是自动化的操作方式，较少甚至不需要意识控制，所以可称熟练，已达到“巧”的程度。

（三）动作技能形成阶段

动作技能的形成，是指学习者通过领悟和练习从而逐步掌握某种动作方式，一般将动作技能形成过程分为三个阶段。

1. 认知阶段

在学习一种新技能的初期，学习者通过指导者的言语讲解或者观察他人的动作示范，或者从标志每一个局部动作的外部线索，如操作说明或使用手册，试图理解、领会所学任务。由于这一阶段的学习主要是通过学习者的知觉活动进行的，因此也称为知觉学习。在此阶段，学习者的注意范围较狭小，只能集中于个别动作，不能控制动作的细节和全局，精神和全身肌肉紧张，动作忙乱、呆板而不协调，动作速度缓慢，有不少多余动作，且动作的连贯性差，难以发现错误和缺点，需要较多的意识控制。认知阶段是任何动作技能学习的一个必经阶段，不同的动作技能的学习所经历的认知阶段的时间也有长有短，这取决于动作技能的性质和复杂程度。

2. 联系阶段

联系阶段的任务是将局部的动作综合成更大的单位，形成一个完整的动作系统。即使是一个简单的动作，所包含的刺激与反应也非常复杂，所以将局部动作联系起来比想象的要复杂得多。在此阶段，练习者逐步掌握了一系列局部动作，并开始将这些动作联系起来。在从一个动作过渡到另一个动作时，即实现动作转换时，常常出现短暂的停顿现象。练习者的协同动作是交替进行的，即先集中注意做出一个动作，然后再集中注意做出另一个动作，反复地交替，进行不同的动作。动作之间的转换慢慢加快，然后逐渐形成整体的协同动作。在联系阶段，练习者的注意和记忆的紧张度有所降低，动作之间的矛盾和干扰减少，多余动作逐渐消失，发现和矫正错误动作的能力也加强了，形成了连贯性的动作整体。

3. 自动化阶段

动作技能的各个局部动作已联合成一个有机整体并且巩固下来，各个动作相互协调，越来越“自动化”。这时，练习者的多余动作和紧张状态已经消除，并能根据情况的变化，迅速、灵活而准确地完成整套动作，几乎不需要意识控制即可达到熟练操作的水平。

（四）动作技能形成的标志

动作技能形成的标志是达到熟练操作。所谓熟练操作指动作已达到较高速度，准确、流畅、灵活自如，且对动作组成成分很少或不必有意识注意的状态。

1. 动作的有意识控制减弱，动作趋于自动化

在动作技能形成初期，各种动作都是受意识支配调节的，如果意识稍不集中，动作就会出现停顿或错误。通过反复练习，一旦动作达到熟练程度，意识控制就会逐渐减弱而被自动控制代替，动作是无意识进行的。个体只需考虑如何运用技能去完成任务，而不必考虑动作本身。

2. 善于利用细微线索

任何动作都受情境中的线索指导。所谓线索就是指那些有助于当事人辨认情境或引起其行动的刺激。在动作技能形成初期，练习者常常只能对那些

明显的线索（如指导者的提示）发生反应，不能觉察到自己动作的全部情况，难以发现自己的错误。动作达到一定熟练程度以后，练习者能觉察到自己动作的细微差别，仅凭细微的线索就能改进和调整自己的动作，做出恰如其分的反应。这时熟练者头脑里已储存了与特有的一系列线索有关的信息，当某一线索出现后，其便能预测出会产生怎样的线索，因而熟练者只要很少的一点线索就能进行一系列反应。

3. 动觉反馈作用加强

在动作技能形成的初期，调节动作的反馈信息主要靠视觉、听觉等外部感觉提供。在动作技能的熟练期，主要依靠动作过程中肌肉或关节提供的动觉刺激进行的反馈。例如，当我们在走路时偶尔踩到一块小石头，就立即产生防止跌倒的动作，这是由于脚部的动觉反馈信息对运动程序的调节。在熟练期，动觉反馈是运动程序的控制器，它保证了运动技能的稳定进行。例如，初学打字的人，往往一边看键盘一边看屏幕上出现的字，以此来调节自己的动作，达到一定熟练程度以后，他就可以只看稿件来打字，凭着动作操作的动觉来判断自己操作的正确与错误，偶尔打错了一个字，他很快就能加以更正。

4. 形成运动程序的记忆图式

所谓运动程序的记忆图式，是指经过长期练习而在长时记忆中形成的关于动作的有组织的系统知识，它使完整的操作流畅地执行。当开始学习动作技能时，个体的动作是不协调的，经常顾此失彼；当动作技能形成且达到熟练时，就产生了协调化的运动模式，头脑里也形成了相关的记忆图式。

5. 在不利条件下能维持正常操作水平

检验动作的熟练程度，更重要的是应考查在不利条件下表现出来的操作水平。一般说来，越熟练的动作，越能在外界情况变化下或面临突发紧急情况时，维持正常的操作水平。

（五）动作技能的保持和迁移

某种动作技能一经学会之后，一般不容易遗忘，这就是动作技能的保持特性。为什么动作技能不易遗忘呢？其原因归纳起来有三点：第一，动作技能是经过大量的练习之后获得的，经过大量的过度学习所形成的动作技能自然不易遗忘。第二，许多动作技能是以连续任务的形式出现的，连续的任务相对简单故不易遗忘。第三，动作技能不同于言语知识，它的保持高度依赖小脑和脑的低级中枢，这些中枢可能比脑的其他部位有更大的保持动作痕迹的能量。

与知识迁移一样，动作技能也存在着迁移现象，即先前掌握的动作技能对学习新的同类动作技能具有积极影响。根据动作技能的特点，动作技能迁移可分为三类：第一，两侧性迁移，又称交叉迁移，是指在身体一侧器官进行的学习向另一侧器官的迁移。研究表明，两侧性迁移最明显的是人体对称部位；其次是同侧部位，即左手—左脚、右手—右脚；最弱的是对角线部位，即右手—左脚、左手—右脚。两侧性迁移对于需要双手或四肢协调的动作技能的学习具有促进作用。第二，语言—动作迁移，是指在动作练习前的语言训练对掌握动作技能有积极作用。一般来说，只有当语言的反应不干扰被试的动作时，即语言的反应就是对该动作的表征，或语言的反应简单，或语言能提高知觉的辨别能力时，先前学习动作技能的语言训练才能使动作技能得到正迁移。第三，动作—动作迁移，是指已形成的一种动作技能向另一种动作技能的迁移。两种动作技能之间既可以产生正迁移（有助于新技能的掌握），也可以产生负迁移（妨碍新技能的掌握）。当两种动作技能的学习存在相似的注意分配、反应速度、操作动作成分、操作方式时，容易产生正迁移。例如，会骑自行车的人，就比较容易学会骑摩托车。当两种动作技能在结构上有很大的相似性，但其中某些共同刺激却要求相反的动作方式时，容易产生负迁移。例如，英文打字员要学习使用俄文打字机，尽管大部分字母相同，但位置已改变，他仍然按原来的位置习惯性地操作，就不容易掌握。要克服动作技能的负迁移，最重要的手段是在练习的过程中把新旧技能的不同目的、要求、条件和练习的方式、方法加以细致的辨别和对比。

（六）主流动作技能训练理论

1. 连锁反应理论

连锁反应的理论认为，动作技能的形成就是刺激—反应连锁系列的形成。动作技能被理解为动作的连锁反应，刺激引起反应，第一个动作的动觉反馈调节着第二个动作，第二个动作的动觉反馈又调节着第三个动作……，从而产生了动作技能的连续性运动。在这种情况下，每一个动作如果不按照上述顺序进行，就不能达到目的。例如，如果钥匙的方向不对，就无法插入锁孔；如果没有全部插入，就不能旋转；如果顺利地完成了全部动作，门就可以顺利打开了；开门的最后一个动作，是对整个连锁反应的强化。

2. 认知过程理论

20 世纪 60 年代以来，许多心理学家偏向于用认知理论来解释动作技能的学习。认知心理学的核心概念是认知，因而认知心理学家在承认动作本身是一系列刺激—反应联结的同时，更强调动作技能的学习必须有感知、记忆、想象、思维等认知成分的参与。他们认为，在动作技能形成过程中，学习者必须理解与某动作技能有关的知识、性质、功用，回忆过去学习的与当前任务相关的动作行为，预期与假设解决问题所需要的反应和动作范式，形成目标意象和目标期望，把自己的反应与示范者的标准反应进行比较分析，进行归因，找出误差，采取对策监控、调节自己的反应。动作技能越复杂，越需要学习者有较高水平的认知。

（七）动作技能训练策略

人们的动作技能不是天生就有的，而是后天形成的。动作技能是通过实际练习获得的。所谓练习，就是以掌握一定的动作方式为目标而进行的反复操作过程。练习是动作技能形成的基本途径。练习不是单纯的反复操作，而是以掌握一定的活动方式为目标的迭代提升。在动作技能学习过程中，科学指导是必不可少的。指导主要包括讲解和示范两种形式。结合动作技能的特点进行讲解和示范，对动作技能的学习有积极的作用。

1. 讲解与示范

教师的讲解与示范在动作技能形成中具有导向功能，能指导学生做出规范性的动作。讲解可以通过口头形式进行，也可以借助文字模型、草图等进行。讲解的内容包括学习动作技能的目的，即教师明确告诉学习者要学习什么，并明确提出动作技能应达到的目标，向他们提出适当的切实可行的期望，使学生明确“做什么”和“怎么做”，形成对自己的正确评估；其次是动作技能的性质、学习程序和步骤以及注意事项等。

示范是教师做给学习者看的。教师直接以动作方式演示，学习者通过观察示范动作，也能获得相应的动作技能。示范时要把动作技能中的每一个动作清楚地展示出来，并注意突出重点，不能过多地要求学生注意动作的具体细节。通常的做法是，教师按正常速度做一遍，使学生获得一个整体的印象，然后分段展示每一个动作。示范主要有两种形式，第一种示范形式是教师做出实际的示范。根据教师与学习者所处的相对位置，具体可分为三种：相向示范，即教师与学习者面对面示范，此种示范容易使学生产生左右反向的认知混淆；围观示范，即教师居中，学生围坐其观看，此种示范也会因观察角度不同而产生认知混淆；顺向示范，即学生在教师背后学习，此种示范一般可以避免上述错误的出现。第二种示范形式是借助视听教学手段，如观看教学视频、幻灯片等。这种方式可以提高学生的学习兴趣，提高教师指导及学生学习动作技能的效率。在实际教学过程中，讲解与示范是结合进行的。

2. 练习的一般趋势

为了了解技能形成过程中量的变化，通常采用练习曲线或学习曲线，可以分析、考察技能随练习量的增加而改进的一般趋势。造成练习曲线上诸多特征有多方面的原因。学习任务的困难程度，学习者的能力，经验和动机等因素都会影响练习的进程。在学习刚开始时，学习者兴趣浓厚，积极性较高，他可以把生活经验中已经掌握的各种动作方式重新组织并加以利用，因而练习成绩迅速提高；到了练习后期，可利用的经验逐渐减少，学习难度也逐渐增大，学习者的情绪低落，因而练习后期成绩难以提高。

3. 高原期现象

研究表明，在各种动作技能的形成过程中，练习到一定时期会出现练习成绩暂时停顿的现象，即练习曲线保持在一定的水平不再上升，甚至有些下降，这一现象在练习曲线上表现为出现一段接近水平的线段，此时曲线不但不上升，反而可能出现少许下降。但在高原期后，曲线又继续上升。产生高原现象的原因主要有以下几方面：感觉机能和中枢机能对动作的控制和调节作用减弱；提高练习成绩的新的活动结构和方法尚未形成；练习时间过长，练习者注意力分散，兴趣降低，产生心理上和生理上的疲劳；练习环境、练习工具或教师指导方式的改变；等等。只有消除这些消极因素的影响，才能避免产生高原现象。

4. 合理的练习

掌握某种技能必须经过严格训练。为了提高练习的效果，使练习既有助于技能的形成，又有利于知识的掌握，必须注意以下几点。第一，明确练习的目的和要求。只有明确了技能训练的目的和要求，理解了技能的性质和特点，练习者才能自觉地组织起自己的行动来掌握某种技能。第二，合理安排练习的时间。动作技能的学习需要大量的时间进行练习，因此要对练习时间有一个合理的安排。虽然技能形成需要有足够的练习，但并不是练习越多效果越好。第三，掌握正确的练习方法。练习方法选用得当，会提高练习的效率。获得动作技能的练习方法主要有整体练习法和部分练习法。整体练习法是指把要学习的动作技能作为一个整体重复加以训练的练习方法。部分练习方法则是指把一套完整的动作技能分解成同时或按先后次序出现的许多部分，每次分别进行其中一个部分的训练，最后获得完整的动作技能的练习方法。第四，练习中的反馈作用。所谓反馈，是指学习者根据自己练习的结果而得出的改革意见或方案。心理学研究表明，学习者及时了解自己每次练习的结果，即练习中的反馈信息，对于提高动作技能练习效率有着显著的影响。

第三节　耕读文化融入就业教育的理论探讨

一、耕读文化铸造终身学习理念

（一）终身学习概述

终身学习理论，作为现代教育体系中的核心思想之一，其深远影响已远远超越了传统教育框架的界限。它不仅仅是对学习时间跨度的延伸，更是对学习空间、内容、方式及目的的全面革新。终身学习理论强调学习是一个伴随个体终身的过程，它不受年龄、地域、职业或社会地位的限制，是每个人为了适应不断变化的社会环境、提升自我能力、实现个人价值而持续进行的活动。这一理论蕴含了对人类潜能无限性的深刻认知，以及对教育公平和社会进步的深切期许。

终身学习作为一种理念，最早可以追溯到人类社会久远的过去。在古代中国，民间早有“活到老，学到老”的谚语，我国古代伟大的教育家孔子则以“吾十有五而志于学，三十而立，四十而不惑，五十而知天命，六十而耳顺，七十而从心所欲，不逾矩”① 的主张，身体力行地倡导着终身学习的理念。在古代日本，民间亦有“修业一生”的观念，日本早期著名学者佐藤一斋同样“少而学，则壮年有为。壮而学，则老而不衰。老而学，则死而不朽”②，有力地诠释了终身学习思想。在古代西方，人们则将终身学习理念追溯到柏拉图在《理想国》中的相关表述，即柏拉图认为从事哲学研究的人从年轻时便应该接受教育，在人生的壮年状态时发愤研究，年老体衰之时从政治和军事中解脱出来，更应该心无旁骛地沉浸在哲学的智慧之光中，如此分阶段地阐明学习是终身的，应该贯穿人的一生的道理。

20 世纪初期，杜威在著作《民主主义与教育》中提出“教育即生长”的著名论点；1929 年，英国著名教育学家巴兹尔·耶克斯利（Basil Yeaxlee）出版了世界上第一部关于终身教育的论著《终身教育》，明确提出教育应该是一个贯穿终身的过程。彼时的终身教育思想虽已被提出，但真正作为一种完整的理念得以广泛传播则发生在二战之后。

20 世纪 60 年代中期，联合国教科文组织（UNESCO）及其他国际机构开始大力提倡和推广终身教育理念。1965 年，在 UNESCO 召开的第三届国际成人教育会议上，法国教育家保罗·朗格朗（Paul Lengrand）首次提出了“终身教育”的概念，并随后出版了《终身教育引论》，为终身学习理论奠定了坚实基础。随着时间的推移，终身教育理念逐渐深入人心，并在全球范围内得到广泛传播和实践。一般认为，终身学习理论也是在这一时期，伴随终身教育理念的逐渐普及和研究的深化而产生的，是终身教育理念的一种延伸。③

进入 20 世纪 90 年代，随着建构主义学习理念的兴起，终身教育开始向

---

① 论语译注［M］. 杨伯峻，译注. 北京：中华书局，2017：16.

② 赵世平. 终身学习理论的历史发展［J］. 中国成人教育，1999（8）：16-17.

③ 曹沛涛. 关于终身学习的理论探讨［J］. 陕西师范大学继续教育学报，2003（S1）：93-95.

终身学习过渡。这一转变意味着教与学的中心从教育的供给方向学习者自身偏移，更加凸显了“积极”与“自主”等学习动机在终身学习领域的重要性。此后，各国政府纷纷将终身学习理念政策化、制度化，并成立了相关的教学实践和研究机构，推动终身学习从理念向实践转化。

终身学习理念自改革开放后传入中国以来，也经历了由形成到全面发展，再到逐渐中国化的过程。1995 年，《中华人民共和国教育法》颁布，以法律的形式首次提出“建立和完善终身教育体系”，标志着终身学习理念在我国正式成为国家政策的一部分。1999 年，国务院批转的教育部《面向 21 世纪教育振兴行动计划》提出“到 2010 年，基本建立起终身学习体系”，这是我国官方文件第一次使用“终身学习体系”的概念，明确了终身学习体系建设的具体目标。2002 年，党的十六大报告提出到 2020 年我国要“形成全民学习、终身学习的学习型社会”，这是官方文件首次提出建设学习型社会的战略目标，进一步推动了终身学习理念在我国的普及和发展。党的十八大以来，习近平总书记站在国家发展战略全局的高度多次强调学习的重要性，提出了“依靠学习走向未来”“中国要永远做一个学习大国”等科学论断。① 2022 年，习近平总书记在党的二十大报告中强调，要“推进教育数字化，建设全民终身学习的学习型社会、学习型大国”，将这一理论推到了国家战略全局的高度，丰富和发展了马克思主义关于人的全面发展的学说，为国际终身学习理念在 21 世纪的丰富和发展提供了中国智慧，贡献了中国力量。

（二）耕读文化升华终身学习理念

耕读文化作为中华优秀传统文化的重要组成部分，以其深厚的内涵和丰厚的意蕴，彰显着古代中国人民的独特智慧，无论何时何地都有再解读和再阐释的空间。通过对耕读文化的深入挖掘，我们发现其中一定程度上蕴含着古人对终身学习理念的重视和强调。2015 年 5 月，习近平总书记在致国际教育信息化大会的贺信中指出，“网络化、数字化、个性化、终身化”的教育体系以及“人人皆学、处处能学、时时可学”的学习型社会，是“人类共同面临的重大课题”，为建构终身学习体系做出了新的指示，也与耕读文化中的相

① 龙江燕，张红兵．习近平关于终身学习重要论述的理论内涵与实践引领［J］．继续教育研究，2024（8）：11-14.

关表述有一定的共通性。

1. 人人皆学：面向全体人民

终身学习理论中对全民学习权利的强调，是该理论的核心价值之一。它面向全体社会成员，主张学习是每个人的基本权利，无论其年龄、性别、社会地位、经济状况如何，都应享有平等的学习机会和权利。埃德加·富尔（Edgar Faure）是联合国教科文组织的重要人物，他在主持编写的《学会生存——教育世界的今天和明天》一书中深入阐述了终身学习的理念，并强调了学习权利的普遍性和重要性。他认为，学习是人类生存和发展的基本手段之一，每个人都应享有平等的学习机会。

在耕读文化的语境下，“人人皆学”的理念得到了充分体现。“亦耕亦读”的学习方式在一定程度上降低了读书入学的门槛，使得更多家境贫寒的文人墨客和农家子弟有机会通过自食其力的耕作生活为读书学习打下物质基础。特别是宋代以来，随着科举制度的完善和民间教育的兴起，耕读文化逐渐打破了阶层界限，使得世人无论贫富、贵贱，都有机会通过教育改变命运。这一时期，随着社会上耕读文化蔚然成风，耕读文化的实践主体也不仅局限于少数归隐田园的知识分子，而呈现出全民化的趋势。义塾、学堂、书院等教育机构的广泛设立，为普通民众提供了接受教育的机会，彰显了教育普及的理想。这种面向全体人民的学习权利，与终身学习理论所倡导的“学习是人类基本权利”的观念不谋而合，共同强调了学习机会的普遍性和公平性。

2. 时时可学：贯穿终身历程

终身学习理论强调学习不应仅仅局限于某个阶段或时期，而应贯穿于整个生命历程，是贯穿整个人生的重要命题。它突破了传统教育中将学习视作一个阶段性的任务，而是将学习视作一个持续不断、永无止境的自我完善、自我实现的过程。朗格朗作为终身教育理论的奠基人之一，在 1965 年联合国教科文组织召开的成人教育促进国际会议上首次提出了“终身教育”的概念。他强调：“终身教育是一个人从出生那一刻起直到生命终结为止的不间断的发展过程。”[1] 这一观点直接体现了终身学习理论对学习持续性的重视。而杜威

① 朗格朗．终身教育导论［M］．腾星，腾复，王箭，译．北京：华夏出版社，1988：16.

在《民主主义与教育》一书中以“教育即生长”的观点强调“因为成长是生活的特征，所以教育就是不断生长；而在教育之外，没有别的目的”①，将教育和学习视作生活的一部分，生命不息，学习不止。

耕读文化将学习从局限于课堂的短暂学习、个体的阶段性学习的概念中解脱出来，诠释了“在做中学，在学中做”的新理念。例如，晚年辞官归隐的陶渊明在践行“亦耕亦读”的生活时写下的《读山海经》一诗：“既耕亦已种，时还读我书。穷巷隔深辙，颇回故人车。欢言酌春酒，摘我园中蔬。”将学习与耕作视作一个连续不断的过程。此外，在耕读文化传承过程中发展而来的“耕读传家”理念，实际上也是对终身学习理念的一种生动诠释。它强调在农耕劳作之余，通过读书学习来丰富精神世界、提升文化素养，从而实现个人与家族的双重发展。例如，清代学者王永彬在《围炉夜话》中强调：“耕所以养生，读所以明道，此耕读之本原也。”这种将学习与劳动紧密结合、贯穿于人生各个阶段的做法，与终身学习理论所倡导的“学习是终身历程”的观念高度契合。它打破了传统教育中学习与工作、生活割裂的界限，鼓励人们在任何时间、任何地点都能保持学习的热情和动力。

3. 处处能学：拓展学习空间

终身学习这一理念深刻揭示了除传统学校教育外，非正规学习情境所承载的不可忽视的重要性。它强调了一种开放性的学习模式，打破了将学习仅仅局限于学校教学和课堂教学的传统观念，将学习的地点、场所从单纯的学校、课堂扩展到现代社会大背景之中。无论是家庭、社区、工作场所，还是网络平台、社交媒体等数字环境，都成为知识获取和技能提升的新阵地。这种开放性不仅让学习内容涵盖了从基础知识到前沿科技的广泛范畴，更使得学习不再受物理空间的限制，人们可以随时随地根据个人兴趣、职业需求或生活目标进行学习，极大地丰富了学习资源的多样性，提高了学习资源的可获取性，促进了个人能力的全面发展和社会整体知识水平的提升。

耕读文化中对农业生产生活的强调也呼应着学习空间的扩展，即在“亦耕亦读”式的生活方式中，学习空间从学堂扩展到土地耕作、社会实践的大

① 杜威．民主主义与教育［M］．魏莉，译．武汉：长江文艺出版社，2018：49.

背景之下。在农耕社会中，人们不仅在学校接受教育、获取知识，更在田间地头、家庭生活、社会实践中学习农业知识、生活技能以及道德伦理，丰富和增长直接经验。这种非正规情境下的学习经历，与终身学习理论所强调的除学校以外的“非正规情境”中学习的重要性不谋而合，它拓宽了学习的空间范畴，使得学习不再局限于固定的场所和时间，而是渗透到生活的每一个角落。

（三）就业教育中落实终身学习理念

终身学习理论与耕读文化在教育理念、教育方式以及教育效果的目标追求等方面的主张有一定的共通之处与契合性，为农林高校就业教育提供了丰富资源和深刻的启示。通过挖掘和传承耕读文化中的有益元素，可以有效促进涉农高校学生的全面发展和职业成长。

1. 教育理念的契合性

耕读文化与终身学习理论在教育理念上都强调人的全面发展。从学习的广泛性来讲，终身学习不仅限于某一领域或某一阶段的学习，而是涵盖了学习新知识和技能、拓展兴趣爱好和思维方式等多方面；学习的过程也不仅是获取知识的过程，更是形成适应社会发展的技能和自我完善的本领的过程。具体来看，终身学习不仅关注外在知识和技能的提升，还注重个人精神世界的丰富与完善。通过学习各种文化和思想，个人可以不断拓展自己的视野和思维方式，形成更加独立和全面的世界观、人生观和价值观。这与耕读文化中强调劳动教育和文化教育的统一、培养知行合一的人才的理念相契合，助力学生成长为综合素质超群的人。对涉农高校而言，将耕读文化融入就业教育，可以引导学生树立全面发展的观念，不仅关注专业知识的学习，还注重综合素质的提升，从而有效提升就业能力和职业水平。

此外，耕读文化与终身学习理论在教育理念上都强调持续性，即强调学习是一个长期的过程，需要个体在一生中不断地学习、成长和进步，以适应不断变化的社会和工作环境。这种持续性确保了个人能够持续更新知识和技能，保持工作的热情和动力，与时俱进地增长自己的本领。这种“持续性”作用于高校就业教育中便有效地强调了职业选择的持续性动态性调整。在快速变化的社会环境中，职业选择不再是一成不变的。通过传承耕读文化中的这种理念，可以引导学生树立灵活多样的职业观念，勇于面对职业生涯中的挑战和变化，不断寻找适合自己的职业道路。

2. 教育方式的多样性

终身学习理论有效地拓宽了学习的空间，把教育和学习置于现代社会发展的大背景下来研讨和实践，将“教育（学习）社会化，社会教育（学习）化”作为理想模式。在教育的方式和途径方面，不局限于传统教育的填鸭式教学、灌输式教学方式，而是主张营造良好的学习氛围，在社会生活的广阔天地当中激发学生学习的内生动力。耕读文化同样强调将身体力行的劳动教育同丰富深入的文化教育相结合，让学生在农耕实践中自主体会生活的哲理、自然的规律、人生的意趣，以亦耕亦读的方式给予学生自主探索、自主学习的空间。

耕读文化为农林高校就业教育提供了多样化的教育方式。在传统教育体系中，学校教育往往占据主导地位。然而，在耕读文化的启示下，我们可以将学校教育与非学校教育相结合，以拓展教育空间，探索教育的更多可能性。例如，涉农高校通过校企合作、校农合作等方式，让学生深入农业生产一线进行实践锻炼；通过建立科技小院、开展“三下乡”等社会实践等活动，让学生在实践中感受农业的魅力、了解农村需求、明确职业方向。这些多样化的教育方式不仅丰富了学生的实践经历，还为他们提供了更多元化的职业选择机会。

3. 教育效果的长效性

终身学习理论认为学习不应是外在强加的负担，而是个体基于自我意愿、兴趣和需求进行的主动探索，深刻强调了自主性在学习过程中的核心地位。这种自主性有助于激发个人的学习动力和兴趣，使学习成为一种自觉的行为，不仅有助于激发学习者的内在动力，还能促进其在复杂多变的社会环境中持续成长与发展，实现终身学习的目标。与之相对应，耕读文化中的“亦耕亦读”也不仅是一种学习方式，更是一种生活方式、一种价值取向，当世人自觉认同并遵循这种方式来面对学习和生活时，学习的自主性便得到了激发，教育的长效性效果便得到了显现。

在耕读文化的熏陶下，学生可以在对“三农”问题的亲身体验中树立职业理想，形成学习的内在驱动力。秉持着自主学习、自我提高、自我实现的目标，他们不再是被动接受知识的容器，而是主动探索未知世界的求知者，这种内在驱动力将伴随他们的一生，为他们的职业选择和职业成长提供源源不断的动力。同时，在耕读文化中的“治家报国”“心忧天下”等思想的影响下，在前人以耕促读终于登科及第进入国家治理阶层的例子的指引下，学生发展出更加强烈的社会责任感和使命感。学生唯有深知自己肩负着强农兴农的伟大使命，才能将个人的职业选择与国家的农业发展、乡村振兴紧密联系在一起。这种由治家报国的社会责任感引发的内在驱动力不仅能激励他们在专业领域精耕细作，还促使他们积极投身社会实践，为农村的发展和农民的福祉贡献自己的力量。

二、知识经济时代及其人才需求特征

知识经济作为继人类进入“农业经济时代”“工业经济时代”之后的一种新的社会经济形态，有其独特的时代特征，也对新形势下的社会成员的知识水平和能力素质提出了更高的要求。对涉农高校来说，培养出一批从就业能力到个人素质都符合知识时代需求的人才，既是责任也是使命。

（一）知识经济时代特征

知识经济时代是“以知识为基础的经济时代”的简称。潘懋元将知识经济时代概括为“建立在知识基础之上的，以知识的传播、生产、应用和消费为核心的经济。知识是经济最基本的资源和生产的最核心要素。一句话，知识经济是知识驱动经济，知识创造财富”①。国际经济合作与发展组织（OECD）则将知识经济概括为以现代科学技术为核心的，建立在知识和信息的生产、存储、使用和消费基础上的经济。② 具体来看，知识经济时代主要有以下几点特征。①知识成为核心要素。在知识经济时代，知识不再是单纯的理论储备或学术追求，而是直接转化为现实生产力的关键要素。知识的积累、传播、应用和消费构成了经济活动的核心环节，取代了传统生产要素如土地、劳动力

① 潘懋元，刘振天．发挥大学中心作用促进知识经济发展［J］．教育发展研究，1999（6）：5-9.

② 陈明仪．知识经济的内涵、特征及形态［J］．企业改革与管理，1998（8）：13.

和资本在经济发展中的主导地位。这种转变不仅使得知识密集型产业如信息技术、生物技术、新材料等成为经济体系中的支柱产业，还推动了传统产业的转型升级，提高了整个社会的生产效率和创新能力。②“信息化”成为重要支撑。信息通信技术的迅猛发展为知识经济提供了强大的技术支持。互联网、大数据、云计算、人工智能等技术的广泛应用，极大地拓宽了知识获取和传播的渠道，加快了知识更新的速度，使得人们能够随时随地获取所需的信息和知识。这些技术还促进了知识的共享和创新，为知识的商业化应用提供了广阔的空间。企业可以利用这些技术优化生产流程、提升产品质量、拓展市场渠道，探索更加高效和灵活的经营模式。③创新成为重要动力。在知识经济时代，无论是科技创新、管理创新还是商业模式创新，都成为企业提升竞争力的关键。这种创新不仅体现在技术层面，更渗透到企业的各个环节和层面，形成了全面的创新体系。同时，创新也促进了产业链的整合和升级，推动了产业结构的优化和转型。在这个过程中，高素质的人才队伍成为创新的重要基础。大学、科研机构和企业之间的合作与交流日益频繁，共同推动着知识的创新和应用。④全球经济一体化成为重要趋势。随着全球化的深入发展，国际经济、科技、文化交流日益密切，各国之间的依存度不断提高。知识和信息在全球范围内快速流动和共享，为跨国合作和全球治理提供了可能。企业可以通过跨国经营、国际合作等方式拓展海外市场，实现资源的优化配置和优势互补。同时，全球范围内的知识交流和合作也促进了各国之间的相互理解和尊重，推动了人类文明的进步和发展。⑤可持续发展成为重要理念。传统工业经济在发展中以牺牲资源和环境为代价追求资本和利益的最大化，并由此造成了生态破坏、资源浪费等时代性问题。随着资源环境问题的日益突出，人们开始意识到经济发展不能以牺牲环境和资源为代价。因此，在追求经济增长的同时，必须注重生态环境的保护和资源的节约利用。知识经济以其高效、清洁、低碳的特点为可持续发展提供了可能。通过科技创新和管理创新等手段，可以实现资源的循环利用和废弃物的无害化处理，推动经济、社会和环境的协调发展。

（二）知识经济时代的人才需求特征

在知识经济时代，社会对于掌握核心技术和拥有卓越素质的人才的需求极度膨胀，无论是企业生产的发展、利润的获取，还是社会的进步、国家的繁荣，都离不开对知识的掌握以及对人才资源的获取。随着知识经济的蓬勃发展，对人才的需求也呈现出前所未有的新特征。

首先，人才的知识结构和深度成为衡量其竞争力的重要标准。农业经济时代，在“学在官府”“学在贵族”的教育模式影响下，知识往往掌握在少数人手中，人们秉持“学而优则仕”的理念，通过学习实现阶级跃升、家族荣耀；在工业经济时代，随着大工业生产对于技术、效率的强调，人们将观念转变为“知识就是力量”，认识到知识在经济社会发展中的重要地位；进入知识经济时代以后，知识更新速度加快，知识量急剧增长，社会对于能够快速获取知识并应用知识的人才需求随之增长，在快速变化的市场环境中，拥有扎实基础知识与精深专业知识的人才，更能适应复杂多变的工作需求，成为推动行业发展的中坚力量。

其次，创新精神和能力成为衡量人才价值的关键要素。知识经济时代是充满创造的年代，创新是知识经济的灵魂。① 在经济全球化的时代背景之下，面对激烈的国际竞争，各个国家都将科技研发和技术创新置于国家经济社会发展的战略全局位置之上，掌握核心技术是拥有国际话语权的重要标志和前提。在此情况之下，技术创新便是推动产业升级和经济增长的核心动力，因此，具备创新思维、勇于探索未知、敢于挑战传统的人才尤为珍贵。他们能够在现有知识基础上，创造出新的理论、技术、产品或服务，为经济社会发展注入源源不断的活力。

最后，全球思维与视野成为新时代人才不可或缺的素质。在全球化浪潮的席卷之下，国家间的经济交融、科技创新以及文化碰撞达到了前所未有的深度与广度。这种背景下，任何行业、领域的进步与突破，都迫切需要从业者拥有跨越国界的认知边界，能够深刻理解并适应全球市场的动态变化。因此，那些不仅精通专业知识，还具备卓越跨文化沟通能力、敏锐国际竞争意识以及深远全球战略眼光的人才，将更能精准捕捉国际发展趋势的脉搏，为企业制定前瞻性的战略规划，助力其在全球市场中稳健前行，同时也为国家

① 吴季松．知识经济［M］．北京：北京科学技术出版社，1998：27-28.

的长远发展和国际竞争力的提升贡献不可估量的力量。

三、耕读文化赋能就业教育的技术路径

耕读文化作为中华优秀传统文化的重要组成部分，蕴含着丰富的教育理念和价值追求，与知识经济时代的人才需求特征具有一定的契合性。

（一）注重知识积累与更新

人类对于“知识”的认识经历了一个漫长的过程。早在工业经济时代，随着蒸汽机的发明、电力的开发利用，人们开始意识到技术对于生产力提升的重要性，但彼时的“知识”仅作为“资本”这一第一要素的辅助性角色而发挥作用。进入20世纪，随着信息技术的兴起和全球化进程的加速，知识在经济发展中的作用日益凸显。特别是20世纪60年代，随着人力资本理论的提出和完善，人们开始更加关注知识、技能和教育对于经济增长的贡献。进入20世纪80年代，随着信息技术的飞速发展和全球化进程的深入，知识经济时代的到来标志着人类对于知识的理解和重视达到了新的高度。此时，人才需求与知识经济时代背景相契合，都注重个体的知识学习与积累，关注人才的可持续发展和终身学习的重要性，认为只有不断学习和更新知识才能适应快速变化的市场环境。

耕读文化强调“耕以养身，读以明理”，即在劳动实践中积累生活经验和技能，同时通过阅读学习来丰富精神世界和提升文化素养。一方面，耕读文化对知识积累的强调，体现在对经典文献的广泛阅读和深入研习上——士人们通过研读儒家经典、历史典籍及诸子百家之学，不断汲取前人智慧，丰富自己的知识储备；同时，耕读文化也注重知识的更新与传承——在古代，信息的传播远不如现代便捷，但士人们仍通过游学、讲会、著述等方式，不断交流学术思想，探讨新知新见，用“百家争鸣”式的学术交流方式促进知识的有效更新。

（二）注重创新创业能力培养

1997年12月，中国科学院提交了一份名为《迎接知识经济时代，建设国家创新体系》的报告，提出了面向知识经济时代的国家创新体系，为中国进入知识经济时代、增强科技创新能力指明了方向。江泽民也曾指出：“人类已

经进入信息时代，世界科学技术的发展日新月异，知识经济已初见端倪。知识经济的基本特征，就是知识不断创新，高新技术迅速产业化。"① 党的二十大报告更是将科教兴国战略、人才强国战略与创新驱动发展战略置于同一维度，强调科技、人才、创新在国家发展全局中的基础性、战略性地位，充分显现出知识经济时代背景下党和国家对培养创新人才、助力科技自强的重视程度。

耕读文化中的"耕"与"读"并非孤立存在，而是相互促进、相互融合的过程。面对变幻莫测的大自然，人们在农业生产过程中需要通过亲身的实践劳动，不断根据耕作中遇到的实际问题探索新的耕作方法、改良作物品种，以应对自然环境的挑战、实现农业生产的收获。而在这个过程中，人们也得以在耕作中不断提高自身应对自然界变化的能力，从而积累生产经验和知识。更重要的是，在这个过程中孕育的实践精神能进一步鼓励人们勇于尝试、敢于创新，将理论知识应用于实际生产中，从而在实践中发现问题、解决问题，并推动技术的进步和文化的创新。在阅读学习中，人们需要在接受知识的同时勇于质疑既有知识、追求真理，从而培养自身独立思考和批判性思维的能力。这种探索精神和创新能力，正是知识经济时代所急需的。在涉农高校中，通过弘扬耕读文化，可以激发学生的创新潜能，鼓励他们在农业科学研究、技术推广等方面大胆尝试、勇于创新，为农业现代化贡献力量。

（三）注重全球思维与视野

在知识经济时代，全球思维与视野成为人才培养的重要需求。这一需求根植于全球化日益加深的复杂背景之中，随着国际合作的日益频繁、市场边界的日益模糊，注重人才的全球思维与视野是适应全球化趋势、推动科技创新与产业升级、提升国际竞争力以及促进文化交流与理解的必然要求。2010年发布的《国家中长期教育改革和发展规划纲要（2010—2020年）》明确指出，要适应国家经济社会对外开放的要求，培养大批具有国际视野、通晓国际规则、能够参与国际事务和国际竞争的国际化人才。2020年教育部等八部门《关于加快和扩大新时代教育对外开放的意见》提出，要着眼培养更具全

① 王传雪．经济发展与新世纪青年［C］//北京市青年研究会．"面向新世纪的青年与青年工作"征文研讨会论文集．首钢总公司团委，2001：316-320.

球竞争力的人才。拥有“全球视野”人才培养目标既符合知识经济时代背景，也是提升我国综合国力的现实需要，更是服务于国家总体战略的现实需要。

耕读文化虽然根植于中国传统社会，但其内涵具有超越时代的普遍价值。在全球化日益加深的今天，耕读文化中的和谐共生、天人合一等理念，对于促进不同文化之间的交流与理解、构建人类命运共同体具有重要意义。同时，面对全球化带来的机遇与挑战，特别是在农业科技日新月异、国际贸易壁垒逐渐降低的背景下，涉农领域的人才培养被赋予了新的使命。通过深入挖掘和弘扬耕读文化中的精髓，可以引导学生树立家国意识、全球视野，关注国际农业发展的最新动态，理解并适应不同国家和地区的农业政策与市场需求，为参与国际农业合作与交流打下坚实的基础。

四、耕读文化赋能就业教育的实施策略

知识经济时代高素质人才的能力可概括为面向目标的知识获取能力、面向效率的工具应用能力和面向任务的知识组织能力，高校应关注知识经济时代的人才培养转型升级。[①] 在知识经济时代背景下，涉农高校作为培养农业人才的重要基地，其就业教育直接关系到农业人才的成长与发展方向。将耕读文化融入涉农高校就业教育之中，对于经济时代背景下涉农高校提高人才的知识获取能力、知识应用能力和知识组织能力有不可忽视的重要作用。

（一）提高知识获取能力

随着知识经济时代背景下知识在量的程度上迅速发展和在更新速度方面不断加快，人们创造知识和应用知识的能力和效率成为衡量人才水平、部门竞争力，甚至国家综合国力的重要标志。相较传统方法下人类在知识的感知、记忆和内化中进行学习和积累，在以“知识爆炸”“信息爆炸”为特征的知识经济时代，知识获取能力及“信息素养”是衡量一个人学习水平的重要标志。在职业的选择及发展的过程中，知识获取能力及信息素养的提升可以有效拓展个人信息渠道来源，拓展择业和就业的思路；另一方面可以在获取知识和信息的过程中使自己具备更强的智力资源支撑，在职业选择过程中有更

---

① 高志强，官春云．卓越农业人才培养机制创新［M］．长沙：湖南科学技术出版社，2019：75-78.

高的起点和优势。

农林高校在就业观培育中融入耕读文化，可以通过多种途径提高学生的知识获取能力。一方面，可以组织学生深入农村、田间地头进行实地调研和劳动实践，让他们在实践中学习农业生产知识和技能；另一方面，可以引导学生广泛阅读农业经典著作和最新科研成果，了解农业领域的前沿动态和发展趋势。通过如此“耕读结合”的方式可以加深学生对于农业发展基本知识、乡村振兴宏伟蓝图的认识和理解，学生掌握“耕读”这一获取知识和经验的重要手段，从而提升职业能力，拓宽择业视野。此外，还可以利用现代信息技术手段，如网络课程、在线数据库等，为学生提供丰富的学习资源和便捷的学习途径，对学生展开信息素养教育，引导他们实现自我发展和自我规划。通过这些措施，可以有效提升学生的知识积累速度和深度，为未来的职业发展提供动力支持。

（二）提高知识应用能力

在知识经济时代，农业生产与传统农业相比有着新的时代特征，突出表现为农业的科技化、绿色化、产业化等发展趋势，当知识与技术应用于农业生产实践之中，便从根本上改变了传统农业“靠天吃饭”的现象。例如，利用基因科学技术培育出的克隆羊、克隆牛、彩色棉花、彩色小麦等，以及利用细胞工程研发出的“西红柿马铃薯”“芹菜胡萝卜”等复合型农作物品种，对于促进农业生产、改善人类生活做出了突出的贡献。简言之，知识经济背景下农业生产的知识化和工厂化特点将有效推动农业生产大步跨越，① 而这一切又是以加快科技成果转化、提高知识应用能力为前提的。对高校来说，知识应用能力是将所学知识转化为实际成果的关键能力，在择业教育中提高学生的知识应用能力，既符合知识经济时代对于人才知识应用和实践能力的强调，又能有效提升学生的就业能力和专业水平，为职业选择与发展打下坚实基础。

在农林高校就业教育中融入耕读文化，可以通过模拟实训、项目驱动等方式，提高学生的知识应用能力。例如，可以组织学生参与农业科技项目研

① 单志刚．知识经济概论［M］．北京：中国传媒大学出版社，2006：11-12.

发、农产品营销策划等活动，让他们在实践中运用所学知识解决实际问题；也可以加强校企合作、校地合作，通过建设实践基地等形式深化“耕读”的实践锻炼作用。通过这些实践活动，学生可以更加深入地理解农业领域的实际需求和挑战，提升自己的实践能力和解决问题的能力，促使自己成长为符合知识经济时代所需、对于乡村振兴有益的应用型人才。

（三）提高知识组织能力

知识组织能力是指将分散、零碎的知识进行整合、提炼和创新的能力。在知识经济时代，随着信息量的爆炸式增长和知识更新速度的加快，个人必须拥有高超的知识组织能力，才能高效率地完成现实任务，实现任务目标。① 一方面，提高知识组织能力要求个人提升面向任务的知识组织能力，即不仅能够有效收集、整理、存储和应用知识，还要构建一套高效的知识管理系统，以确保面对目标任务时进行系统高效的分析和应用。另一方面，团队协作能力在知识经济时代也显得尤为重要。随着项目复杂性的增加和跨领域合作的普及，单一个体已难以独自应对所有挑战。因此，团队成员之间的紧密协作、有效沟通和信息共享成为实现共同目标的关键。一个高效的团队能够汇聚多元的智慧和力量，通过合理的角色分工与协作机制，共同应对挑战，推动项目的顺利进行。这种团队协作能力不仅提升了团队的整体绩效，还增强了团队成员之间的信任与默契，为组织的长期发展奠定了坚实的基础。

农林高校在就业教育中融入耕读文化，有利于通过培养学生的批判性思维、系统思维和跨学科思维等方式来提高其知识组织能力。例如，通过开设跨学科课程或组织跨学科研究项目，可以鼓励学生跨越学科界限进行学习和研究；通过引导学生投身乡村振兴建设队伍、参与农业科研项目、组建实践团队等方式，可以让学生感受团体的力量。通过这些措施，学生可以更加系统地掌握农业领域的知识体系和发展脉络，提升知识组织能力，从而有助于对所学目标知识以及未来职业规划进行系统科学的设计。

---

① 高志强，官春云．卓越农业人才培养机制创新［M］．长沙：湖南科学技术出版社，2019：78.

第三章

耕读文化赋能农林高校就业教育的现实逻辑

耕读文化是中华农耕文明中孕育的优秀传统文化，内涵博大精深，育人价值显著，社会影响深远。就业教育是人才培养的重要环节，也是思想政治教育的重要组成部分。涉农高校就业教育有其特有的目标，即培育和引领毕业生面向“三农”就业创业。将耕读文化融入新时代涉农高校就业教育既是一个理论问题，更是一个现实问题。本章立足当前我国经济社会发展的具体实际，深入分析本研究立论的现实背景，在此基础上，聚焦新时代涉农高校就业教育，对耕读文化融入其中的现实意义进行阐述。

第一节　耕读文化融入就业教育的现实背景

开展耕读文化融入涉农高校就业教育研究，有着丰富的理论逻辑、历史逻辑与现实逻辑。因本书前几章内容对其理论依据、历史依据已有详细阐述，以下笔者立足当前实际，对本研究立论的现实背景加以分析。

一、时代需求：乡村振兴亟待高素质农业人才

全面推进乡村振兴亟待高素质农业人才的时代需求，是本研究立论的现实起点。2017 年，党的十九大做出实施乡村振兴战略的重大决策部署，将乡村振兴上升到国家战略高度。2021 年，中共中央、国务院下发《关于全面推进乡村振兴加快农业农村现代化的意见》，强调到 2025 年农业农村现代化取得重要进展。同年，中共中央办公厅、国务院办公厅下发《关于加快推进乡

村人才振兴的意见》，明确提出：“要坚持农业农村优先发展，坚持把乡村人力资本开发放在首要位置，大力培养本土人才，引导城市人才下乡，推动专业人才服务乡村，吸引各类人才在乡村振兴中建功立业，健全乡村人才工作体制机制，强化人才振兴保障措施，培养造就一支懂农业、爱农村、爱农民的‘三农’工作队伍，为全面推进乡村振兴、加快农业农村现代化提供有力人才支撑。”2022年10月，党的二十大报告又对全面推进乡村振兴做了总体部署，强调加快建设农业强国，扎实推动乡村产业、人才、文化、生态、组织振兴。众所周知，乡村振兴，人才是关键；乡村全面振兴，高素质农业人才是关键。显而易见，全面推进乡村振兴背景下，培育和输送高素质农业人才已成为时代重大课题与任务。

二、现实困境：农林高校就业教育改革趋势

毫无疑问，面对时代对高素质农业人才的迫切需求，涉农高校理应不断加强和改进就业教育，聚焦乡村振兴战略，培养和输送优质人才。但现实的困境是，当前涉农高校就业教育的实际育人效果离社会期待差距较大。学农不爱农、学农不从农现象改善不明显，农科毕业生面向“三农”就业创业比例依然偏低，“背农”“离农”甚至“弃农”现象屡见不鲜。而在具体开展就业教育的过程中，重视不够认识不足、重求职技巧轻思想教育、缺乏系统性和连续性等问题仍然普遍存在，部分涉农高校就业教育还在一定程度上存在“为教育而教育”的功利主义倾向，局限在“职业生涯规划”与“就业指导”课堂教学任务的完成，许多学农的大学生求学期间没有下过农村，没有基层社会实践锻炼，没有现代农业企业考察经历，部分大学生对国家“三农”政策不了解，对当代农村农业的发展认识严重滞后。与此同时，农村人才总量不足、结构失衡、素质偏低、老龄化严重等问题日益严峻，乡村人才供求矛盾更加凸显，人才资源短缺成为实现乡村振兴需要克服的重大难题。涉农高校就业教育亟待改革优化，在破解以上重大问题的进程中彰显自身担当。

三、文化使命：耕读文化亟待传承与发展

中华优秀传统文化是中华民族的“根”和“魂”，是我们在世界文化激

荡中站稳脚跟的坚实根基，是中华文明发展进步的精神基石，更是中华民族走向伟大复兴的力量源泉。习近平总书记强调："要努力从中华民族世世代代形成和积累的优秀传统文化中汲取营养和智慧，延续文化基因，萃取思想精华，展现精神魅力。"① 耕读文化是中华优秀传统文化的典型代表，具有鲜明的文化属性和重要的育人价值。耕读文化中的"耕"与"读"并行并举，相辅相成，是古代文人安身立命、成长成才的重要载体，形成了具有鲜明育人特色的发展模式与路径，亦凝聚成了绵延至今不断传承和发扬的教育模式和生活方式，所承载的乡村文明成为中华民族文明史的主体。一方面，面对"两个一百年"奋斗目标，新时代的中国要凝聚实现国家富强、民族复兴的磅礴精神力量，激发中国人民战胜各种艰难险阻和奋力创新创造的强大动能，延续和发扬耕读文化是应有之义和客观需要。另一方面，高校是文化传承和文化创新的重要阵地，始终坚守文化传承与创新的文化自信，既是高校的重要职能，也是落实立德树人根本任务的重要内容和实践抓手。因此，作为涉农高校，传承与创新耕读文化责无旁贷、重任在肩。

基于以上背景，笔者认为，将紧密关联"育人"与"乡村"的耕读文化有效融入新时代涉农高校就业教育，构建"耕读并举"的新型农业人才就业育人模式，让学生在职业生涯规划、就业、择业、从业及创业的过程中潜移默化地接受传统耕读文化的熏陶和教化，并推动"耕"与"读"当代内涵的创造性转化和创新性发展，进而形成正确的世界观、人生观、价值观、成才观、就业观等，从而更加自觉、更加积极地投身于乡村全面振兴伟大实践，有效回应时代之问、现实之困和文化使命，值得展开深入研究。

第二节　耕读文化融入就业教育的现实意义

立足现实层面，利用好耕读文化这一宝贵资源，将其深度融入就业教育，对于增强涉农高校就业教育的为农特色、提升涉农高校就业教育的实际效果、

① 汪晓东，张炜，吴姗．凝聚起中华儿女团结奋斗的磅礴力量：习近平总书记关于弘扬爱国主义精神重要论述综述［N］．人民日报，2021-10-02（1）．

拓展涉农高校就业教育的育人功能等具有重要的现实意义，是助推新时代涉农高校就业教育实现高质量发展的客观需要。

一、增强涉农高校就业教育的为农特色

如何增强自身的为农特色，引导毕业生学农、爱农、从农，推动专业人才服务乡村，鼓励和助推青年大学生在乡村振兴中建功立业，是时代交给涉农高校就业教育的重任，也是涉农高校就业教育改革创新必须重点解决的基础性问题，将耕读文化融入其中，无疑是化解这一难题的现实良策。

首先，耕读文化具有深厚的农本底蕴。耕读文化于春秋末年伴随中华农耕文明而起源，可谓是因“农”而生，其宗旨是通过耕读结合来传承和发展文化，这种文化模式不仅强调了农业的重要性，还注重通过教育来改变命运和提高社会地位。耕读文化的内涵非常丰富，它不仅包含了勤劳耕作的自立精神，还强调了读书求变的思想。通过耕读结合，人们能够在艰苦的环境中保持清醒的头脑，锤炼出自觉主动、奋发上进的拼搏精神。这种文化还倡导知行合一，通过实践和理论的结合来不断提升自我。耕读文化对现代社会仍有重要影响。它不仅培养了人们勤劳勇敢、吃苦耐劳的精神，还倡导了和谐相处的理念。在当今社会，这种文化仍然具有重要的价值，能够帮助人们在面对困难时保持坚韧不拔的毅力，并通过教育来不断提升自我。

其次，耕读文化具有博大的为农情怀。耕读文化传续至今，历经2000多年的发展，从战国时期农家学派主张的“贤者与民并耕而食，饔飧而治”到汉高祖、汉文帝、汉武帝等亲自参与农耕，积极推广农业技术，重用农业专家，到唐宋时期的劝耕劝读政策，到社会主义建设初期的开办的大量半工（农）半读式的耕读学校，推行的知识青年上山下乡，再到当今的新农村发展研究院、科技小院兴起等，形式上不断演变与发展，但精神内核中始终充盈着博大的“为农”情怀。

最后，耕读文化具有广泛的认知基础。中华民族自古以农立国、以耕读传家。耕读文化是我国农业文明发展形成的特色文化，逐渐成为各个阶层普遍认可的社会共识。耕田可以事稼穑，丰五谷，养家糊口，安身立命；读书可以知诗书，达礼义，修身养性，以立高德。我国古民居中常见到“耕为本

务，读可荣身”“贫者因书而富，富者因书而贵”“一等人忠臣孝子，两件事耕田读书”“耕读传家躬行久，诗书继世雅韵长”“半榻暮云推枕卧，一犁春雨挟书耕”等门联或诗句，都反映了传统社会的主流思想和价值取向，蕴含着中国古人做人做事、道德修养的优良传统和教育智慧。几千年来，耕读从一种读书人的生活方式，逐步演变成为一种教育理念、家训家规、修身治国之策，它将物质生产与精神生活、个体生命与家国情怀、教育方式与价值追求融为一体，深深融入中华民族的血脉之中。

二、提升涉农高校就业教育的实际效果

耕读文化内涵丰富，其中包括传统建筑、农耕器具等物的要素，乡贤、“田秀才”等人的要素及价值观、伦理观等精神要素；耕读文化类型多样，可以分为农业文化遗产、耕读博物馆等物质类型和家训、谚语等非物质类型。将耕读文化融入涉农高校就业教育，能够丰富教育内容、拓展教育主体、优化教育实践，让涉农高校就业教育的“根系”扎得更深、“触角”伸得更长，进而提高育人效果，培育更多新农科人才，从而提高育人实效。

一是丰富教育内容。耕读文化蕴含丰富的育人素材，将耕读题材的诗歌、成语典故等非物质类型耕读文化创造性地融入涉农高校就业教育，能为教师提供更加多样的教学资源，丰富教学内容，提高课程知识性和趣味性。例如，教师可以结合教学需求与学生认知规律，把诞生于农耕文明时期的经典成语故事“囊萤映雪”所包含的勤奋刻苦、锐意进取的价值内涵渗透到就业课程教学中去，以更切合教学的例证素材加深学生理解，提高学生道德素养与文化修养。

二是扩展教育主体。耕读文化除了包含物的要素，还包括人的要素，这使耕读教育拥有多元教学主体。因此，将耕读文化融入涉农高校就业教育，可以扩展就业课程教学主体，使就业课程教学主体不局限于学校就业课程教师，社会上耕读文化践行者也可加入授课队伍。例如，高校可以通过“请进来”的方式，邀请乡贤、乡村工匠等人员为青年学子讲授生动的就业课程，构建“课堂、校园、社会”全员育人环境，让多元教学主体助力提高耕读文化融入就业课程育人效果。

三是优化教育实践。耕读强调的是耕读并重、知行合一，耕读文化兼具读的“书卷气”和耕的“泥土气”。将耕读文化融入涉农高校就业教育，能够优化就业课程教学模式，使就业课程不再停留在理论说教上，而是深入实践的躬耕上。可以融合第一课堂和第二课堂，通过“走出去”方式，带领学生到农村生产一线、田间地头等“大课堂”中去，了解和感悟耕读文化，深刻领悟课堂上所讲所学，真正做到“学、思、悟、践”。

三、延展涉农高校就业教育的育人功能

耕读文化的有机融入，可有效延展新时代涉农高校就业教育的育人功能，不断丰富其育人的养料，切实提升其吸引力和影响力。

（一）延展涉农高校就业教育的德育功能

首先，耕读文化中蕴含的“精于稼穑、读书修身”“于家为国”等思想，对厚植农科大学生的家国情怀，塑造学生“爱农为农”价值理念和“兴农强农”理想抱负有重要价值。其次，耕读文化中蕴含的“天人合一”的认识观、“知行统一”的实践观、“自强不息”的奋斗观、“理论与实践相结合”的方法论等，能有效引领农科大学生践行社会主义核心价值、提升自身道德修养。最后，耕读文化中蕴含的“耕读传家”“饮水思源”等理念，能有效培育和激发农科大学生潜在的乡村情怀、强农志向，促进他们回乡返乡、反哺农村，从而源源不断地推进乡村全面振兴的发展，为乡村振兴和农业农村现代化提供支撑。

（二）延展涉农高校就业教育的智育功能

耕读文化中的“读”，在古时就是博览群书，学习天文地理、四书五经。延续到现在，强调“读”，就是强调科学文化知识的学习。对于当代，将耕读文化融入新时代涉农高校就业教育，一方面能让学生懂得“读以立心”，涵养农科大学生刻苦学习的精神品质，以“咬定青山不放松”的精神不断加强对传统的农学理论以及现代农业、智慧农业、数字乡村等最新知识的学习；另一方面能让农科大学生们在理论学习与就业技能提升中不断深化对学好专业知识、提升专业技能的理解和认识，对于促进就业教育与专业教育的相互融通意义重大。

（三）延展涉农高校就业教育的体育功能

耕读教育中的“耕”，古时即为田间劳作，随着农业现代化的推进，“男耕女织”的传统劳作画面逐渐淡出人们视野，但耕作实践、身体力行的社会价值、生产价值和教育价值仍然有很强的生命力。耕读文化中蕴含的“耕以强体”对于激励当代农科大学生加强体育锻炼，践行“每天锻炼一小时健康工作五十年”的时代要求有很强的作用。

（四）延展美育功能

一方面，耕读文化既融合了田园与书香的理想生活，也体现了物质与精神的供给，同时也是艺术审美创作与中国传统文化的完美结合。“耕”通过劳作创造物质，“读”通过学习滋养精神与心灵，让心灵在自觉与自在中升华。另一方面，耕读文化中强调“人与天调，然后天地之美生”“人法地，地法天，天法道，道法自然”等自然观，构建了晴耕雨读、昼耕夜读的耕读传统和顺应天时、天人合一的生态伦理。纵观千年的耕读文化可以发现，生产生活方式的差异能够造就不同的审美文化与艺术，其根源与耕读生活密不可分。美丽乡村建设是对自然之美的保护和延续。耕读教育对农民审美素养的提升能够起到促进作用，为建设高品质、美丽、宜居的乡村提供人文基础，使乡村振兴实现高质量发展，与人民群众对美好生活的期盼相匹配。融合耕读教育的理念，合理开发乡村环境资源，教育与引导农民认识自然之美，也要指引农民从民俗文化、知识传承、乡土工艺和文明礼仪中认识生活和艺术的美好，进而实现共建、共管、共享的美丽宜居的乡村。

（五）延展劳育功能

耕读文化是倡导读书与生产劳动相结合的一种形式。在我国古代传统社会，农家子弟大多是一边耕作一边读书通过科举考试这一途径才能实现出人头地，考取功名。而这一过程也培养出了他们不怕困难、勇敢坚毅的品质，继而衍生出了教育与生产劳动相结合的思想。新时代到来，人们生活水平提高了，获得物质的方式多样，也出现了不劳而获、坐享其成等社会现象，因此更要提倡和落实就业教育，让劳动回归它的本义，通过劳动去战胜人自身的懒惰、恶习和陋习，摆脱贫苦以实现自身成长和社会发展。

第三节 耕读文化融入就业教育的可行性

在理论上，耕读文化融入新时代涉农高校就业教育有马克思主义和习近平文化思想以及有关高等教育、耕读教育的重要讲话精神作为坚强后盾；在历史上，耕读文化经长期积淀传续至今，对我国现代及当代教育影响深远；在实践中，考量国家政策、社会环境与涉农高校自身，将耕读文化融入新时代涉农高校就业教育均具有很强的现实可行性。

一、从国家层面看，具备政策支持

首先，就业优先战略已成为一项基本国策。党的二十大报告强调，就业是最基本的民生，要强化就业优先政策，健全就业促进机制，促进高质量充分就业。2024 年，《教育部关于做好 2024 届全国普通高校毕业生就业创业工作的通知》对“2024 届全国普通高校毕业生就业创业促进行动”做了专题部署，特别强调，要加强就业教育和观念引导，将就业教育和观念引导作为“三全育人”的重要内容，推动就业教育与思政教育、专业教育深度融合，在专业课教学和实习实践等育人环节强化就业教育引导。要深入开展“就业育人”主题教育，引导毕业生树立正确的成才观、职业观、就业观，客观看待个人条件和社会需求，从实际出发选择职业和工作岗位，主动投身艰苦地区、重点领域等国家需要的地方建功立业。

其次，新时代涉农高校人才培养得到高度重视。2019 年 9 月，习近平总书记给全国涉农高校的书记校长和专家代表回信指出：“中国现代化离不开农业农村现代化，农业农村现代化关键在科技、在人才。新时代，农村是充满希望的田野，是干事创业的广阔舞台，我国高等农林教育大有可为。希望你们继续以立德树人为根本，以强农兴农为己任，拿出更多科技成果，培养更多知农爱农新型人才，为推进农业农村现代化、确保国家粮食安全、提高亿万农民生活水平和思想道德素质、促进山水林田湖草系统治理，为打赢脱贫攻坚战、推进乡村全面振兴不断作出新的更大的贡献。"① 2023年5月，习近平总书记给中国农业大学科技小院的同学们回信中再次强调："你们在信中说，走进乡土中国深处，才深刻理解什么是实事求是、怎么去联系群众，青年人就要'自找苦吃'，说得很好。新时代中国青年就应该有这股精气神。党的二十大对建设农业强国作出部署，希望同学们志存高远、脚踏实地，把课堂学习和乡村实践紧密结合起来，厚植爱农情怀，练就兴农本领，在乡村振兴的大舞台上建功立业，为加快推进农业农村现代化、全面建设社会主义现代化国家贡献青春力量。"②

最后，充分挖掘和发展耕读文化的教育功能已成共识。习近平总书记指出，耕读传家"是支撑中华民族生生不息、薪火相传的重要精神力量"③，"耕读文明是我们的软实力"④。2021年的中央一号文件正式提出"开展耕读教育"，2021年2月，中共中央办公厅、国务院办公厅印发《关于加快推进乡村人才振兴的意见》明确要求"全面加强涉农高校耕读教育，将耕读教育相关课程作为涉农专业学生必修课"。2021年8月，教育部专门印发《加强和改进涉农高校耕读教育工作方案》，就涉农高校如何推进耕读教育做了顶层设计和全面部署。习近平总书记在陕西榆林考察时再次强调："中华文明源远流长、绵延不断，基础在教育。实现中华民族伟大复兴，基础在教育。"⑤ 耕读文化在涉农高校教育教学中迎来了蓬勃发展。

二、从社会层面看，具备良好环境

一方面，随着我国经济社会发展进入高质量阶段，近年来我国毕业生就业供需结构性矛盾进一步凸显，企业"招工难"与大学生"就业难"现象并

① 习近平回信寄语全国涉农高校广大师生以立德树人为根本以强农兴农为己任［J］. 农村工作通讯，2019（18）：2.

② 习近平. 习近平给中国农业大学科技小院的同学们的回信［J］. 新生代，2023（3）：2.

③ 习近平. 在会见第一届全国文明家庭代表时的讲话［N］. 中国青年报，2016-12-16（2）.

④ 李长生. 把耕与读传下去（思想纵横）［N］. 人民日报，2023-03-23（9）.

⑤ 新华网. 习近平在陕西榆林考察时强调 解放思想改革创新再接再厉 谱写陕西高质量发展新篇章［EB/OL］. 中华人民共和国商务部，2021-09-16.

存，其中主要症结在于高校人才培养与产业一线脱钩严重，大学生的实践能力、应用能力与社会期待有较大差距，农科大学生同样如此。推动耕读文化充分融入涉农高校就业教育，进一步强化实践教学、校企合作、产教融合等，将大大提高农科大学生的培养质量。毫无疑问，社会各界对此是充满期待与大力支持的。

另一方面，随着乡村振兴持续推进与我国"三农"产业的快速发展，智慧农业、数字乡村建设取得了重大进步，一大批农业高科技企业、社会主义新农村以及休闲农业、文旅民宿脱颖而出，这些都是耕读文化融入涉农高校就业教育的可以利用的社会教材。此外，民间耕读文化馆、博物馆的建设，校地耕读教育基地的建立等，更为耕读文化融入涉农高校就业教育提供了良好的社会环境。

三、从涉农高校看，具备基础条件

一是具备人力保障。我国涉农高校发展至今，有一大批兼具理论教学与社会实践的专家，培养了一大批兼具"三农"理论与产业实践的企业家校友，这些都是耕读结合的就业育人体系的潜在师资。二是具备硬件保障。当前，我国大部分的涉农高校都在校外设有社会实践基地、教学实习基地，并且相当一部分在校内建立了农耕博物馆、植物标本馆、动物标本馆等耕读文化教育基地。三是具备软件保障。多年来，我国涉农高校培养了大批的农民企业家、农业致富先锋、劳动模范等，他们的成功经验皆是最好耕读文化融入就业教育的教材。此外，从当代大学生的实践需求来看，耕读结合的教育方式将受到青年大学生们的普遍欢迎。

第四节　耕读文化融入就业教育的基本原则

事物是联系发展的，每一件事物的演进都有其内在属性要求和基本规律，将耕读文化融入新时代涉农高校就业教育是一种实践创新，必须以自身条件为基础，立足于时代的需求，掌握并遵循一定的实践原则。唯有如此，方能确保耕读文化在新时代涉农高校就业教育中得到充分融入，实现育人效果的最大化。

一、把准根本与突出特色相统一

耕读文化融入新时代涉农高校就业教育是现实可行的。但在具体的融入过程中，首先要处理好目标方向上的坚定性与策略方式上的灵活性之间的关系，坚持好把准根本与突出特色相统一的原则，既不能顾此失彼，更不能僵化固化。笔者认为，把准根本，就是指将耕读融入新时代涉农院校就业教育应坚守“为党育人、为国育才”初心使命，落实立德树人根本任务，把准“培养德智体美劳全面发展的社会主义建设者和接班人”的根本目标，把准“农业强国是社会主义现代化强国的根基”“农业强国关键在人才”的根本指引，把准“耕读教育的是加强就业教育的重要载体”根本定位，把准“为乡村振兴和农业强国建设培养和输送高素质人才”就业教育的根本宗旨。只有如此，才能确保耕读文化融入就业教育的有正确的方向与目标。与此同时，将耕读文化融入涉农高校就业教育还应注重突出特色。一是应突出耕读文化在“树德、增智、强体、育美、促劳”方面的独特作用。二是应凸显涉农高校自身在人才培养、社会服务、科学研究、文化传承等方面的特色和优势，构建具有自身特色的耕读结合的就业育人体系，着力于培养既有理论功底、技术实力，又有实践经验、创新精神，既有“姓农本色”，又有“耕读底色”“校本特色”，既有爱农情怀、为农志向，又有兴农能力、强农本领的高素质农业人才。

二、全面全程与分层分类相统一

耕读文化融入新时代涉农高校就业教育还应坚持好全面全程与分层分类相统一的原则。所谓“全面”，主要是在就业教育的内涵理解上，我们要充分认识到，就业教育绝不仅仅是就业观念、就业意识的引导与就业专项素养的培养，还应重就业能力、专业能力、就业素质的培养，应该是“就业课程+专业课程+思政课程”的统一，是理论教学与实践教学的结合，是第一课堂与第二课堂、第三课堂的合力。因此，耕读文化融入就业教育，应该是在整个广义就业教育的范畴全面融入，而非只是在某一方面融入。所谓“全程”，即高校大学生教育必须是贯穿四年的持续的教育，而不是某一个年级的阶段性教育。同样，耕读文化的融入应是在贯穿在整个大学期间，而不只是在某一时间内的突击任务。坚持全面全程融入的同时，还应坚持好分层分类的原则。比如，应根据不同学院、不同专业、不同班级、不同就业需求的大学生知识结构、理解能力、认知水平、就业观念、从业意愿的差异性，有的放矢地设计具有层次性和类别性的教育方式与内容。也就是说，将耕读文化融入涉农高校就业教育的教学目标设计既要注重融入的整体性，更要考虑到学生个体的差异性，根据学生的特色有针对性地加以教育与指导，只有如此，才能真正在新时代背景下为学生打开高质量充分就业的大门。

三、显性融入和隐性融入相统一

耕读文化融入新时代涉农高校就业教育还需要注意显性融入与隐性融入的统一。耕读文化运用到新时代涉农高校就业教育是为了进一步提升其教育的实际效果，更好地实现培育时代新人的目标。因此，在融入的过程中要考虑融入方式的多元化和青年学生的接受度。显性融入主要是通过直观的方式，有计划、有步骤地将耕读文化融入新时代就业教育。在新时代就业教育中，很多学校开展劳动教育也多以显性教育为主，隐性教育为辅。比如，在就业教育的开展中开设相关课程，举办主题活动，其优点就在于能够将教学目标、教学内容、教学计划在一定时间内收到效果且教学成果显著。但也要注意到随着时代的发展，青少年获取知识的范围变得更广，渠道也更多样，显性教育的方式吸引学生们的注意力有限。因此，在进行教学的过程中要采用多种方式，探索隐性融入的方式，利用隐性渠道让青少年在不知不觉中就接受耕读文化的思想并在内心产生触动，进而提升对耕读文化的自觉自信。但需注意隐性融入的时间较长，需要教育者投入更多的精力，社会以及家庭也要提供相关的资源以让隐性教育更为深刻，否则就会是昙花一现，不能很好地实现人才的全面发展。因此，在将耕读文化融入新时代就业教育时要坚持显性融入与隐性融入相统一，以实现二者的优势互补，达到正面教育效果的最大化。

四、传承历史与体现时代相统一

中华优秀传统文化对于国民素质的形成乃至精神世界的丰富都发挥着重要作用，而将耕读文化融入新时代涉农高校就业教育会更加有助于青少年良好品德和修养的形成。社会存在决定社会意识，社会意识能动地反映社会存在。耕读文化作为一种社会意识，产生于古代社会，其内容自然也适用于古代。随着社会的变迁发展，耕读文化中的内容要与社会存在的发展相辅相成，共同促进社会和人的发展。这就要求当下的就业教育在融合耕读文化的过程中将传承与创新作为一个问题的两方面辩证地把握：传承是创新的前提，创新是传承的必要条件；传承是创新引导下的传承，创新是传承基础上的创新，这也是对物质运动基本规律的文化转述。耕读文化的传承是服务于时代进步和人的全面发展的需要，能让新时代涉农高校就业教育的内涵更丰富，形式更多样。创新和传承也并非自相矛盾，而是结合新时代就业教育实际需要、结合青少年成长发展的需要以实现思想和价值引领，实现立德树人、全面培养人的目的。

传承历史，就是要深刻认识到“历史是最好的教科书”，不断丰富历史元素；体现时代，就是要清醒看到“时代之变和时代之需”，不断充实现实元素。耕读文化融入新时代涉农高校就业教育，应坚持“传承历史与体现时代”相结合，着力构建兼具历史底蕴和时代特征的教育内容库。一是要广泛收集“崇劳尚实”“亦耕亦读”“半为儒者半为农”“耕读传家”“诗书继世”等文史材料，精心选择蕴含家国情怀、天人合一思想、实践与理论结合理念的史料史典，总结汇编传统耕读教育中的成功经验、有效做法和育人成效；二是要将新农业、新乡村、新农民、新生态、新技术等列入其中，充分挖掘“把论文写在大地”“把成果装进农家”的当代素材，持续扩充用现代农业科技在基层建功立业、造富一方的典型案例；三是在此基础上，切实加强耕读教育内容的载体建设，精编耕读教育教材，制作主题动画视频，建设农耕博物馆、动植物标本馆，举办耕读专场报告会，开展“线上线下”宣传与调研等，使耕读教育内容能通过多种形式多种途径潜移默化深入人心。

五、系统规划与细化责任相统一

推动将耕读文化融入新时代涉农就业教育，最关键的是要强化组织领导。一是要建立学校党委统一领导、教务部门牵头负责、相关职能处室和二级学院联动协作的工作机制，形成齐抓共管、相互合作的工作局面；二是要成立专门的工作小组，负责制定规划、统筹实施，在确保人力、财力、物力配备到位，耕读教育有机融入人才培养全体系的同时，有效整合政府、企业和社会资源，增强工作合力。与此同时，要细分和压实责任，一是对相关职能部门，要重点压实改革课程体系、优化师资队伍等责任，探索将落实情况与单位年度服务质量评价及发展考核挂钩；二是对二级学院，要重点压实本单位开展耕读结合就业教育、建立耕读结合就业教育基地的责任，探索将落实情况与学院年度党建考核和业务考核挂钩；三是要压实教师主导实施耕读文化融入就业教育的责任，并将履职情况纳入教学考核与年度考核，探索与职称职务晋升挂钩。

第五节　耕读文化融入就业教育的探索实践

一、耕读文化融入就业教育的实例

华中农业大学以习近平新时代中国特色社会主义思想为指导，深入贯彻习近平总书记给学校“本禹志愿服务队”重要回信和给全国涉农高校的书记校长和专家代表重要回信精神，坚持耕读办学传统，将耕读教育融入人才培养全过程、全环节，突出“三农”情怀导向，充实劳动与实践教育，促进家国情怀涵育与专业学习相融合，教育教学与劳动实践、创新创业相融合，以“读”致“知”，以“耕”促“行”，着力构建新时代耕读教育体系，培养以家国情怀为底色、“三农”情怀为本色的知农爱农、强农兴农的新型农林人才。

（一）强化价值引领培养学生“三农”情怀

深入开展社会主义核心价值观教育。组织学生“为中华复兴而读书”、教师“为中华复兴而育人”的主题活动，突出“三农”情怀导向，大力开展“四史”教育和农史、校史教育，教育引导大学生以“宏农学、扬国光”为价值追求，以“勤读力耕、立己达人”为精神内核，以强农兴农为己任，立志“与祖国同行，为人民奉献”。广泛开展经典阅读，开设经典导读课程，开展阅读分享，促进学生认识世界、丰富精神、塑造人格、锻炼思维能力。开展师生党支部结对共建和联合主题党日活动，促进师生党建融合。建立师生学术共同体，建设“绿博轩师生面对面”“共同空间”“问学斋”等师生交流平台。突出情境育人，建设高质量校园文化活动场所，持续推进“一站式”学生社区建设，切实发挥场域浸润、感染、熏陶作用，在景面文心、情景交融的校园环境中，引导师生追求崇高的人生境界；构建耕读思政新格局。将思政课程、课程思政与耕读教育结合，推进思政创新，综合运用理论讲授、情境体验、实践锻炼等方法，实现知、情、意、行协同融合。将乡村振兴实践案例融入课堂教学。以学校“本禹志愿服务队”为依托，广泛开展形式多样的志愿服务活动，引导广大学生爱国、励志、求真、力行，开展“耕读中国”志愿服务，实施“甘露工程”“活泉工程”“志·青春工程”，发挥志愿服务在价值引领、乡村振兴中的独特作用。

（二）建设通专融合的耕读教育课程体系

分类建设耕读教育的通识课、专业课和实践课。党员教师示范引领一流课程思政建设，以“与祖国同行，为人民奉献”为遵循，强化课程思政与思政课程同向同行，300多名党员领衔主持课程思政与思政课程示范课400余门。建设农耕文化类、经典诵读类等多元通识课程体系。结合生态文明、粮食安全新开设“绿色中国”“耕读中国”等特色课程25门，重点建设了“中国传统文化”“中国农业文明史”等农耕文化课程24门。通过课程学习，让学生知农史、懂农情。建设耕读教育专业课程，注重强农兴农能力提升。建设耕读实践示范课20门，开设“三田实习”等专业实践课41门、农业技能课126门、“水稻全程机械化生产过程”等虚拟仿真课程31门。依托校内外教学科研基地，集中组织新生开展跨学科跨专业“耕读教育第一课”，采用模块化、项目制、沉浸式教学，以“讲解+演示+参观+体验+实践”，让学生深度体验传统耕读与现代农业之美。通过课程学习，让学生晓农艺、会农务。建设耕读教育交叉课程，丰富学生知识结构。在农科专业强化工程、信息相关课程，重点建设农科基本素养、现代工程与信息科技、耕读文化与情怀培养的模块课程，擦亮农科底色，培养交叉思维，拓展知识视野，提升创新能力，让学生能够提农策、解农忧、兴农业。

（三）创设知行合一的耕读教育实践体系

分类型建设耕读教育基地。基于农业行业企业的产品、技术和生产流程，构建基于乡村产业发展和农业创新需求的实习实训与耕读实践环境。聚焦中华优秀传统文化与农耕文化体验，建设农耕文化实践基地；围绕农业生产全过程，建设大学生劳动教育基地；围绕教学实习全流程，建设专业实践基地；聚焦现代农业产业发展，建设智慧农业基地；围绕农村社会治理和乡村振兴，建设乡村调查与研究基地。构建形成农耕文化、劳动教育、专业实践、智慧农业、乡村调研五大类型耕读教育平台，建设耕读教育基地 93 个，建成国家级创新创业教育实践基地、国家级大学生校外实践教育基地等国家级实践平台 17 个。分学科采用耕读实践方式，引企入教。应用项目式、合作式、沉浸式、混合式等教学方式，将耕读教育内容与产业技术发展衔接、教学过程与生产过程对接、培养目标与产业需求融合。强化实践环节，农理工专业实践教学的学分高于培养方案总学分的 30%、文管类高于培养方案总学分的 25%，面向“三农”，通过“三早”（早进行业、早进产业、早进企业），应用“三新”（新技术、新工艺、新方法），开展 30 天以上的长周期集中性校外产业实践，农科专业做实生产实践和毕业实习，理科依托企业项目开展深度科研和创新创业，工科推进工程训练和企业实训，文科强化社会实践和乡村调查。以传承农耕文化和服务乡村振兴为主题，开展“耕读路上”社会实践，深入“三农”一线开展耕读实践锻炼，参与师生累计超过 10 万人次；组织“耕读同行”产业实践，开展“乡村振兴荆楚行”，实施“楚才服务农业产业行动”等五大行动，开展“与岗位科学家同行”活动，师生同吃同住同劳动，深入农业农村生产一线开展科技咨询、产业服务和生产指导等，在耕读实践中体现科研价值、践行科技兴农。分场域构建全学程耕读基地。依托博物馆、校史馆、校内外农耕文化基地，开展耕读教育认知；升级改造校内基地1000余亩，构建智慧型劳动教育平台，以数字化丰富耕读教育手段，建设智能实验室、虚拟工厂，探索个性化、智能化劳动与耕读教育；依托校内外基地，开展专业实习实训；建设“智慧农业”耕读平台，参加新形态农业劳动与实践；校企共建现代产业学院8个，共建产业基地，开展创新创业产业实践与产学协同育人。通过耕读教育实践，培养学生躬耕笃行、务实担当的作风品格，增强分析和解决农业农村实际问题的本领，提升实践创新和服务乡村振兴、农业农村现代化建设的能力。

（四）构建耕读教育新机制

强化“双师型”教师协同培养。建立外聘教师机制，聘请农艺专家、农业企业家和行业技术骨干121人担任兼职教师；完善师资培训机制，开展集体备课、师资培训50余场，提升教学能力；建立挂职锻炼机制，选派教师100余人次到农业部门、行业企业挂职，提高耕读实践指导能力。深化耕读教育资源协同创新。建立优质资源共享机制，整合校内农科教学实习基地和科研基地等资源，建设“开放、共享、多元、智慧”的跨学科耕读教育平台；建立校内校外联动机制，进行产学研合作、农科教融合，共建基地、联合开发课程（项目）教材、共编教学大纲、合作开展教学。完善耕读教育协同管理。优化组织机构，学校成立耕读教育领导小组，形成校院高效协同联动的工作机制。完善管理制度，制定《华中农业大学新时代耕读教育实施方案》，修订8个实践教学文件制度。完善质量标准，制定修订办法，完善实验、实习、毕业论文、创新创业等环节质量标准，强化耕读教育过程管理。健全激励机制，定期评选实践教学和耕读教育师生先进个人与团队，将教学成效纳入年度考核、职称评定和评优评先体系。

二、耕读文化融入就业教育的实践成效

近些年，各学校深入贯彻落实《中共中央、国务院关于全面加强新时代大中小学劳动教育的意见》，在把握新时代涉农高校就业教育的内涵上，创新融入耕读文化，使涉农高校就业教育在新时代焕发出了新机。耕读文化融入新时代涉农高校就业教育在坚持以实践为核心、以能力培养为主线的前提下，

注重将知识与技能相融合，强化实践活动和家校社协同，完善课程体系，加强师资队伍建设，健全评价机制，营造起耕读文化融入劳动教育的良好氛围。

（一）创新就业教育的理念和方式

耕读文化丰富了涉农高校就业教育的内容，激发了学生参与实践的活力，让涉农高校就业教育真正的入脑、入心、入行，得到了创新发展。从上述实践案例中可以发现，高校在开展耕读文化融入涉农高校就业教育时，大部分按照实践—适应—改造三步走的育人模式，从学校耕读实践到家庭耕读实践最后倡导在社会上进行耕读实践，通过结合各学校实际情况建立校内耕读实践基地，让学生充分参与到涉农高校就业教育中，学生也在“乐于实践”“精于实践”中走向“勤于实践”“善于实践”，在充满趣味性的实践中体会实践创造美好生活，拉近学生之间的距离，树立起实践不分贵贱的实践价值观，在参与耕读实践过程中养成勤俭、奋斗、创新、奉献的实践精神。

此外，学校开展耕读文化融入涉农高校就业教育的活动，也是立德树人的教育过程，是对实践精神的弘扬。学生在学校组织安排下走进农村、走近农民、走向农业，学生在“接地气”的丰富活动中，记录并感受着自己种植农作物的变化，并据此实践活动丰富对于农业相关知识，体会稼穑之艰和收获实践成果的快乐，还掌握了一定的农业生产技能。在耕读劳育中，学生培育了良好行为习惯，滋养了个人的道德品格，助力个人健康成长，也促进了家庭和睦、感恩教育，这正是耕读文化融入涉农高校就业教育对学生、农业生产发展以及家庭带来的现实意义所在。

（二）体验式就业教育效果得到提升

学校在贯彻落实党的教育方针，全面加强新时代学校涉农高校就业教育工作中借鉴传统耕读文化，并不断总结实施经验，按照“一校一案”的原则调整学校实践课程，编写耕读实践实践手册，构建了具有综合性、实践性和针对性的涉农高校就业教育课程体系，提高实践教育专业化水平和涉农高校就业教育实效。该课程体系遵循教育规律，符合学生的年龄特点，以体力实践为主，注意手脑并用，安全适度，让学生在亲历实践过程中，自觉主动自愿参与实践，在此过程中见证生命成长，养成有始有终的实践习惯，更加深刻体会到实践成果的来之不易。教师也是全程参与，在旁边发挥所学进行相关指导，通过“理论+实践”的方式，使学生在耕读实践基地中体验实践的快乐，掌握知识要点并运用到实践中，实践素养得到提升。耕读文化融入涉农高校就业教育是学校探索新时代涉农高校就业教育的新途径，学校有计划有目的地将耕读文化渗透进学生的涉农高校就业教育全过程，让学生在经历动手实践、出力流汗、磨炼意志中培养正确的实践价值观和良好实践品质。更是在潜移默化中在学生的心中种下了崇尚实践的种子，使其获得了创造美好生活的能力，育人效果也不断得到提升。

（三）学生对耕读文化的认同感得到提升

在上述实践案例中，学生由之前对耕读文化的陌生到熟知，这体现了学生在进行耕读实践中对耕读文化的认同感在提升，也愈加理解古人的智慧。学校通过营造耕读氛围，合理有效利用涉农高校就业教育资源和平台，整合校内外资源，进行耕读实践主题教育，让耕读文化与涉农高校就业教育相结合，与学生的学习生活相结合。在此过程中，学生通过自己的亲身体验来感受耕读文化的魅力，在近距离耕读实践中深化对于耕读文化所蕴含的内涵以及耕读文化的特点，并对耕读文化的历史价值底蕴有了深刻的理解。学生参加农事实践，切身体会到耕读文化中蕴含的辛勤实践的奋斗精神以及和谐共生的生态智慧，在参与耕读实践过程中懂得尊重自然，心怀感恩，在处理人与自然的关系上更加得心应手。可以看出，学生不光对学校营造的耕读文化氛围和耕读实践表现出强烈的认同感，也对耕读文化的发展趋势有着乐观的态度。耕读文化是中华优秀传统文化的一部分，其蕴含着丰富的育人资源和普世哲理，对个人、家庭、社会以及国家来说，耕读文化涵盖的勤劳刚毅、积极向上、家国情怀都是构建文明国度、和谐社会所必需的。学生虽然意识到耕读文化的传承和发展会遇到有机遇和挑战，却没有表现出担忧之心，而是展现出了强大的自信心，可见，学生对于耕读文化的认同感在不断提升。

三、耕读文化融入就业教育的实践经验

通过上述将耕读文化与涉农高校就业教育结合的特色实践案例，可以看出，学校高度重视涉农高校就业教育在人才发展中的重要性。耕读文化的教育与生产实践相结合的模式，让耕读文化在新时代得到了传承与创新。学校

在将耕读文化与涉农高校就业教育进行结合的过程中，既坚持自己的办学特色，同时也为其他学校开展特色实践实践活动提供了经验。

（一）结合各方资源优势，进行特色实践研学活动

在将耕读文化与涉农高校就业教育进行结合的过程中可以发现，这种教育主题模式得到各学校的广泛认同。实践证明，耕读文化与涉农高校就业教育相结合的特色实践活动能够有效帮助学生成长，发展个性，培养实践能力，进而提高综合素质。各学校在面对新时代涉农高校就业教育教什么以及怎么教的问题上按照教育部颁布的《大中小学劳动教育指导纲要（试行）》有计划、有目的地提供各种机会，搭建实践平台开展涉农高校就业教育，并在此过程中充分利用中华优秀传统文化，引导广大青少年参与到涉农高校就业教育实践活动中。在开展特色实践活动时，各学校结合校内外各方资源优势，打造“耕读园”营造耕读文化氛围。并根据学生的年龄特点、学生的知识接受能力以及知识结构的不同，制定了各类不同的实践研学活动。例如，开展“耕读文化”主题活动，对小学生的要求就是认识和了解农作物，像是进行浇水、施肥、除草这种简单的活动；对中学生的要求就是要通过走进田间地头亲身参与耕读实践，懂得粮食来之不易，尊重实践，树立正确的实践观；对大学生来说，主要是通过研学活动，让大学生实地掌握一手资料，直观体会到父母养家的不易。耕读教育应当由浅入深、层层递进，让学生沉浸式地感受耕读文化的魅力，并真正参与到实践过程中。

（二）利用耕读实践基地，培养知行合一的实干型人才

学校利用自己校内的资源建立耕读基地，或与校外企业合作一起建立耕读基地，并根据学生的年龄段设计了耕读体验环节。这与杜威所说的从经验中学习，从做中学是相符合的，建立耕读实践基地让学生在学习知识的同时去耕读实践基地参与劳作，检验知识，将教育与生产实践相结合，让学生在学中思考，在思考中不断提升自己解决问题的能力，成长为知行合一的实干型人才。学校一方面根据教学理念、教育方针制订相关的耕读实践实践活动计划，设置活动前讲解学习环节并按照班级分区域进行实践体验活动，带领学生走进自然，到自然环境中去感悟和体验世界。在动手体验的过程中，学生了解农作物的生长习性，学到关于农作物的常识，从生活经验出发去思考

人生问题，探索生命意义，学会生存，理解人生的成长历程。而且学校还将耕读实践和其他课程相结合，从而使学生不断开阔眼界，增长知识。另一方面，举办耕读文化节，学生通过参与比赛、动手体验农事活动，感悟到实践人民的不易，懂得了勤俭节约的道理。大学生在动手参与的过程中不断深化产教融合，提升在实际生产实践中发现问题和创造性解决问题的能力，强化实践锻炼，掌握马克思主义实践观与社会主义实践关系，树立正确的就业择业观，培养到国家边远地区艰苦奋斗的精神。

（三）在生活中融入耕读文化，助力实践实现乡村振兴

涉农高校就业教育应与现实生活紧密联系起来。随着涉农高校就业教育的不断深入，各种社会实践活动也在不断被学校和学生接受，让青少年在社会实践中开展实践教育无疑是新时代下开展涉农高校就业教育最为有效的途径之一。学校通过举办各种实践活动，让学生有更多的时间、更大的动力，更加自觉地走出课堂、走出校园进而广泛接触社会、接触自然。学校不仅将耕读文化融入学生的学习课程，还通过学校与家庭之间的联系将耕读文化与学生的生活进行连接。无论是在城市还是在农村，人生的第一课堂都是在家庭、在父母的言传身教上，个别小学还让父母与孩子共同参与耕读实践课程，家长和孩子共同感受生命成长的过程，增进了亲子关系，家长懂得耕读的实际意义，学生也逐渐学会观察，懂得感恩。学校通过与当地乡村合作，共同搭建耕读实践基地，形成一套长效性的技术对接合作机制，学生在实践中领悟真知，教师则以所学所研，服务于当地农业经济，将涉农高校就业教育的新篇章写在田野大地上。乡村振兴的实现是需要通过真真正正的实践来实现的，并不是口头上的三言两语就行。需要从小培养学生“大国‘三农’”情怀，指引学生服务“三农”躬耕田野，从而增强其长大后为“三农”服务、为农业农村现代化建设服务的使命感和责任感。耕读文化中所具备的情感教育、涉农高校就业教育、审美教育和道德教育对于实现乡村振兴具有促进作用。各学校将耕读实践与乡村振兴联系在一起，让青少年在参与农耕劳作中了解农作物，挖掘耕读文化服务乡村振兴战略的价值，找到实现乡村振兴的方法，巩固脱贫攻坚成果。

四、耕读文化融入就业教育的问题探究

耕读文化是中华儿女在进行生产实践和读书学习的过程中创造出来的有关物质文化与精神的文化的总和，是中华民族优秀的传统文化组成部分。自党的十八大以来，随着党和国家对中华优秀传统文化的高度重视，各个学校都在积极响应国家的号召，积极探索将中华优秀传统文化与育人相结合，并取得了一定的成绩。在实践上，高等学校通过举办耕读文化活动节、课程体系建设、活动载体建设，让耕读文化走进校园、走进课堂，学生在参与的过程中，实践素养不断提升。整体上说，耕读文化融入涉农高校就业教育的广度得到拓宽。但在融入的过程中仍然面临着一些困境，影响着融入的深度和效果。厘清问题，深入分析造成困境的原因对于融入路径的提升具有导向作用。

（一）保障机制不健全，顶层设计待优化

在耕读文化融入新时代涉农高校就业教育的过程中，要想使这一新的教育形式在学校、学生、家长之间形成良性互动，仍需不断健全保障机制。

首先，需要国家财政资金支持。在实行耕读文化融入涉农高校就业教育的过程中，普遍的问题是缺少资金支持去开辟土地建立实践基地。因耕读文化融入涉农高校就业教育的特殊性，需要学生去亲身动手实践，所以在建立耕读实践基地和打造平台上仍需要国家财政资金的支持。目前来看，农村学校在开展耕读实践基地活动上要比城市学校在土地方面有先天优势，学校要开展耕读实践的话必须有土地来承载，否则“耕”就无从谈起。

其次，教师师资队伍建设有待加强。教师在耕读文化融入新时代涉农高校就业教育的过程中扮演着传道解惑的重要角色。在耕读文化融入新时代涉农高校就业教育的实践案例中，可以发现在涉农高校就业教育师资队伍的建设上存在缺口，教师不仅需要懂得农具、有农业实践经验、热爱农业，还要有扎实的理论基础。虽然也有部分学校聘请校外能工巧匠、专业技术人员担任兼职教师，但这一部分教师在数量和质量上担负起培养学生实践综合素养方面还是有所欠缺。

最后，耕读文化融入涉农高校就业教育评价机制建设尚不完善，耕得好

不好，读得对不对，缺乏专门评价体系，科学评价的引导与激励功能难以发挥作用。耕读文化融入涉农高校就业教育是一种新的育人方式，在进行评价的设计过程时应考虑学生在活动中参与的态度、活动体验感受、在活动中学习方法的掌握、在活动中整体实践能力的发展等方面，进行评价的方式应是参与活动的学生之间互评、教师给学生评价以及学生自己对自己进行评价。

此外，学校在开展耕读文化融入就业教育课程具体怎样实施、课程效果如何等方面并没有做出相关的规定和说明。这导致在开展活动时，一方面，“耕”被简单地认为是干点农活的“体力实践”，是体验生活的“吃苦教育”；另一方面，有的学校以形式主义活动应付既定任务，整体推进效果大打折扣。制度的不完善引致学校耕读教育动力不足，耕读文化融入涉农高校就业教育效果不尽如人意。

（二）融入工作缺乏系统规划，重视度有待提高

耕读文化融入涉农高校就业教育是一个系统性、长期的工作，更是认识与实践不断深化和创新的过程。要求不断深挖耕读文化融入涉农高校就业教育的深层次内核，社会各界对于融入内容进行了广泛讨论和相关实践，也取得了一些成果，但是从目前整体来看，仍存在着融入工作不系统、耕读文化认识不全面、重视度有待提高等问题。

首先，对耕读文化融入涉农高校就业教育的内容挖掘不充分。耕读文化蕴含着丰富的精神和内涵，只有系统整理、深度挖掘和认真提取才能精确地把握其融入内容。从目前融入的状况来看，学校大多注重在融入的形式上下功夫，在内容的挖掘上力度不够，对内容的具体阐释尚停留在表面，很少对耕读文化融入涉农高校就业教育的依据进行追溯，没有从更深层次把握耕读文化蕴含的内涵，也就无法与涉农高校就业教育融合得更贴切紧密。其育人效果也会大打折扣。

其次，目前涉农高校尚未建立完整的耕读文化融入就业教育的体系。从案例中可以看出，耕读文化教育缺乏计划性，尚未建立起完整的教育内容体系，临时性的学习内容和实践活动较多，学生在参与的过程中往往以体验为主，后续配套跟踪衔接不完整也会间接造成资源的浪费。受时间和场地的限制，学生从直接体验中感受耕读文化与涉农高校就业教育结合的时长短，无

法将理论知识与实践知识相联系，也就造成部分学生对耕读文化认识不足。就目前涉农高校就业教育的开展情况来看，农科类院校利用其先天优势，以耕读实践作为涉农高校就业教育的重要载体，并取得了不错的教育效果。但大部分普通院校没有对耕读文化融入就业教育进行相关部署，如在教学方面缺乏教材，在实践教学方面存在形式化现象和缺乏持续性，导致整体效果不佳。学生的年级越高，耕读实践活动就越难开展。

最后，是耕读文化融入涉农高校就业教育的课程设置缺乏系统性。课程多是劳动实践课程，研读课程设置不完善，只涉及了部分的研读内容，并没有将丰富多彩的研读内容系统地传授给学生，不能满足学生的多样化阅读需求。高校耕读实践多以选修课或网络公开课的形式开展，学生学习过程难以控制，出勤率低，收效甚微。

（三）融入过程协同性不强，资源运用不够深入

将耕读文化融入涉农高校就业教育是一项错综复杂、系统性强的工程，需要各方通力合作、协同推进，方能最大限度地发挥育人的价值，从而实现全员育人、全方位育人的融入格局。然而，在融入过程中，耕读实践课堂外，家庭与社会实践平台之间协同性不强，资源运用不够深入，临时性较强，会导致融入的内容不连贯，持续性不强，效果不明显。

首先，城乡学校之间缺乏协同合作，缺少合作共赢意识。从校内实践活动来看，在举办耕读文化与涉农高校就业教育结合的活动时，学校之间缺乏协同合作和资源共享，无法形成教育合力。城市与乡村存在着教育场地不协调、教育资源不均衡等问题，这导致城市里的学校在开展耕读教育时缺乏真正具备农耕条件的场所，虽然城市里的学校也有进行耕读实践，但大部分是在研学基地进行。农村学校开展耕读实践教育是有优势的，但在现实生活中，部分学生上学读时离开家庭，住在学校，寒暑假回家，父母心疼孩子也不愿孩子进行农事活动。开展耕读文化融入涉农高校就业教育实践活动，不仅要求乡村学校利用好本土资源近水楼台的优势，城市学校也要激活城市郊区及其乡村的教育功能，积极开发耕读文化融入涉农高校就业教育所需的资源体系，更重要的是增强城乡优势资源互补联动，借助耕读实践实践活动，推动城市和乡村义务教育阶段学校结对互助，促进师生之间的交流合作学习，让

城乡通过合作实现共赢。

其次，家庭与社会实践平台协同不足。在现实中可以看到大部分学生在学校内接受耕读教育，却很少在新闻上看到家庭与社会主体方面联合利用其相关优势开展耕读实践活动。这使得耕读文化的融入缺乏连贯性。不可否认，在融入的过程中，学校承担着重要的责任，也发挥着不可替代的作用。虽然耕读文化融入就业教育在整体上取得了良好的育人效果，但要使更多的学生在日常生活中自觉践行耕读文化精神，仍需要家庭和社会之间加强合作，增强协同性。父母在家庭中应与学生共同参与到耕读实践活动中，让孩子将在课堂上所学的实践技能在社会的劳作平台上进行实操，借此学习乡风民俗、节气农谚，传承并创新发展耕读文化。当然，社会也应建立耕读实践平台，配合学校一起打造全方位融入的良好育人格局。

最后，缺乏与耕读文化物质类资源寻求合作与支持的行动力，如社会公益部门、农耕园、博物馆等事业单位。挖掘校外资源是解决校内资源匮乏问题的重要途径。在实践平台上，学校在综合考虑校内面积的前提下，有条件地开发建立耕读实践园。部分无法利用校内资源开展活动的学校，应积极利用当地农耕博物馆、校外农场、动植物园和果园等校外物质类资源来开展耕读实践活动。

第四章

耕读文化赋能农林高校就业教育的实施路径

耕读文化赋能农林高校就业教育，必须创建科学的、操作性强的实施路径。课程教学是高校人才培养的主阵地，通过寓耕于读的课程体系建设，将耕读文化有效融入课堂教学。农林高校拥有多样化的实践教学环节，包括专业劳动、专业实践、实验教学、教学实习、生产实习、综合实习、毕业实习等，通过寓读于耕的实践教学体系建设，将耕读文化与实践教学融合升华为耕读教育。农林高校拥有多样化的课外活动平台，在多样化的课外活动中体验耕读文化，在校园环境中感染耕读文化。

第一节　课程体系建设：植入耕读文化要素

在新时代背景下，涉农高校的耕读文化教育不仅是传承中华优秀传统文化的重要途径，更是培养具有知农爱农情怀、服务乡村振兴战略的新型人才的关键手段。本节将围绕课程体系建设，深入探讨如何将耕读文化元素植入专业课程内容、开设专题课程以及强化实践教学环节，以期构建一个全面、系统的耕读文化教育体系。

优化专业课程内容是实现耕读文化教育的基础。通过深挖耕读文化资源，将耕读文化的精髓融入专业课程中，不仅能够丰富课程内涵，还能激发学生对农业的兴趣和热爱。例如，华南农业大学通过整合全校资源，构建了 10 门主题探究式耕读课程，这些课程不仅涵盖了农业知识，还融入了耕读文化的精髓，使学生在学习专业知识的同时，也能深刻理解耕读文化的内涵。

开设耕读文化专题课程是深化耕读文化教育的有效途径。专题课程可以系统地介绍耕读文化的起源、发展及其在现代社会的应用，帮助学生充分了解耕读文化。例如，北京农业职业学院将耕读教育与劳动教育、创新创业教育相结合，开设了以“耕读传家”为主题的德育品牌课程，旨在培养学生的知农爱农情怀。

强化实践教学环节是实现耕读文化教育目标的重要手段，高校应通过建立劳动教育实践基地，让学生亲身体验农耕活动，感受耕读文化的魅力。例如，中国农业大学开辟了劳动教育实践基地，践行勤耕重读知行合一的理念，使学生在实践中深刻理解耕读文化的内涵。潍坊科技学院也通过创建多渠道实践基地，为学生提供了丰富的实践机会，使他们能够在真实的乡村生活中感受农耕精神。

通过优化专业课程内容、开设耕读文化专题课程以及强化实践教学环节，涉农高校可以构建一个全面、系统的耕读文化教育体系，培养出具有知农爱农情怀、服务乡村振兴战略的新型人才。这不仅有助于传承和弘扬中华优秀传统文化，也为实施乡村振兴战略提供了坚实的人才保障。

一、优化课程教学内容

在涉农高校的教育体系中，优化专业课程内容是实现耕读文化赋能的关键一步。通过将耕读文化的核心价值观融入课程体系，不仅能够增强学生的文化认同感，还能提升他们的职业素养和实践能力。以下是优化专业课程内容的三个具体方面。

（一）整合耕读文化资源

1. 深挖耕读文化内涵

耕读文化作为中华文明的重要组成部分，其内涵丰富且具有深远的历史意义。首先，应深入挖掘耕读文化的内涵，包括其历史背景、文化价值和现代意义。例如，耕读文化强调“知行合一”，即理论与实践的结合，这与现代农业发展和乡村振兴战略高度契合。通过深入研究耕读文化的经典文献和历史案例，可以为课程内容提供丰富的素材和理论支持。

2. 构建科学系统的课程体系

在涉农高校中，构建科学系统的耕读文化课程体系是实现耕读文化赋能的关键。中国农业大学通过深挖耕读文化资源，打造了优质的课程教材体系，并开辟了劳动教育实践基地，实现了全年劳动教育不间断。学生不仅增强了文化认同感，还提升了职业素养和实践能力。

3. 打造多元化的教学平台

为了更好地整合耕读文化资源，涉农高校应注重建设多元化的教学平台，包括校内教学与遗产地合作育人、建设地域农耕特色博物馆、塑造校园农业文化遗产微景观等。例如，潍坊科技学院立足于地方农业产业优势，充分利用农圣文化蕴涵的耕读文明元素，从挖掘耕读文明内涵、构建耕读教育课程体系、建设多元师资队伍、深化耕读教育体验、营造校园耕读文化氛围、建立师生耕读教育教学评价体系六方面开展耕读教育模式探索。这种多元化教学平台的建设，不仅丰富了学生的课外活动，还提升了他们对耕读文化的理解和认同。

4. 创新教学形式和方法

在整合耕读文化资源的过程中，创新教学形式和方法是提升教学效果的重要手段。例如，南京农业大学在工科类专业课程中，通过数字图像处理课程与耕读文化的结合，使耕读文化贯穿于教学的各个环节，实现了专业课知识体系和耕读文化的有机统一。① 这种创新的教学形式不仅提高了学生的学习兴趣，还提升了他们的实践能力和创新能力。

5. 完善保障机制

为了确保耕读文化教育的有效实施，涉农高校应完善保障机制，具体包括建立健全的课程教材体系、完善相关的条件保障、加强多方沟通协作等。西北农林科技大学通过挖掘中华优秀传统文化内涵、搭建校地合作育人平台、文化育人彰显“三农”特色、加强多方沟通协作等措施，有效推进了耕读教育。

---

① 刘璎瑛，吕成绪，郭振涛，等．南京农业大学工科类课程耕读文化建设：以数字图像处理课程为例［J］．高教学刊，2024，10（18）：101-104.

（二）耕读文化资源挖掘利用

相较其他专业而言，农科专业的社会需求量不大，因此，耕读文化教育要避免虚化、弱化、模式化。资源作为载体，是教育的构成与价值的衍生。教育要充分提取、转化、利用资源，将资源优势转变为教育优势，提升耕读文化教育的实践成效和育人功能，这样才能满足产业需求、市场需求。[①]

1. 挖掘具有区域特色的资源

乡村的空间区位特征是农村教育的重要属性。在高等教育全球化的趋势下，人才培养模式的专业化、特色化和地域化已经成为时代发展的必然要求。特有的地方文化和气候环境为涉农高校的耕读教育及农业人才的人文素质提升奠定了深厚的基础。比如，河南省位于中原，是黄河文化重要的发祥地，当地的涉农高校在保护、传承和弘扬黄河文化方面具有特别明显的优势，可深入挖掘黄河文化资源，并将其全面整合进耕读教育中。同样也可以将黄河文化的核心精神与社会主义劳动价值观相结合，这不仅是中华优秀传统文化实现创造性转化和创新性发展的重要方式，也关乎中华文明的延续，能增强民族文化自信和自豪感。通过耕读教育来加强黄河文化的传播和传承，不仅能够充分利用地方资源与特色，还能在知识、情感和能力等多方面培养出能够推动地方经济和社会发展的新型人才。又比如，嵩山根雕作为风景艺术与园林设计专业可以深入探索的区域特色耕读教育资源，具有良好的应用前景。

除了大地域文化，小区域文化同样重要。例如，焦裕禄书记在兰考种下的泡桐树，如今已成为著名的红色文化品牌。涉农高校的林学专业可以利用泡桐树的培育与种植，增强学生对红色文化的认同和自力更生精神的感知。此外，济源的愚公移山精神以及林州的红旗渠精神，也为旅游管理专业的耕读教育提供了丰富的文旅融合与红色旅游开发的宝贵教学资源。

2. 挖掘能够体现优势学科的资源

涉农高校应深入理解国家农业政策的导向，充分利用农民丰收节等契机，依托自身优势学科和特色专业，开发多样化、个性化的耕读教育课程。一方面，可以通过资源整合推动课程建设和教学体系的完善。例如，依托专业构

---

① 吴亮．涉农高校耕读教育创新路径探析［J］. 黑龙江教育（理论与实践），2024（4）：1-4.

建“社会实践+科技创新”平台，形成以课程设计、实习实训、毕业论文为主体，社会实践与课外科技活动为辅助的多层次教学体系，打造符合时代需求的多元化课程结构。另一方面，资源也可以用于社会实践服务，通过让学生参与农产品采摘、生产加工及直播带货等活动，深入体验农作物种植、加工、销售的全过程，进一步理解“服务乡村振兴、产业升级、城乡融合、民生优先、绿色发展”的农业教育目标。在实践中，打破学科壁垒，鼓励学科交叉，培养学生跨专业、跨领域的学习能力，使其既掌握农业科技推广的现代化技能，又具备农业文化传播和创新的能力。

例如，黄河流域作为中国的小麦主产区，河南省的小麦产量位居全国前列。涉农高校长期以来为保障国家粮食安全和促进地方经济发展做出贡献。涉农院校可以借助作物栽培学与耕作学、作物遗传育种等优势学科，结合耕读教育与实践活动，让学生深刻认识到小麦不仅是中国农业中的重要作物，也是历史悠久的文化象征。

3. 挖掘校史文化资源

校史文化反映了一所学校的办学理念与特色，能够增强学生的归属感、认同感和自豪感，从而提升他们的自我意义感，形成共同的价值观，这使校史文化成为学校的灵魂，具有“价值导向、行为规范、榜样激励和情感凝聚”等功能。校史文化不仅可以融入专业教学与实践活动，还能渗透到专业文化中，对学生产生深远的影响。以河南农业大学为例，这所学校有着 120 年的历史，其校史文化已成为耕读教育的重要资源。校园内，全国玉米育种的奠基人吴绍骙的手握玉米塑像，以及奋力耕作的拓荒牛雕塑，构成了校园独特的人文景观，彰显了学校的耕读文化特色。此外，河南农业大学的牡丹被称为“农大红”。在 1939 年至 1944 年，农学院师生得到了当地人民的无私支持，作为友谊的象征，赠送了牡丹。1944 年“潭头惨案”后，这株幸存的牡丹不断繁衍；2018 年，牡丹的后人和地方政府再次将牡丹赠予河南农业大学。这朵牡丹不仅见证了校史文化，还为园艺专业的耕读教育提供了宝贵的教学资源。在耕读实践中，学生学习了老一代农业科学家忠诚爱国、献身科学的精神，以及现代农业科技工作者扎根基层、无私奉献的精神，这些都能有效地激励学生树立以农为志、热爱学校和农业的情怀。

（三）创新课程设计思路

1. 有机融入日常生活

耕读文化是中华优秀传统文化的重要组成部分，其核心在于“耕”与“读”的结合，倡导知行合一的价值理念。这种文化不仅体现了中华民族对农业生产的重视，也强调了读书学习的重要性。在新时代背景下，耕读文化不仅是传承中华优秀传统文化的重要手段，更是培养涉农高校大学生强农兴农使命和知农爱农情怀的有效途径。① 耕读文化的内涵与价值决定了其有机融入涉农大学生日常生活中的必要性。首先，可以增强文化认同感。通过将耕读文化融入日常生活，学生能够在潜移默化中感受到农耕文化的魅力，从而增强对中华优秀传统文化的认同感。② 其次，可以提高职业素养。耕读文化强调劳动与学习的结合，通过参与农耕活动，学生能够培养吃苦耐劳的精神和务实的工作态度，这对于未来从事农业相关职业具有重要意义。最后，可以促进全面发展。耕读文化不仅关注学生的知识学习，还注重其品德修养和实践能力的培养，有助于学生德智体美劳全面发展。

2. 利用现代信息技术

在涉农高校中，充分利用信息技术是实现耕读文化赋能一个特别重要的手段。信息技术不仅能够改善教学效果，还能提升学生的实践能力和职业素养。现代信息技术的发展为教学资源的数字化和共享提供了可能。通过建立在线课程平台，将耕读文化相关课程内容进行数字化处理，学生可以随时随地进行学习。例如，华中农业大学通过建设“绿色中国”“耕读中国”等特色课程，结合生态文明、粮食安全等主题，开设了25门特色课程。这些课程不仅涵盖了中华农耕文明、乡土民俗文化等内容，还通过网络平台实现了资源共享，方便学生自主学习。

虚拟现实（VR）和增强现实（AR）技术可以为学生提供沉浸式的教学体验。例如，在农业信息技术课程中，利用VR技术模拟农业生产过程，让学

① 周明元，周国华，赵娟．耕读文化的内涵及耕读教育实践逻辑［J］．智慧农业导刊，2023，3（21）：129-133.

② 顾萍，周立萍．耕读文化融入涉农高校的现实困境及其实践路径［J］．边疆经济与文化，2024（5）：136-140.

生在虚拟环境中体验种植、养殖等实际操作，从而加深对农业知识的理解和掌握。此外，AR 技术可以通过手机或平板电脑将虚拟信息叠加到现实世界中，帮助学生更好地理解农业现象和原理。例如，在讲解作物生长周期时，教师可以通过 AR 技术展示作物从播种到收获的全过程，使学生更直观地了解农业生产的各个环节。

大数据和人工智能技术在教育领域的应用日益广泛。通过收集和分析学生的学习数据，教师可以了解学生的学习进度和难点，从而进行有针对性的教学调整。例如，南京农业大学在农业资源信息系统课程中，利用大数据技术分析学生的作业完成情况和考试成绩，及时发现学生在学习中的薄弱环节，并提供个性化的辅导。此外，人工智能技术还可以用于智能推荐系统，根据学生的学习兴趣和能力，推荐适合的课程和学习资源，提高学习效率。

远程教育和在线互动是信息技术在教育中的重要应用之一。通过网络直播、视频会议等方式，教师可以与学生进行实时互动，解答学生的疑问，增强教学的互动性和趣味性。例如，在北京农业职业学院，通过远程教育平台，学生可以参加线上讲座和研讨会，与国内外的农业专家进行交流和讨论。此外，利用社交媒体和论坛等平台，教师和学生可以进行在线讨论和合作学习，增强学习的互动性和参与感。

智慧农业是现代农业的重要发展方向，信息技术在其中发挥着重要作用。通过将智慧农业技术融入专业课程，学生不仅可以学习到先进的农业知识和技术，还能增强实践能力。例如，在智慧农业课程中，教师可以利用物联网、大数据、人工智能等技术，指导学生进行智能温室管理、精准农业操作等实践活动。此外，通过校企合作，学生可以在实际的农业生产中应用所学知识，提高解决实际问题的能力。

充分利用信息技术是优化涉农高校专业课程内容、实现耕读文化赋能的重要途径。通过数字化教学资源、虚拟现实技术、大数据与人工智能、远程教育与在线互动、智慧农业与实践教学的结合以及信息化教学工具的开发与应用，可以有效提升教学效果，提高学生的实践能力和职业素养。未来，随着信息技术的不断发展和完善，涉农高校应积极探索和应用新的技术手段，推动耕读文化的传承与发展。

3. 融合创新创业能力培养

在当今社会，创新创业已成为推动经济发展和社会进步的重要力量。在涉农高校的课程体系中，将创新创业理念与耕读文化相结合，不仅能提升学生的实践能力，更能促进他们的职业发展。通过有效的实习成果转换，学生可以将所学知识与实际应用相结合，形成完整的学习闭环，提升其综合素质。

在全球化和信息化的背景下，传统的教育模式已经无法满足新时代对人才的需求。尤其是在农业领域，面对市场变化和科技进步，学生需要具备更强的创新能力和创业意识。根据《教育部关于深化高等教育教学改革的若干意见》，高等教育应注重培养学生的创新精神和实践能力，以适应经济和社会发展的需要。因此，在涉农高校中，创新创业教育显得尤为重要。创新创业教育不仅能够激发学生的创造力，还能为其提供实践的平台，帮助其更好地应对未来的职业挑战。

要实现创新创业与耕读文化的深度融合，首先需要在课程设计中体现这一理念。课程内容可以围绕农业生产的各个环节进行设计，结合实际案例，让学生了解农业创业的机会与挑战。例如，可以开设农业创业案例分析课程，学生通过对成功农业创业项目的研究，分析其成功因素和遇到的困难。这种案例教学不仅能提高学生的分析能力，还能激发他们的创业意识。此外，还可以引入跨学科的课程，如农业与信息技术结合课程，探讨如何利用现代科技提升农业生产效率。通过这样的课程设计，学生能够在了解农业基本知识的同时，掌握与创新相关的技能。

实习是将理论与实践相结合的重要环节，尤其是在农业领域，实习能够让学生在真实的工作环境中进行学习和探索。在设计实习环节时，应充分考虑创新创业的元素。学校可以与当地农业企业合作，建立实习基地，让学生在企业中参与实际项目。通过参与项目管理、市场调研、产品开发等环节，学生不仅能提升专业技能，还能培养团队合作意识和创新思维。其次，学校可以组织“创新创业大赛”，鼓励学生将自己的创业想法付诸实践。在比赛中，学生可以与企业、专家交流，获得宝贵的意见与建议，从而进一步完善自己的项目。

实习结束后，如何将实习成果有效转化为可用的知识和经验，是提升学生综合素质的重要环节。学校应建立有效的反馈机制，鼓励学生对实习经历进行总结和反思。例如，可以设置"实习总结汇报会"，让学生分享他们在实习中的收获与感悟。通过这样的交流，学生能够学习到他人的经验和教训，从而进一步提升自己的能力。此外，学校还可以将优秀的实习项目进行展示，通过线上线下相结合的方式，向社会推广学生的成果。这样的展示不仅能够增强学生的自信心，还能为他们未来的职业发展打下基础。

为了确保学生在创新创业方面取得的成果能够持续发展，学校应提供后续支持。通过建立创新创业孵化中心，为有潜力的项目提供资源支持和指导。例如，孵化中心可以提供资金支持、场地租赁、市场推广等服务，帮助学生将他们的创业想法落地实施。同时，学校还可以定期举办创业讲座，邀请成功的创业者分享经验，激励更多的学生投身于农业创新创业中。

融合创新创业与耕读文化，并将其体现在实习成果的转换中，是提升涉农高校学生综合素质的有效途径。通过课程设计的创新、实习环节的有效实施和成果的持续支持，学生不仅能够提升自身的实践能力与创新意识，还能为未来的职业发展做好充分准备。在这个过程中，学校、企业和社会的协同合作，将为培养新型农业人才奠定坚实基础。

二、强化实践教学环节

在涉农高校的教育体系中，强化实践教学环节是至关重要的推进方式，尤其是在耕读文化的传承与应用中。通过构建多样化的实践基地、将实践教学与社会服务有机结合，以及有效转化与展示实践教学成果，可以提升学生的实践能力和综合素养，为他们未来的职业发展奠定坚实的基础。

强化实践教学环节，通过多样化实践基地的建设与合作、实践教学与社会服务的有机结合以及实践教学成果的转化与展示，不仅能够提升学生的实践能力，还能增强他们的社会责任感与创新意识。这种实践导向的教育模式，有助于培养适应现代社会需求的高素质复合型人才，为实现社会的可持续发展贡献力量。

（一）多样化实践基地的建设与合作

耕读文化强调实践与劳动的重要性，尤其是在教育领域，通过实践环节的强化，学生能够在劳动体验中提高综合素质，培养创业能力。以下将围绕多元化实践基地的设立、校企合作模式的探索以及基层村、社区的参与这几部分进行探讨。

1. 多元化实践基地的设立

通过设立农业示范园、生态农场、农业服务中心、创业孵化器等多种类型的实践基地，学生能够在不同环境中进行实践学习。这种多样化的实践基地能够满足不同学科、不同专业的需求，帮助学生根据个人兴趣和专业方向选择合适的实践场所。例如，农业类专业的学生可以在生态农场参与有机种植，同时，管理类专业的学生则可以在创业孵化器中学习项目管理。在多元化实践基地中，要提供丰富的实践内容和活动，比如，参与种植、收割、市场调研、产品推广等。这些实践活动能够帮助学生了解农业生产的各个环节，掌握现代农业的相关技术和经营模式。通过实践，学生不仅获得了实用技能，还能够体验到劳动的乐趣和收获的喜悦。

在实践基地的运作中，应该灵活安排实践时间，使学生可以在课余时间或假期进行实践。这种灵活性可以让学生在忙碌的学业与实践活动之间找到平衡，充分利用假期进行长时间的实践，深入体验劳动过程，提高实际操作能力。

农林类高校应该结合区域内的农业特色、农业发展历史，加快建设耕读文化实践基地，依托耕读文化实践平台开展实践教育，为耕读文化融入农林类高校课程思政建设提供实践场所，促进第一课堂与第二课堂有机结合，让学生不局限于课本知识的获取，能够进行实地学习，定期进行耕读文化调研。①

2. 校企合作模式的探索

积极探索企业与高校和科研机构的合作，建立校企共建的实践基地，这样可以为学生提供真实的职业环境和实际操作的机会，让学生能够将理论知识与实际工作结合起来，提升他们的职业技能和综合素质。同时，实践基地也可以为企业提供新的人才和创新思维。

---

① 鲁汉杰，张瑜．耕读文化融入农林类高校课程思政建设的现实困境与改进路径研究［J］．黑龙江教育（高教研究与评估），2024（9）：63-66.

高校与企业共同参与到实践教学中来，企业提供的实习岗位和真实项目，让学生在实际工作中获得相应的经验和技能。这种合作不仅能够让学生获得真实的职场体验，也为企业提供了新鲜的思路和创新的动力。在校企合作中，可以将企业的实际项目引入课程教学，设计基于项目的学习内容。学生可以参与企业的市场调研、新产品开发等实际项目，在实践中锻炼团队合作能力和创新思维。这样的结合使学生的学习更加贴近实际，增强了理论与实践的紧密联系。在校企合作中，要充分利用企业的资源和平台，为学生提供更多的实践机会。企业可以提供设备、技术支持和市场信息等资源，帮助学生在实践中更好地应用所学知识。这种资源共享模式不仅提升了学生的实践能力，还推动了校企之间的深度合作。

3. 基层锻炼的重要性

鼓励基层村、社区参与实践基地的建设与管理，通过村、社区的资源和需求为学生提供更贴近社会实际的实践机会。学生可以在社区服务中，更好地了解地方文化、经济和社会发展情况，增强社会责任感和实践能力。

鼓励学生积极参与基层村、社区的各类活动，尤其是在乡村振兴、环境保护这些项目中。应当利用耕读文化的优势，提升学生的社会责任感和实践能力。在基层村、社区中开展以耕读文化为主题的服务项目，比如，组织志愿者活动、社区农业培训、生态环保宣传等。通过参与这些项目，学生不仅能够锻炼自己的组织和沟通能力，还能为基层村、社区的发展贡献力量。将基层村、社区的资源与实践教学相结合，学生可以开展实践活动，将所学知识应用于解决实际问题。学生可以为农民提供技术指导，帮助基层村、社区开发旅游项目。这样的活动不仅可以提升学生的实践能力，还能推动地方经济的发展。

（二）实践教学与社会服务的有机结合

1. 多维学习资源的利用

通过服务学习，将实践教学与社会服务相结合，让学生在参与社会服务的过程中获取知识和技能。比如，学生可以参与到乡村振兴、生态保护、扶贫助困等项目中，通过实践活动了解社会问题，提高社会责任感与实践能力。

2. 社会服务的价值空间

设计项目导向的社会服务活动，鼓励学生围绕社会需求和地方实际开展实践。例如，学生可以组建团队，围绕“农旅结合”项目进行调研与实施，为当地农民提供咨询与支持。在实践中，学生不仅锻炼了项目管理与执行能力，也为社区发展贡献了力量。

3. 社会服务反馈机制

建立社会服务反馈机制，通过定期收集、分析和总结社会服务中的问题与经验，为实践教学提供持续改进的依据。学生在参与社会服务后，可以通过撰写反思报告和分享会等形式，总结实践经验，提高自我认识和专业素养。

（三）实践教学成果的转化与展示

在现代教育中，实践教学与社会服务的结合已成为培养学生综合素质与社会责任感的重要途径。通过将理论知识与社会实际紧密结合，学生不仅能提升实践能力，还能在服务社会的过程中，增强对社会的理解和责任感。以下将探讨如何通过学习的开展、导向的社会服务和社会服务反馈机制，实现实践教学与社会服务的有机结合。

1. 转化的路径

通过建立成果转化机制，将学生在实践教学中的创新成果进行有效转化。例如，学生在农业实践中开发的新产品或新技术，可以通过市场化运营的方式进行推广，实现经济效益与社会效益的双重提升。

在课程设计中，强调将社会服务纳入学习目标和内容。教师可以根据社会需求，设计与实践相关的项目课程，让学生在学习中主动参与社会服务。开设“乡村振兴”主题课程，鼓励学生参与农村调研、经济发展方案设计等，增强他们对乡村问题的认识与理解。通过组织实践活动，推动学生走出课堂，深入社区和农村。在实践活动中，学生可以参与志愿服务、环境保护、扶贫助困等项目。这些活动不仅丰富了学生的学习经历，还让他们在实践中体验服务的意义，培养关心社会的意识和责任感。引入多样化的学习方式，如团队合作、项目导向学习和自主学习等，鼓励学生在实际服务中发挥主动性和创造性。通过团队合作，学生能够互相学习、共同进步，并在解决实际问题的过程中提升个人能力和团队协作精神。

2. 平台的搭建

建立实践成果展示平台，定期举办实践成果展览、成果发布会和路演活动，让学生有机会向社会展示他们的实践成果。通过这种形式，学生不仅能获得社会的认可与支持，还能够与行业专家、投资者进行交流，获得更多的资源与机会。明确服务目标与方向。在开展社会服务时，应明确服务目标与方向，结合地方实际需求，设计有针对性的服务项目。比如，在农田管理、生态保护、文化传承等方面，学生可以利用所学知识，提出解决方案并实施，帮助当地改善生活环境和经济条件。耕读文化配套公共服务体系是重构与弘扬耕读文化的重要载体，健全的公共文化服务体系有助于整合优秀耕读文化资源，增强农民对耕读文化的文化自觉，激发耕读文化的创造力，实现耕读文化创新性发展。① 开展导向性的社会服务项目，让学生在真实的社会环境中实践。学生不仅能将所学理论知识应用于实际，还能培养解决问题的能力与创新意识。比如，学生可以参与农村产业发展的调研，帮助农民制定适合的生产方案，提高农业生产的效率。建立服务与学习的联动机制，让学生在社会服务中获取反馈和经验，进一步提高学生的实践能力。教师应定期组织讨论和总结会，让学生分享服务经历和所学到的知识，从而增强学生学习的深度和广度。

3. 评估与激励机制

建立实践教学成果评估机制，通过对学生实践成果的评估与反馈，激励学生不断提升自身的实践能力。同时，可以设立各类奖项，表彰在实践教学中表现突出的学生和团队，营造良好的实践氛围。

建立反馈渠道。建立有效的反馈渠道，收集学生以及合作单位对社会服务项目的反馈信息。通过问卷调查、座谈会等形式，了解各方对服务项目的评价和建议，从而为后续的服务改进提供依据。评估与总结。定期对社会服务项目进行评估与总结，分析项目实施的成效和存在的问题。通过对服务成效的定量与定性分析，教师可以更好地理解学生在实践中的表现与成长，为今后的教学与服务方向提供指导。反馈促进持续改进。利用反馈信息促进实

① 魏文刚，李英杰．耕读文化赋能乡村振兴的现实困境探赜与应对［J］．农业经济，2024（5）：65-67.

践教学与社会服务的持续改进。在社会服务中发现的不足与问题，可以及时反馈到课堂教学中，教师可以根据社会需求调整课程内容与教学方法，使学习更加贴近实际，更有效地服务社会。

通过学习的开展、导向的社会服务和社会服务反馈机制的有机结合，实践教学与社会服务能够相辅相成，形成良性循环。这不仅提升了学生的实践能力与社会责任感，也为地方社会发展贡献了力量。在这一过程中，耕读文化的精神得到充分体现，使学生在实践中成长，在服务中奉献，实现个人与社会的共同进步。

三、开设耕读文化专题课程

在涉农高校的教育体系中，开设耕读文化专业课程是一项重要的创新举措。它不仅继承和弘扬了中国传统农业文化，而且深刻地培养了学生的职业道德和人文情怀。耕读文化作为中国古代农业社会的核心价值，集勤劳、拼搏精神于一体，流传至今，仍具有深厚的教育价值。将耕读文化融入现代高等教育课程体系，既能增强学生对耕读文化的认同感，又能激发学生对农业现代化和农业创新发展的使命感。涉农高校通过系统的课程设计，培养具有深厚文化素养和强烈社会责任感的新型农业人才，促进学生在实践中继承和创新耕读精神，形成独特的职业观和价值观。

习近平总书记强调，耕读文明是我们的软实力。① 中共中央办公厅、国务院办公厅、教育部等多个部门提出全面加强涉农高校耕读教育，弘扬耕读传家优秀传统文化，发挥耕读教育综合性育人功能，加强和改善耕读教育已成为一种社会共识，② 将耕读文化融入农林类高校课程思政建设势在必行。

（一）系统化课程设计：从文化认知到实践能力的全面培养

耕读文化融入课程内容，在原有课程知识框架基础上，在理论环节和实践环节选取合适的融入点，弘扬传统耕读文化，理解“亦耕亦读”内涵，并

---

① 中共中央文献研究室．十八大以来重要文献选编：上［M］．北京：中央文献出版社，2014：605-606.

② 卢会翔，刘义兵．守正与创新：耕读教育的历史演进与回归［J］．教育学术月刊，2023（5）：54-60，88.

将农业领域图像处理知识与耕读文化结合，在专业实践中融入耕读文化。

1. 文化认知：耕读文化的历史与核心理念

中国传统耕读文化产生于先秦时代。早期儒家强调“耕”“读”分离，以孔孟为代表的儒家先贤以“耕”和“读”区分人的身份与职业；汉代“耕”已超越了维持生计的范畴，成为“蓄德”的重要进路；南北朝时，“耕读”正式成为士人修养人格品性以维系家族地位的途径；北宋后期，唐庚所拟策论题目《耕读》首开“耕”“读”合一；至南宋，耕读文化逐渐进入士人文化视域，“耕读传家”也融入家族文化之中，“耕读”成为士人修身养性、进德修业之道；至明末清初，“耕读”成为士人的一种文化心理图景。①

耕读文化起源于中国古代农业文明，是一种将农耕与阅读学习相结合的教育和生活方式。其核心理念是“以耕养志，以读启智”，即通过农耕劳动培养道德品质，通过阅读和学习提高智慧和文化素养。这种文化传统强调工作与休息的结合，知识与行动的结合，倡导勤奋、节俭和自力更生的生活态度。

在历史上，耕读文化主要存在于中国的农耕社会，尤其是士农阶级。文人以农业为生，通过科举获得社会地位，使耕读文化成为中国封建社会的主流价值。明清时期，耕读文化在社会上达到了顶峰，许多贵族家庭通过“耕读传家”来保持繁荣。耕读文化的核心概念还包括对自然的敬畏和感知，通过农耕与自然和谐共生的实践，培养人与自然的共生意识。同时，这种文化也注重社会责任，强调个人不仅要通过劳动和学习来提高自己，还要为社会服务，关注国家事务，体现了一种简单的责任感和道德追求。在当代，耕读文化仍然具有现实意义。它可以帮助人们在物质繁荣的社会中找到精神寄托，同时为现代教育提供一个跨学科、理论和实践的模式，适用于乡村振兴、生态农业等领域的发展。

2. 价值体系：耕读文化在现代社会中的意义

耕读文化在现代社会的价值体系体现在多方面。①知行合一，理论与实践的统一。耕读文化强调“耕”与“读”的结合，即动手实践与理论学习的平衡。这种知行合一的理念在现代社会尤其重要，能够帮助人们在知识经济

① 李方. “耕读”词义补释 [J]. 江海学刊，2022 (4)：73.

时代避免只重理论而轻视实践的问题，促进实践能力和创新意识的培养，尤其在职业教育和乡村振兴等领域，具有很高的实用价值。②生态意识，人与自然的和谐共生。耕读文化强调尊重自然、因地制宜的农业生产方式，倡导可持续发展的理念。这一思想与现代生态文明建设的目标高度契合，在当下环境保护和生态农业的背景下，耕读文化能够为解决环境问题提供传统智慧，推动生态农业、绿色经济的发展。③自立自强，劳动与勤奋的美德。耕读文化推崇通过劳动获取生活保障、通过读书提升精神境界的生活方式，这种自立自强的精神在现代社会同样重要。面对快节奏和消费主义，耕读文化提倡的勤劳、节俭、俭朴的生活态度，能够帮助人们树立正确的价值观，减少过度物质化追求，回归本真。④社会责任，家国情怀与社会贡献。耕读文化不仅注重个人的修身养性，还强调为社会和国家服务的责任感。在现代社会，耕读文化中的家国情怀可以激发人们的社会责任感，特别是在社会公益、农村建设和社会创业等领域，鼓励个体以自身的能力和知识为社会进步做贡献。⑤文化传承，传统文化与现代教育的结合。作为中华优秀传统文化的重要组成部分，耕读文化为现代教育提供了宝贵的文化资源和价值观念。通过将耕读文化与现代教育相结合，可以在教育体系中融入中华优秀传统文化，增强文化自信，提升学生的综合素质，实现文化传承与创新的统一。

耕读文化在现代社会的意义不仅限于农业或乡村，它是对现代人精神生活、生态发展、教育理念和社会责任的重要启发，具有跨时代的价值。

3. 实践技能：从理论到田间的实操训练

基于对耕读教育与思政课高度契合性的深度考量，新时期，培育一批对“三农”问题有深厚感情，同时又具备较高思想政治素养的高层次农业人才，需要秉持“读讲解诵行、五位一体”的教学理念，开设“弘扬耕读文化—传承耕读精神—践行耕读使命”三环衔接的教学专题，构建“课堂教学—实践教学—网络教学”三位一体的教学体系，构筑“校内实践+校外实践>2”的教学格局，实现耕读教育在涉农院校思政课程中的充分融入。

耕读文化中的实践技能培养强调理论与实际操作的紧密结合，通过亲身劳动体验深化对知识的理解，并提高学生的综合能力。①基础农耕技能培训。通过理论课程学习基础农学知识，如作物生长周期、土壤结构、气候影响等，然后在田间实践中掌握基本的农耕操作，包括播种、施肥、灌溉、除草、收割等技能。学生通过实际操作，理解理论在实践中的具体应用，培养解决问题的能力。生态农业与可持续发展实践，在理论学习中，学生将了解生态农业、自然循环、可持续发展的相关概念与原则。在实操训练中，他们将会参与有机种植、生态养殖、废物循环利用等一些活动中，实践如何通过合理管理资源，实现环保与农业生产的双赢。②农田规划与管理。理论学习中涉及农田规划、作物轮作、土壤改良等农业管理知识，实践中学生将进行农田分区、作物搭配设计等实际操作，提升规划和统筹管理能力，学会在有限资源中优化生产效益。③科技助农的运用。在理论阶段，学生将接触农业科技前沿，如无人机植保、智能灌溉系统、农业数据分析等技术。在实操训练中，他们将学习如何操作这些现代农业设备，通过田间数据监控、作物病虫害防治等提高生产效率，体验科技与农业的融合。④团队合作与领导能力。实操训练往往需要团队合作，通过分工协作，学生在田间活动中扮演不同角色，从中学习如何协调与管理团队。同时，他们将通过农事项目的组织与实施，培养领导和决策能力，为未来的职业发展积累经验。⑤问题解决与创新能力培养。理论学习是提供框架和方法论，实操中学生会遇到不同的问题，如病虫害、气候变化、土壤肥力不足等。在田间实践过程中，学生将通过运用所学知识，灵活应对各种实际挑战，培养独立思考与创新解决问题的能力。⑥创业实践与市场对接。在理论课程中，学生将学习农产品市场、供应链管理、品牌建设等知识。在实操环节，学生可参与农产品种植、生产与市场销售，体验创业的实际流程，提升从生产到销售的全链条管理能力，为未来的农业创业打下基础。这种从理论到实践的系统训练模式，不仅让学生在田间获得实际操作的经验，还使他们在农耕文化中找到理论与现实的结合点，培养多方面的综合素养与创新能力。

4. 综合素养：耕读文化对思维与生活方式的影响

耕读文化对人的思维方式和生活方式具有深刻影响，耕与读的结合塑造了个人的综合素养，包括价值观、生活态度、工作方式等多个层面。

①劳逸结合的思维模式。耕读文化强调“耕”与“读”的平衡，倡导通过劳动来锻炼身体和意志，通过学习提升智慧与文化素养。这种劳逸结合的

理念能够使人在面对工作和生活时，注重身心平衡，学会调节压力，帮助个体在现代生活节奏中找到可持续发展的节奏。②实事求是的务实精神。农耕劳动中需要应对气候、土壤等自然条件，要求人们以实事求是的态度处理实际问题。耕读文化培养了人们在生活和工作中务实、踏实的态度，注重通过实际行动解决问题，减少浮躁和投机取巧的倾向。这种务实精神在现代职场和创业中极为宝贵，帮助个人更加稳健地面对挑战。③勤俭节约的生活态度。耕读文化提倡节俭、自给自足，特别是在农业社会中，资源的有限性使得人们珍惜每一分劳动成果。现代社会中，耕读文化所倡导的勤俭节约精神，可以有效对抗消费主义和过度浪费的现象，帮助人们养成理性消费、绿色生活的习惯，提升生活品质的同时关注可持续发展。④自立自强的生活方式。耕读文化鼓励通过劳动和学习提升自我，实现个人的自立与自强。在现代社会，这种文化传承能够激励人们通过学习不断提升自己的能力，通过工作实现自我价值，而不是依赖外部资源或投机取巧，从而塑造独立自主的生活方式。⑤责任意识与社会关怀。耕读文化强调家国情怀和社会责任，个人不仅要修身齐家，还要治国平天下。这种理念在现代社会转化为对社会、环境、家庭的责任感，培养人们在工作与生活中关注社会的共同利益，关注环境保护与社会和谐。这种责任意识有助于提升个人的社会责任感，促进社会的可持续发展。⑥生态意识与环境保护。耕读文化中，人与自然的和谐相处至关重要，提倡顺应自然规律、珍惜资源。在现代社会，这种生态意识转化为环境保护与可持续发展的理念，影响着人们在日常生活中做出环保选择，如绿色消费、低碳出行等，同时提升了个人对全球环境问题的关注和责任感。⑦独立思考与创新能力。耕读文化中的学习不仅仅是为了获取知识，更注重培养独立思考和批判性思维。在现代社会，耕读文化的这种精神能够帮助人们在面对复杂的社会和科技变革时，保持清晰的判断力和思维独立性，从而在工作和生活中展现创新能力。⑧简朴与内心富足的生活哲学。耕读文化追求朴素的物质生活与丰富的精神世界，强调精神的内在修养高于外在物质的满足。在现代社会，耕读文化的这一理念能够帮助人们摆脱过度物质追求，转向对内心平和、家庭和睦、精神富足的追求，使生活更加有质量、有意义。

综合而言，耕读文化不仅为现代社会提供了一种平衡劳动与学习的教育模式，更通过对人的思维方式和生活态度的深刻影响，帮助个人在快节奏、高竞争的环境中找到身心和谐的生活之道，提升个人的综合素养。

5. 个性化发展：根据学生兴趣设计的多样化实践路径

在耕读文化专题课程中，个性化发展是实现因材施教、激发学生潜能的关键。通过根据学生兴趣设计多样化的实践路径，课程不仅能够更好地满足学生的个体需求，还能提升其学习积极性与创造力。

①兴趣导向的选修模块。耕读文化内涵丰富，涵盖农耕、生态、文化传承等多领域。根据学生的不同兴趣，课程可以设置多个选修模块，例如，生态农业、传统工艺、文化研究、农业科技等。学生可以自由选择自己感兴趣的模块，从而在实践中深入特定领域，提升专业能力。②项目式学习与自主探索。课程可引入项目式学习（PBL）模式，学生根据兴趣选择和设计个人或团队项目。例如，有的学生可以选择种植与收获特定作物，研究最佳种植方法；有的学生可以探索传统农具的改良与创新；还有的学生可以选择研究耕读文化对乡村的影响。通过自主选择与探索，学生能够在实践中培养解决问题的能力和自主学习的习惯。③多样化的实践形式。不同学生对实践活动的参与方式存在差异，因此课程设计应提供多样化的实践形式。例如，喜欢动手操作的学生可以选择农业种植、农具制作等动手实践活动；对科技感兴趣的学生可以参与智能农业设备的使用与数据监测；而对文化研究感兴趣的学生可以深入挖掘耕读文化的历史渊源，并撰写学术报告或参与文化传播活动。这种灵活的实践形式，让每个学生都有机会在自己擅长的领域获得成长。④导师制与个性化辅导。通过引入导师制，教师能够根据学生的兴趣与发展方向提供个性化的指导。导师可以帮助学生制订个性化的学习计划，提供相关资源和建议，帮助他们在自己感兴趣的领域深入研究与实践。导师与学生的定期交流也能帮助学生不断调整方向，确保实践路径与个人兴趣和能力相匹配。⑤跨学科融合的实践路径。耕读文化可以与其他学科进行跨领域融合，为学生提供多样化的学习体验。例如，喜欢科技的学生可以将现代农业技术与耕读文化相结合，设计智能农业方案；喜欢艺术的学生可以从耕读文化中汲取灵感，创作与农业或乡村生活相关的艺术作品；对社会问题感兴趣的学生可以结合社会学、经济学的知识，研究耕读文化在现代乡村经济中的应用。

跨学科的融合能够扩展学生的视野，鼓励他们将兴趣与现实应用结合起来，创造新价值。⑥创新创业实践平台。课程可以为有创业兴趣的学生提供实践平台，支持他们将耕读文化中的元素转化为创新创业项目。例如，学生可以围绕生态农业、乡村旅游、农产品开发等主题，设计创业项目。学校可以组织创业比赛、孵化项目、社会实践活动，帮助学生将课堂中的知识转化为实际的商业机会，增强他们的创新创业能力。⑦社群服务与社会实践。对公共服务和社会关怀有兴趣的学生，可以选择参与耕读文化相关的社会实践活动。例如，他们可以参与乡村的生态建设、农业培训，或设计与推广可持续发展项目。通过这种方式，学生不仅能将自己的兴趣与社会需求相结合，还能在实践中提升自己的社会责任感与公共服务能力。

通过提供多样化的实践路径，耕读文化课程能够激发学生的个体兴趣，培养他们的创造力与实践能力。同时，这种个性化发展的模式尊重每个学生的独特性，使他们在学习过程中找到自己的发展方向，并为未来的职业生涯奠定坚实基础。

（二）文化渗透与专业结合：推动跨学科融合

作为一个以农为本的国家，我国的农业文明源远流长。耕读不仅是“耕作”和“读书”，更是一种具有崇高情感和文化教育意义的德行。

1. 文化渗透：耕读文化融入专业教育的必要性

耕读文化作为中国传统文化的重要组成部分，不仅具有历史价值，更对现代教育产生深远影响。将耕读文化渗透到专业教育中，不仅能丰富教学内容，还能推动学生综合素养的提升，促进知识、技能和文化的全方位发展。

①提升学生的文化认同感与责任感。耕读文化强调劳作与学习并重，倡导敬天爱地、勤俭自立等价值观，这些理念有助于培养学生对中华优秀传统文化的认同感和自豪感。现代教育系统中，学生对文化根基的认识往往不足，而耕读文化的渗透能够增强学生的文化自信，激发他们的责任感，使他们更加关注社会发展、乡村振兴以及生态保护等现实问题。②促进理论与实践的紧密结合。耕读文化注重“知行合一”，即通过实践检验和深化理论学习。这一理念与现代教育中的职业教育和技能培训理念高度契合。将耕读文化融入专业教育，能够促使学生在学习过程中更好地理解理论知识的实际应用，尤

其在农业、环境科学、社会学等领域，耕读文化的实践性为学生提供了良好的实操机会和跨学科结合的视角。③提升综合素养，开展全人教育。耕读文化不仅强调知识学习，还重视道德、劳动能力和社会责任感的培养，这种全人教育理念与现代教育的培养目标高度一致。在当今社会，专业知识固然重要，但学生更需要具备适应社会变化的综合素质。通过耕读文化的渗透，学生在掌握专业知识的同时，能够培养勤劳、节俭、自立等品格，从而成为更加全面、具备社会责任感的个体。④适应可持续发展和生态文明建设的需求。当代教育越来越重视生态文明建设与可持续发展。耕读文化蕴含了人与自然和谐相处的理念，强调珍惜资源、顺应自然的生产方式。这种生态智慧对于农业、环境保护、资源管理等相关专业有着极大的教育价值。将耕读文化渗透进这些专业，能够帮助学生从传统智慧中汲取经验，培养生态意识与环保理念，助力现代社会的可持续发展目标。⑤为创新创业提供文化土壤。耕读文化中的创新精神体现在对农业生产工具、生产方式的不断改进上，这与现代创新创业的理念高度契合。将耕读文化与专业教育结合，能够为学生提供创新思维的文化土壤。例如，在农业、乡村旅游、文化创意等领域，耕读文化可以为创新创业者提供丰富的灵感和应用场景，帮助他们在传统与现代的结合中开辟新的事业方向。⑥推动教育公平与乡村振兴。在农村地区，耕读文化一直是传统教育的支柱，强调通过劳动和学习改变命运。将耕读文化融入专业教育，特别是在农业职业院校或乡村学校中，可以为学生提供更多的文化和职业选择，使他们在学习中既掌握传统的农业知识，又能通过现代科技和专业技能提升自身竞争力。这不仅能增强学生的就业能力，还能为乡村振兴提供人才支持，推动城乡教育公平。

耕读文化融入专业教育，不仅是对传统文化的传承与发扬，更是对现代教育理念的丰富与拓展。通过这种文化渗透，学生能够在多元文化的滋养下，培养更加全面的能力与素养，促进个人、社会与自然的和谐发展。

2. 多维度融合：耕读文化与不同学科的交叉互动

①与农业科学结合。耕读文化根植于农业，强调劳动与学习并重，充分体现了对自然规律的尊重与遵循。将耕读文化融入农业科学课程中，可以使学生在学习现代农业技术的同时，理解传统农业的智慧与价值。通过实地考

察、参与农田管理、探讨传统与现代种植方法的结合，学生能够深化对农业生态系统的理解，培养可持续发展的理念。②与环境科学互动。耕读文化强调人与自然和谐共生，关注生态环境的保护与可持续发展。将耕读文化与环境科学相结合，能够增强学生的生态意识和环境责任感。在课程中，学生可以探讨传统耕作方式对生态环境的影响，参与环境保护活动和生态修复项目，从而在实践中理解生态系统的复杂性与脆弱性，培养他们应对环境问题的能力。③与社会学交叉。耕读文化蕴含丰富的社会关系和家庭价值观，能够为社会学课程提供独特的视角。通过研究耕读文化在不同社会背景下的发展及其对家庭结构的影响，学生可以深入理解社会变迁、乡村振兴和文化传承等问题。通过参与"三下乡"服务和社会调研，学生不仅能够学以致用，还能提升社会实践能力，增强社会责任感。④与历史学结合。耕读文化的形成与发展是中国历史的重要组成部分。将耕读文化与历史学课程相结合，学生可以追溯耕读文化的起源、演变以及在不同历史时期的社会作用。通过文献研究、实地考察和文化传承活动，学生能够更全面地理解历史事件背后的文化因素，提升历史思维能力和文化自信。⑤与艺术交融。耕读文化中包含了丰富的民俗和传统艺术。通过将耕读文化与美术、音乐、戏剧等艺术学科结合，学生可以在创作和表演中探索传统文化的表现形式。例如，学生可以以耕读文化为主题进行艺术创作，表现农村生活、农业劳动的美好，或者通过音乐和戏剧演绎耕读文化的故事，增强他们对优秀传统文化的理解和认同。⑥与信息技术结合。在数字化时代，信息技术为传统文化的传播与应用提供了新的契机。将耕读文化与信息技术结合，学生可以利用现代科技手段，进行耕读文化的数字化展示与传播。通过开发相关的教育软件、在线课程或社交媒体平台，学生不仅能够提升信息技术应用能力，还能为优秀传统文化的传承和创新开辟新的渠道。⑦与经济学相互作用。耕读文化中蕴含的自给自足和小农经济的理念，与现代经济学的可持续发展理论有着密切的关系。通过将耕读文化与经济学结合，学生可以分析传统农耕对地方经济的影响，探讨农村经济转型和发展路径。在此过程中，学生不仅能理解经济学的基本原理，还能够提升经济分析能力和实践应用能力。

3. 创新思维：耕读文化激发专业学习的多元视角

耕读文化作为中国传统文化的重要组成部分，不仅蕴含丰富的历史和哲学思想，还为现代教育提供了独特的视角和创新思维的启示。将耕读文化融入专业学习，能够激发学生的创造力，促使他们从多元视角进行思考和探索。

从实践中探索创新。耕读文化强调理论与实践的结合，提倡"知行合一"。这一理念鼓励学生通过实践探索和解决问题，培养他们的创新思维。无论是参与农业种植、环境保护，还是"三下乡"服务，学生在实际操作中都能面对真实的问题，从而能更好地理解学科知识并激发新的思考。例如，学生可以在田间地头进行实验，探索传统与现代农业技术的结合，提出更有效的种植方案。

鼓励跨学科的思维碰撞。耕读文化的多维度特性为跨学科的思维提供了良好的基础。在专业学习中，学生可以借助耕读文化的视角，将农业科学与社会学、环境科学、经济学等多个学科结合，形成系统的思考框架。这种跨学科的碰撞能够激发新的思路，帮助学生在解决复杂问题时考虑多种因素，从而推动创新。例如，学生可以探讨乡村振兴的多维影响，设计出涵盖农业、文化、经济的综合发展方案。

培养批判性思维与反思能力。耕读文化鼓励对传统知识的反思与批判，培养学生的批判性思维能力。在专业学习中，学生可以通过对耕读文化的研究，反思现有的专业理论与实践，发现其不足之处并提出改进方案。例如，学生可以分析传统农业模式在现代化进程中的挑战，并探索出适应新时代的农业发展模式，从而推动专业领域的创新与进步。

推动社会创新与创业意识。耕读文化中蕴含的自给自足和勤劳精神为社会创新和创业提供了良好的土壤。在专业学习中，学生可以借助耕读文化的理念，关注农村发展、生态农业等领域的创业机会。通过参与相关项目，学生不仅能够提升自己的创业能力，还能在实践中探索符合社会需求的创新模式。例如，学生可以通过市场调研，设计生态友好的产品或服务，以满足市场对可持续发展的需求。

促进团队合作与集体智慧。耕读文化强调合作与共赢，在专业学习中，这种理念可以促进学生之间的团队合作。通过集体讨论、项目协作，学生能够充分发挥各自的优势，共同探索创新思路。耕读文化的团队合作精神能够激发集体智慧，让学生在交流与碰撞中产生新的创意和解决方案。

耕读文化为专业学习提供了丰富的创新思维资源。通过将耕读文化融入教育过程，学生不仅能够掌握专业知识，还能够培养多元视角的思维能力，提升他们的创造力与解决问题的能力。这种创新思维的培养，将为学生在未来的职业生涯中应对复杂挑战打下坚实的基础，同时推动各领域的持续发展与进步。

4. 国际化视野：耕读文化与现代职业教育的结合路径

耕读文化不仅是地方文化的缩影，也是全球化背景下可持续发展的重要资源。在现代职业教育中，将耕读文化与全球视野相结合，不仅有助于提升学生的专业技能和人文素养，还能增强他们的全球竞争力。

地方实践与全球视野的融合。在将耕读文化融入职业教育的过程中，应强调地方实践与全球视野的结合。在课程设置上，可以引入国际农业、可持续发展等课程内容，帮助学生了解全球化背景下的农业发展趋势和生态保护理念。通过地方农业的实践活动，学生能够学习传统的耕作技术，同时结合全球成功案例，拓宽视野，培养解决复杂问题的能力。

建立国际合作平台。为了增强学生的国际竞争力，职业教育机构可以与国外高校、研究机构和企业建立合作关系，开展耕读文化相关的交流与合作项目。这些项目可以包括交换生计划、联合研究、实习机会等，通过让学生在国际化的环境中学习和实践，提高他们的专业技能与文化适应能力。同时，学生可以将耕读文化的实践经验与国际合作伙伴进行分享，促进文化的传播与交流。

跨文化交流与合作项目。通过跨文化交流项目，学生可以更深入地理解耕读文化的全球意义。这些项目可以包括国际会议、文化节、工作坊等，通过与不同国家和地区的学生交流，分享耕读文化的经验和实践，学生可以提高跨文化理解和合作能力。例如，学生可以参与国际农业研讨会，展示地方耕读文化与现代农业实践的结合，促进全球农业可持续发展。

利用现代科技与互联网平台。在全球化时代，信息技术与互联网为耕读文化的传播和职业教育的创新提供了新的途径。通过线上课程、网络研讨会和社交媒体，教育机构可以将耕读文化与全球职业教育相结合，实现资源的共享与交流。学生可以通过在线学习平台获取国际前沿的职业知识和技能，同时也能够分享地方耕读文化的独特视角，增进全球文化的多样性与包容性。

5. 社会效益：耕读文化推动专业教育的可持续发展

耕读文化作为一种富有历史深度和实践智慧的文化传统，为现代专业教育的可持续发展提供了独特的支撑与动力。通过将耕读文化的核心理念融入教育体系，可以在多个层面上实现社会效益的提升，推动教育的可持续发展。

耕读文化非常强调劳动的价值以及人与自然的和谐关系，所以需要注重培养学生的社会责任感。在专业教育中，通过学习耕读文化，学生能够更加深刻地理解自身职业对社会和环境的影响。这种价值观的培养有助于他们在未来的职业生涯中，更加关注社会问题和环境保护，从而推动可持续发展的社会目标。例如，学生在学习过程中参与“三下乡”服务、生态保护等项目，不仅提升了实践能力，还增强了对社会责任的认知。

增强地方经济发展与文化传承。将耕读文化融入专业教育能够有效促进地方经济的发展和文化的传承。通过学习耕读文化，学生能够更好地理解地方特色与资源优势，结合现代科技与市场需求，推动地方农业、手工业等产业的发展。比如，学生可以利用耕读文化的智慧设计地方特色的农产品或手工艺品，并通过创业或社会企业的方式实现经济收益，增强地方经济活力，同时也为文化的传承与发展做出贡献。

促进跨学科与多元文化的交流。耕读文化的推广和实践能够促进跨学科和多元文化的交流与融合。在现代职业教育中，耕读文化的引入使得不同学科之间的合作更加紧密，学生可以在多学科的视野中学习和应用知识。这种多元化的学习环境不仅丰富了学生的思维方式，也增强了他们对不同文化的理解与包容。这种跨文化的交流有助于培养学生的全球视野，使他们能够更好地适应国际化的职业环境。

推动科技创新与生态可持续发展。耕读文化提倡与自然的和谐共处，关注生态平衡。在现代教育中，将耕读文化的理念与科技创新结合，能够推动生态农业、可持续发展等领域的研究和实践。通过教育，学生可以学习如何利用现代科技来解决传统耕作中的问题，探索可持续的农业模式，如精准农业、智能农业等。这种结合不仅推动了科技的发展，也为实现生态可持续目标奠定了基础。

应对社会挑战与可持续发展目标。在面对全球气候变化、资源短缺、社会不平等等重大社会挑战时，耕读文化所倡导的可持续发展理念为解决这些问题提供了有力支持。通过在专业教育中融入耕读文化，学生能够学习如何将可持续发展的原则应用于实际工作中，为社会可持续发展目标的实现贡献力量。学生在应对这些挑战时，不仅具备专业技能，还能以人文关怀和社会责任的态度积极参与，推动社会的和谐与可持续发展。

通过将耕读文化融入专业教育，能够有效推动教育的可持续发展，提升学生的综合素养与社会责任感。这种文化与教育的结合，不仅促进了地方经济发展与文化的传承，也为社会培养出更多适应未来挑战的人才。耕读文化的传播与实践为实现社会的可持续发展提供了重要的动力，助力于建设更加美好的社会。

（三）实践与创新：从劳动体验到创业能力的提升

耕读文化作为一种深厚的文化传统，不仅强调知识的学习与传承，更注重实践与创新。通过劳动体验，学生能够深入理解耕读文化的核心价值，从而提升他们的实践能力和创业意识。以下将围绕劳动体验、技能提升、创新思维、资源整合、项目式学习、团队合作以及社会创新七方面，探讨耕读文化如何提高学生的实践与创新能力，助力他们在现代社会中实现自我价值。

1. 劳动体验：耕读文化中的实践教育模式

劳动体验是耕读文化的重要组成部分，它通过直接参与农业生产活动，让学生在实践中学习和成长。在这种模式下，学生不仅仅是知识的接受者，更是主动的参与者。在实际操作中，学生能够体验到劳动的辛苦与乐趣，理解劳动的价值与意义。通过参与耕种、收获和管理，学生能够感受到与自然的紧密联系，增强对农业生产的认知和尊重。这种实践教育模式培养了学生的动手能力、问题解决能力和责任感，为他们今后的职业发展奠定了坚实的基础。

2. 技能提升：从农耕劳动到现代农业技术的运用

耕读文化不仅包括传统的农耕知识，还涵盖了现代农业技术的应用。在劳动体验的基础上，学生能够学习现代农业的相关技术，如精准农业、智能化管理和生态种植等。通过与地方农业企业或科研机构的合作，学生可以在实践中了解现代农业发展的趋势和技术，从而提高专业技能。例如，学生在实习中使用无人机监测农田、运用信息技术进行数据分析，这些经历不仅提升了他们的技能，也为其今后进入现代农业领域打下了基础。

3. 创新思维：在耕读实践中培养创业意识

在耕读文化的实践中，同学们不仅可以学习到传统农业知识，还能够培养创新思维与创业意识。在参与劳动的过程中，同学们将会面临各种各样的挑战与问题，比如，如何提高作物产量、如何降低成本等。问题的出现促使学生进行思考与探索，寻找创新的解决方案。学生可以通过小组讨论、头脑风暴等形式共同探讨如何将传统耕作与现代科技结合，开发出新的农业产品或服务。

4. 资源整合：将传统文化转化为创业机遇

耕读文化蕴含丰富的地方资源和文化元素，这为学生提供了广阔的创业机会。在现代社会中，教师和学生可以通过将传统的耕读文化与现代市场需求相结合，开发具有地方特色的产品和服务。比如，利用当地的特色农产品开发生态食品，或结合耕读文化举办乡村旅游项目。这不仅可以促进地方经济发展，还能传承和发扬地方文化。通过资源整合，同学们能够将传统文化转化为实际的商业价值，实现自我创业与社会价值的双重提升。

5. 项目式学习：以耕读为基础的创新创业项目设计

项目式学习是一种行之有效的教学方法，教师和学生可以从耕读文化视角设计相关的创新创业项目。在这一过程中，学生通过实际项目的研究与实施，学习如何进行市场调研、项目规划和团队协作。例如，学生可以围绕乡村振兴的主题，设计一个综合性项目，涵盖生态农业、文化旅游和乡村发展等方面。在项目实施过程中，学生不仅锻炼了实际操作能力，还培养了项目管理与执行的能力。这种基于耕读文化的项目式学习，能够有效提升学生的综合素养与创业能力。

6. 团队合作：通过耕读文化提升协作与领导能力

耕读文化中的团结合作精神是团队合作的良好基础。在参与耕作的过程中，学生们需要相互协作、分工合作，才能完成任务。在这种实践中，同学们不仅可以提高团队合作能力，还能锻炼领导能力。在团队中，每个成员都可以发挥自己的特长，互相学习，共同成长。此外，教师还可以通过组织团队竞赛等方式，进一步提高学生的协作能力与领导能力，提高其在未来职场中的竞争力。

7. 社会创新：耕读文化在农村创业与乡村振兴中的应用

通过参与农村发展项目，学生可以学习到如何利用当地资源进行有效的经济开发和社会服务。这种社会创新不仅关注经济效益，也注重社会效益和环境保护，推动可持续发展的目标实现。例如，学生可以设计“农旅结合”的项目，通过发展乡村旅游助力农村经济，同时保护和传承地方文化，实现双赢。

通过劳动体验、技能提升、创新思维、资源整合、项目式学习、团队合作和社会创新，耕读文化为学生的实践与创新能力提升提供了多维度的支持。这种实践导向的教育模式不仅能够培养出适应现代社会需求的复合型人才，还为地方经济发展与乡村振兴注入了新的活力。通过耕读文化的传播与应用，学生不仅实现了自我价值的提升，也为社会的可持续发展贡献了自己的力量。

第二节　实践教学平台：耕读文化体验空间

耕读文化是中华优秀传统文化的重要组成部分，也是中华民族的精神基因。随着社会的发展和科技的进步，农业领域对人才的需求也在不断变化。涉农高校需要培养具备创新精神和实践能力的高素质人才，以适应农业发展的需要，为学生提供一个全面、深入的耕读文化体验环境，从而拓宽他们的视野，增强对农业的认知和理解，进而影响他们的职业选择和人生规划。构建耕读文化体验空间，正是为了满足这一需求，涉农高校可通过构建校内外实践基地、组织特色实践活动、创新耕读文化竞赛与展示活动，引导学生深入了解农业生产过程，体验农村生活，培养其对农业生产的兴趣和热情。

耕读文化体验空间可以提供一个沉浸式的学习环境，让学生在参与农耕制作农产品等过程中感受到农业的乐趣和价值，在实践中提升自己发现问题、解决问题的能力，培养创新精神和实践能力，为未来的职业发展奠定坚实的基础。同时，学生不再局限于传统的农业观念，而是能够从更广阔的角度去看待农业，认识到农业的多样性和潜力并更加关注农业的可持续发展，积极探索农业的创新和变革。在此过程中强化劳动与学问结合的观念传承传统价值观，提升农村教育认知，增强环境保护意识和创新教育模式，赋能农林高校就业教育，引导学生树立正确的择业观，积极投身到农业现代化建设和乡村振兴的伟大事业中去。

一、加强实践教学基地建设

耕读文化作为中华优秀传统文化的重要组成部分，融合了农耕与读书的内涵，是涉农高校培养学生“知农、爱农、兴农”情感的重要途径。涉农高校学生在面对职业选择时，往往会因为对农业产业的认知不足而产生迷茫和困惑。为传承和弘扬中华优秀传统文化，加强学生对耕读传家勤劳致富等理念的认同，涉农高校通过优化校内资源配置、推动产学研结合、整合校外优质资源等多种方式构建一个全方位、多层次、多类型的耕读教育实践基地网络，实现校内外资源的有效对接与互补，为培养具备深厚文化底蕴、扎实专业知识、强烈社会责任感和良好实践能力的现代农业人才提供有力保障。与此同时，提升学生的实践能力和综合素质，帮助他们更好地适应和胜任农业农村工作，高校可根据自身情况构建校内内外实践基地。

以耕读文化赋能农林高校就业教育，并构建校内外的实践基地，是涉农高校人才培养模式的一种创新尝试。这种模式是理论与实践相结合，学校教育与社会教育相结合，注重学生的全面发展和个性培养，有助于培养出更多具有创新精神和实践能力的农业人才，为我国农业现代化和乡村振兴战略的实施提供有力的人才保障。

（一）知行合一：耕读教育实践体系探索

耕读教育的实践，不仅能够培养学生脚踏实地、认真负责的工作态度，更能增强针对农业农村现实问题的分析和解决能力。这种教育模式能有效地提升学生的实践创新能力，为他们服务乡村振兴和农业农村现代化提供了坚实的能力基础。

1. 重塑耕读教育体系，实施分类建设策略

依托农业行业企业的核心资源，包括其产品特色、先进技术与高效生产流程，定制化打造一系列实习实训与耕读融合的教育环境，紧密对接乡村产业蓬勃发展与农业创新的迫切需求。构建包含农耕文化、劳动教育、专业实践、智慧农业、乡村调研在内的五大类耕读教育平台，建立国家级创新创业教育实践基地、国家级大学生校外实践教育基地等，推动高等教育与农业农村发展的深度融合。①

2. 创新耕读实践模式，企业深化教学合作

利用企业资源与教学深度合作，灵活运用项目式、合作式、沉浸式及混合式教学法，确保耕读教育内容与前沿产业技术紧密相连，教学过程紧密对接生产流程，教育培养目标与产业实际需求深度融合。为了加强实践育人的力度，需明确设定实践教学学分的占比标准，针对“三农”领域，推行早期接触行业、产业、企业的“三早”策略与新技术、新工艺、新方法的“三新”应用，确保学生深入体验。农科学生专注于生产实践与毕业实习的深度融合；理科生则依托企业项目，深化科研探究与创新创业实践；工科学生则加强工程训练与企业实训；文科学生则强化社会调研与乡村实践，以增强其社会责任感与实践能力。让师生与农业生产一线同频共振，共同参与科技咨询、产业服务与生产指导，不仅在实践中展现科研成果的价值，更以实际行动践行科技兴农的理念，为乡村振兴战略贡献智慧和力量。

3. 依托各高校的已有资源，开展全校域实践活动

首先，可依托各涉农高校已有的特色资源，如博物馆、校史馆、校内外农耕文化基地等构建智慧型耕读教育网络，以智能数字扩展耕读教育活动，建设新型智能实验室和农业科技园，探索极具本校特色的耕读教育，形成个性化、智能化耕读教育实践活动。其次，充分利用校外实践基地资源，深入实施专业实习与实训项目，为学生提供贴近行业前沿的学习与实操机会。在此基础上，强化校企合作建立现代产业学院作为产教融合的桥梁。通过共建

① 李大鹏，刘震．涉农高校实施耕读教育的路径探索与实践：以华中农业大学为例［J］．中国民族教育，2022（11）：44-46.

产业基地促进教育与产业的深度融合，为学生搭建创新创业的实践舞台，让学生的学习过程与产业发展紧密相连，实现理论知识与实践能力的同步提升，为社会输送更多符合市场需求的高素质应用型人才。

（二）校内实践：耕读实践基地形式探索

高校作为大学生思政教育的重要平台，建立耕读文化校内实践基地可以推动思政教育与实践教育的深度融合。通过参与耕读文化实践活动，学生可以更加深入地了解中华优秀传统文化的内涵和价值，从而增强文化自信。同时，实践基地也可以与社区服务、环保公益等活动相结合，让学生在实践中培养责任意识和奉献精神，增强他们的社会责任感和使命感。

1. 农业实验室

农业实验室在我国的农业技术创新和食品安全质量提升中扮演着至关重要的角色。它不仅是国家食品安全保障的重要支柱，也承载着全国人民的深厚期望。在当今社会，农业作为人类赖以生存的基础产业，其发展离不开科技的支持和创新。为了培养更多具备实践能力和科学素养的农业人才，建立现代化的农业实验室显得尤为重要。

首先，涉农高校可在设备和仪器、科研创新平台等方面进行加强补充。完善的实验设施对于实验的成功进行起着至关重要的推动作用。为此，涉农高校必须对实验室的科研工作给予高度的重视，并根据实验的重要性相应地提供资金支持和设备保障，以确保关键的相关科研项目能够顺利实施，避免因设备限制而带来的不必要风险。在实验室可以中开展各种科研项目，探索新的农业技术和方法，学生通过科研项目深入了解农业生产过程中的各种因素，从而更好地掌握农业科学知识。

其次，农业实验室还应该注重培养学生的实践能力，使其具备科学知识和科学思维能力的综合素养。除了理论学习，学生应该有机会亲自动手进行实验操作，将理论知识应用到实践中。实验室可以组织实地考察活动，让学生亲身体验农田耕作、农作物种植等过程。通过实践操作，学生可以更加深入地理解农业科学的原理和方法，培养他们的实际操作能力和解决问题的能力。在实验过程中，学生应该学会科学研究的方法和技巧，如观察、实验、数据分析等。通过培养科学素养，学生将能够更好地适应未来农业发展的需求，并为农业科技创新做出贡献。

2. 创新创业孵化基地

创新创业孵化基地是通过整合创业导师、投资资金、公共服务、技术支持等多种资源，为创业者提供全方位的支持，旨在帮助创业者建立企业、提升其创新能力和竞争力，并最终实现创业成功。它不仅仅是一个物理空间，更是一个集资源、服务、网络于一体的综合性平台。

涉农高校通过建立创新创业孵化基地，可以为学生提供一个实践和探索的平台，鼓励学生积极投身农业相关的创新创业项目，进一步培养他们的创业意识和能力，为学生未来的职业发展打下坚实的基础。创新创业孵化基地的构建旨在深入贯彻中央的战略部署与指导精神，旨在通过提升农民的职业技能与素养，同时激发在校学生的创新潜能与创业热情，为乡村振兴战略注入源源不断的高素质人才动力，为乡村的全面发展提供坚实的智力支持与人才保障。①提供系统的知识技能培训。围绕培育新时代青年乡村振兴的核心目标，精心策划并实施现代青年就业的培养计划，并积极整合校内外优质教育资源，特邀农业领域的资深专业教师、拥有丰富实战经验的创业导师、成功农业企业家，以及深谙农业产业发展趋势的权威专家，共同组成强大的讲师阵容。②开展创新创业孵化。孵化基地需要采纳兼具事业单位稳定性与企业灵活性的运营模式，依托学校的全方位支持作为基石。在管理模式上，基地积极对标现代创新型企业的最佳实践，确保日常运营的高效与前瞻。为了进一步加速初创企业的成长，基地携手风险投资机构，共同设立了基地管理服务公司，这一举措不仅有效运作风险投资基金，还可全方位提供孵化服务，精准对接初创企业面临的实际挑战，确保基地可持续发展的良性循环，为学生对职业的选择或创业的方向发展铺设了坚实的道路。③具有较完善的管理系统和跟踪机制。基地着重培养学生的创业意识和沟通能力，注重培育过程管理。按照当今社会企业需求和专业发展设立培养目标，导师和学员协商制订培养计划，审核通过后尽快实施。针对有自主创业想法的学生，基地可根据其创业方向与行业持续提供技术指导。在创业过程中安排专家进行走访调研，及时为培育对象进行查漏补缺、提供政策指引，提高涉农高校学生创业成功的概率。同时，涉农高校通过设立创新创业孵化基地，将创业教育融入日常教学中，使学生们在学习中形成正确的择业观。他们认识到创业不仅是一种职业选择，更是一种生活方式和态度。这种理念将影响他们的职业规划和人生道路，使他们在未来的职业生涯中更加自信、坚韧、有担当。

3. 农业科技园

农业科技园作为一种创新的现代农业发展模式，其核心在于整合并展示现代农业科技成果，通过集成化与示范化手段促进这些成果的有效推广。高校积极参与农业科技园的建设工作，不仅是高等教育融入社会经济发展、深化产学研融合的重要实践，更是高校促进科研成果向现实生产力转化、培养具备创新与实践能力农业人才的关键途径之一。通过此合作，高校得以将其在农业科技领域的研究优势、教育资源与科技园的实际需求紧密结合，共同推动农业科技的进步与农业产业的升级。根据学校所在地，以及学科发展特点规划多个功能区域，包括现代化的教学实训区、前沿的科研试验区以及高效的生产示范区。教学实训区配备先进的教学设备和丰富的农业资源，为学生提供从基础农业知识到实践操作技能的全方位培训。科研试验区可打造成各大科研机构和高校合作的重要平台。这里需汇集国内外顶尖的农业科技力量，致力于开展各种前沿的农业科技研究。学生可以通过参与科研项目，深入了解农业科技的前沿动态，提升自己的科研素养和创新能力。在生产示范区引进先进的农业生产技术和设备，实现农业生产的高效化、智能化。这里不仅是农产品的生产基地，更是学生了解现代农业生产模式、掌握现代农业技术的重要窗口。通过在生产示范区的实践学习，学生可以直观地感受到现代农业技术带来的巨大变革和潜力。

（三）校外实践：产学研基地构建与行动

2021 年，教育部关于印发《加强和改进涉农高校耕读教育工作方案》的通知中提到：涉农高校可依托农科教基地、农业文化遗产基地、国家现代农业园等社会资源，建设一批耕读文化教育实践基地，并巧妙融合农民丰收庆典、美丽乡村建设等实践活动，打造一系列耕读文化传承与教育的实践平台。打造耕读教育的标杆项目，组织学生深入乡村田野、广袤林区、前沿实践基地及农业生产第一线，开展实地考察与调研学习。校外实践基地的建立，不仅可丰富学生的学习体验，更深刻地激发了他们对服务“三农”事业及推动农业农村现代化的使命感与责任感，为培养未来农业领域的复合型人才奠定了坚实基础，同时为学生提供了一个展示自我、锻炼能力的平台。涉农高校学生以各大实践基地为基础，充分发挥自己的专业知识和技能，参与到实际的生产和管理中去。未来，随着农业现代化的不断深入，校外实践基地将在涉农高校教育中发挥越来越重要的作用。它将继续引领学生书写择业的新篇章，为农业现代化培养更多优秀人才。

1. 产学研合作基地

涉农高校作为农业领域专业知识和技能的摇篮，在农业发展上拥有着显著的技术和人才优势。但在科研成果的内部转化及产业化方面，高校作为学术理论知识产出方仍面临诸多必要的条件缺失。因此，可开展产学研合作活动，依靠高校提供最新的相关理论和技术指导，企业在此基础上进行技术创新和科研产品进行产业化转换。在此过程中，涉农高校的学生则可以在学校企业两头进行学习，加强实践能力和科研素养。①依靠地方管理部门将产学研项目转型为网络化的持久运作模式，构建一个能够让高校和企业共享的网络信息平台。并允许相关企业发现并关注到对应高校最新研究成果和人才信息，同时也让高校和科研机构能够及时掌握企业的技术需求。这种方式不仅可以节省大量的资源，而且能加速高校科研成果的产品产业化转化进程，加速实现其社会和经济价值。②高校可在生产力促进中心建立技术转移服务中心，通过这些平台利用校内的人才和技术资源，为企业提供专业有偿服务。此外，高校还可以与生产力促进中心共同办学，针对性地培养本地支柱产业所需的高层次实用型技术人员。这样既满足了企业的专业人才需求，又提升了教育的实用性和社会效益。③可邀请农业生产领域的佼佼者、农艺专家及农民企业家等，亲临田间地头，以他们的亲身经历为蓝本，讲述“耕读故事”，或在现场展示农业技术和艺术，构建一个集“激情导入+实践体验”为一体的耕读教育模式。以湖南农业大学为例：在园艺、植物保护等专业的人才培养方案中，可设立一门校企合作的选修课程——“现代农业企业创业案例”。在课程中特邀相关新、老农人和农业专家等，以其丰富的个人经历为基础，分享他们的“耕读故事”。

产学研合作基地的运作模式，使得涉农高校的教学与农业产业的实际需求紧密相连。学生在实践中将课堂上学到的理论知识转化为实际操作技能，能够更加深入地了解农业产业的运作规律和市场需求，从而更加清晰地认识到自己的职业发展方向。在实习实训和科研合作的过程中，学生能够接触到各种农业企业和科研机构的成功案例，了解不同岗位的职责和要求，形成更加全面和客观的就业观念，不仅增强了学生的学习动力，也提升了他们的就业竞争力。这种合作模式不仅有利于提升涉农高校的教学质量，也有助于推动农业产业的可持续发展。

2. 耕读教育实践基地

农业实践教学基地是农学类专业进行各类实验教学的重要场所，是所有涉农专业领域教师带领学生进行相关实验、进行科研创作、开展课内外耕读实践活动的有效平台，也是同相关企业构建校企合作，培养相关行业技能型人才的重要阵地。以提高学生实践能力，提高农学生综合素质和就业竞争力为目标，涉农高校可与相关企业开展合作，共同对校外耕读实践基地进行规划与实践。耕读教育农业实践基地可以根据涉农高校学科特点和现有的相关实验室相互借鉴整合而成，例如，微生物分室、微生物分室接种室等。基地需要面向生物技术、农学、植保、园艺、环科等涉农领域专业学生，包括但不限于本科生和研究生的专业实验、实习、大学生创新创业项目以及毕业论文等内容。①构建完善的基地管理体系，加强师资队伍建设。在高校和企业合作期间，高校和企业共同承担实践基地的管理工作，双方可签订管理协议，保证基地正常运营与使用。根据各高校的培养计划、培养目标和相关企业对接人才市场的具体需求和实际标准，对实践教学的课程安排进行个性化定制。同时可根据以上标准，双方专业人员进行交流沟通，互相将专业知识渗透进实践教学环节，为学生建立起有内容、有经验的实践平台。②安全高效管理基地，打造智能化基地。实验教学基地的管理工作也是基地构建的重要一环，可根据企业已有的资源和能力构建基地管理系统，规范各个实践基地的运行模式和环节，助力实践基地高效、规范的管理模式。在与学校联系、学生学习网络系统构建、教务管理、图书馆管理等方面，企业可与学校搭建合理的沟通平台，不仅能为学生学习提供便利的学习途径，还可以通过“共享开放、及时反馈”等优势，建立功能全面、内容详尽的智能化管理体系，方便对实践基地内人、财、物等的多角度、多方位管理。③线上线下教学促进融合，建立新型实践模式。教研组可在各专业实践中积极探索相契合的个性化教学改革，以增强学生合作学习能力、团队凝聚力、自主学习能力为目标，不仅能提升学生的各方面综合能力，也能使得专业知识能掌握得更加牢固。伴随着在线课程平台、虚拟仿真技术和微课等信息化资源在教学中的应用，线上线下混合式教学将传统课堂教学和现代信息化技术结合起来，成为高校变革的方向。① 中国大学慕课官网（MOOC）则是线上线下课程结合的典型案例，此类课程不仅能建立更加多维的教学空间，还能够促进学生进行自主学习，并使学生上课的信息数字化、直观化，起到有效的监督作用，提高学习效率。在此基础上，学生提高专业能力，进而提高对职业的选择能力。

二、组织耕读融合实践活动

2021 年，中央一号文件明确将“耕读教育”纳入重要议程，作为推动农业教育改革与乡村振兴深度融合的关键举措。在乡村振兴战略的全面部署下，强化耕读教育的实施，成为涉农高等教育实现全员、全过程、全方位育人（“三全育人”）体系中不可或缺的一环。此举旨在通过耕读教育的深化，引导学生树立正确的、符合新时代要求的劳动价值观，有效促进立德树人根本任务的实施，同时，也为高校培育出既了解农业、热爱农业，又能够强化农业、振兴农业的新时代人才奠定了坚实基础。

对致力于涉农领域的大学生而言，耕读教育的加强不仅是知识技能的深化过程，更是个人耕读素养与实践操作能力的显著提升途径。它促使学生将理论知识与农业生产实践紧密结合，不仅提高了解决实际问题的能力，还激发了对农耕文化的热爱与传承意识，从而在乡村振兴的伟大征程中贡献青春力量，并肩负起传承和弘扬耕读传家这一中华优秀传统文化的历史使命。

（一）耕读融合实践活动的意义

涉农高校组织特色耕读实践活动，具有深远而重要的意义。这些活动不仅承载着对传统耕读文化的传承与发扬，还体现了现代高等教育理念下对学

① 陈然，杨成．SPOC 混合学习模式设计研究［J］．中国远程教育，2015（5）：42-47，67，80.

生综合素质的培养，以及推动农业教育创新与发展的重要途径。

耕读文化强调“耕以养身，读以明道”的生活哲学和人生态度。涉农高校通过组织特色耕读文化实践活动，能够使学生亲身体验和实践农业耕作，理解农业文化的内涵，感受农耕生活的魅力，从而增强对优秀传统文化的认同感和自豪感，进一步促进耕读文化的传承和创新发展。就推动农业教育发展而言，耕读文化实践活动能够帮助学生深入理解农业生产全过程，提升对现代农业技术的认知，从而促进农业教育内容的更新与升级，推动农业教育更好地适应现代社会的发展需求。涉农高校组织的耕读文化实践活动不仅是对优秀传统文化的继承，更是现代教育多元化发展的体现，对于培育新时代的农业人才、推动农业教育创新发展具有不可替代的重要作用。

1. 弘扬传统文化，增强文化自信

当前许多传统文化、农耕文明由于缺乏传承和宣传正在日渐消亡，导致农村人口的精神文明单一且重复，不利于农村的精神文明建设。耕读文化作为我国历史悠久并正在不断绵延的文化，为农村的精神发展提供了有力的支撑，乡村振兴离不开对耕读文化的深度探索，其所包含的优秀传统文化、传统礼仪、人文精神也为涉农领域专业学生的就业发展提供了方向。涉农高校大力发展并宣传耕读文化，深入研读农耕文化所包含的内在精神，结合学校学科发展特色和当地特点优势进行创造性转化和创新性发展。这不仅有利于加深学生对于耕读文化的认同感，更能让当今涉农领域大学生更加了解乡土文化、农村文明，产生足够的文化自信与文化认同感，更好地选择相关职业进行就业或创业。

2. 立足乡村振兴，培养专门人才

高等专门人才一向是乡村振兴的中流砥柱，而涉农高校是培育此类高等专门人才的重要阵地。随着城市化步伐的加速推进，农村地区的经济发展迟滞，文化建设也显得相对滞后，这些因素共同促成了人才资源向城市的单向流动现象，进而加剧了农村对高素质人才的迫切需求。在此背景下，耕读教育作为一种与“三农”紧密相连的教育模式，其重要性日益凸显。耕读教育通过让学生亲近自然、接触土地，不仅能够使他们深刻体会农村的自然之美，还能在农耕文化的熏陶下，追溯农业的历史脉络，领略其深厚底蕴。同时，结合现代智慧农业的耕作实践，学生能亲身体验到科技进步为传统农业带来的变革与活力，从而在劳作中增长见识，锻炼能力。涉农高校强化耕读教育，不仅是培养学生乡村情怀与家国情怀的有效途径，也是为乡村振兴战略输送高素质人才、推动乡村人才振兴的坚实支撑。

3. 促进人与自然和谐共生，培养生态文明意识

耕读文化强调人与自然的和谐共处，这种理念在现代社会中显得尤为重要。在耕读文化实践活动中，学生不仅学习如何耕作，更重要的是学习如何尊重自然规律、合理利用自然资源以及保护生态环境。以耕读文化为基础的实践活动可让学生通过亲身体验农作过程，了解到自然生态的脆弱性和复杂性，直观地感受到为了保护地球这一共同的家园，必须采取可持续的农业发展方式。耕读文化实践活动不只是传统农业技术的传承，更是一种现代生态文明的教育方式。这种教育方式使学生在日常生活和未来的职业生涯中更加注重环境保护和可持续发展，从而为社会培养出更多具有环保意识和社会责任感的公民，激发出更多愿意为了保护环境而加入新产业、新行业的人。

（二）耕读融合实践活动的形式探索

耕读教育的核心与精髓在于将知识应用于实际，并通过亲身体验从土地和自然中获取成长的动力。这一点在新时代的“三农”工作和乡村振兴事业中尤为关键，它要求涉农高校提供更多元化、实效性强的耕读教育，激发学生对农业的深厚情感，以热情主动的态度参与实践，促进个人成长。涉农高校可围绕耕读教育，开展主题鲜明、形式多样的活动，如“三下乡”暑期实践活动、“为中华复兴而读书”主题活动、“三农”情怀教育月等，激发学生的参与热情。

1. “三下乡”暑期实践活动

“三下乡”活动，涵盖了文化、科技与卫生三大领域的深入基层服务行动。在这一过程中，各大高校以及中等职业教育与高等教育阶段的学生群体，尤其在文化领域的下乡活动中，扮演着举足轻重的角色。通过积极参与“三下乡”实践活动，学生不仅有力推动了先进生产力的进步与发展，同时也为自身成长成才铺设了符合先进生产力要求的道路，实现了理论与实践的深度融合。然而，实践表明，如果仅依赖学生自发组织，缺乏有效的组织和专业

指导，这样的“三下乡”实践活动效果有限。因此，还需要涉农高校的教师深入参与耕读教育，亲身进入农村，服务于农业生产前线，才可以在一定程度上提升实践的专业实操技能，同时也能将研究成果实际应用于大地。学生团队则是主体中的核心组成部分，可以由本科生和研究生两部分构成，涵盖不同的年级和不同专业方向，保证团队的结构化和专业度。同时，党员和学生干部的参与能在实践活动中起到一定的引领和带头作用，起到稳固团队的作用。专业教师即学院与实践活动相关专业对口的教授，能对实践活动的具体细节，如实践方案优化、设备购买和生产线搭建等方面进行进一步的专业指导，以保证活动的专业性和有效性，能切实为当地的农村和村民带来帮助。思政教师可由分管思政工作的辅导员或理论专员等组成，对于团队在活动过程中遇到的问题能够给予思想上的指导，并全程跟进活动，进行学院宣发工作等。各学院针对本学院的专业特点申报项目，充分依托学院学科优势和当地特色农业基地、红色教育实践基地、农业科技园等社会资源，根据项目内涵针对实践所在地的农业特点进行“点对点”帮扶，同时对项目进一步孵化，真正做到将论文写在祖国的大地上，让更多的人能在实践活动中了解农业、感受农村精神，从而让更多的人为乡村振兴贡献力量。

2. 构建校园耕读文化氛围

校园文化是学校精神文明建设不可或缺的基础架构。通过精心营造充满耕读教育特色的校园及社会环境，能够有效且深远地影响学生的人生观与价值观构建，这一潜移默化的过程，对促进学生进行客观的择业、就业起着至关重要的作用。①涉农高校应积极构建耕读教育的校园文化环境，充分利用新媒体平台，如微信公众号、微博、抖音等拓宽传播渠道，发布耕读教育的最新资讯、研究成果、实践活动及感人故事，以图文并茂、视频互动的形式吸引学生的关注与参与，增强耕读文化的辐射力与影响力，使耕读文化在新媒体空间中焕发新的生机。②涉农高校可以组织形式多样的文化活动，如举办以耕读文化为主题的征文比赛，鼓励学生用文字表达自己对耕读精神的理解与感悟；或鼓励以学院或学生社团为基本组织单元，定期策划并举办耕读文化主题的读书沙龙或学习日活动，深入研读相关文献，共同探讨耕读文化的历史渊源、精神实质与现代价值的模式。在促进学生对中国传统农耕文明与读书治学相结合理念的理解与传承的同时，还能培养其创新思维与实践能力，为现代农业与农村社会的可持续发展培养更多具有深厚文化底蕴和扎实专业技能的人才。③设立相关专题活动专门培养“三农”人才，设置特色培养方案独立培养。这些人才毕业后可深入群众、深入相关领域，带动相关人员参与到耕读文明的传承中来，形成一个完整的系统并为之努力。

3. 耕读教育学术交流会

耕读文化学术交流会通过聚集来自不同地区、不同背景的农业专家和学者，展示农业行业的多样性和技术性。通过举办耕读文化学术交流会，帮助学生拓展对农业职业路径的认识，帮助学生更深入地理解农业是一个充满潜力和机遇的领域。耕读文化特有的强调人与自然的和谐共生的思想可以帮助学生在择业时不只考虑个人发展，加强学生对农业可持续发展的认识，促使他们在未来的职业生涯中承担更大的社会责任。此类活动不仅能为学生的职业发展提供新的视角和动力，还能帮助他们构建一个全面、持续发展的职业生态系统，使他们在未来的职场中更具竞争力和适应力。①置身于崭新的历史坐标点上，社会主义现代化建设进程对各个领域均寄予了新的期望与要求。在此背景下，推进耕读文化学术交流会加速推进农业院校耕读教育的深化发展，不仅成为赋能乡村振兴、激发人才活力不竭源泉的关键举措，更是践行“五育并举”教育理念、培养德智体美劳全面发展的社会主义建设者和接班人的有效途径。此举在强化教育与农业生产实践的深度融合中起到重要作用。②涉农高校举行耕读文化学术交流会以赋能就业教育，可以从耕读文化的历史与现代价值、现代农业与传统耕读的结合、农业技术创新与实践应用、农业政策与乡村振兴战略等方面进行交流。了解耕读文化的起源、发展过程及其在当代社会的实际应用和重要性之后，能通过自身的专业知识对如何在现代农业实践中融入传统耕读文化的理念、展示最新的农业技术与创新、耕读文化中的伦理道德观念如何影响现代农业实践等方面发表自己的见解。通过历史与现实的结合，帮助学生全面理解了解农业产业的全貌及其职业机会，理解耕读文化的传承与发展。③邀请不同领域的农业专家通过研究成功农业经营案例和现场教学，分享他们的职业经历和见解，比较不同国家的农业发展模式，探讨在全球化背景下农业如何实现可持续发展和国际合作，介绍农业领域多样化的职业路径及未来发展趋势。以上不仅能够增强学生的农业知识和技能，还能拓宽其职业视野，帮助他们更好地规划未来的职业生涯，从而有效地赋能就业教育。

三、创新耕读教育竞赛活动

习近平总书记指出，一个国家、一个民族的强盛，总是以文化兴盛为支撑的。① 没有文明的继承和发展，没有文化的弘扬和繁荣，就没有中国梦的实现。② 高校作为大学生学习生活和成长的核心场所，承担着培养人才的重大责任。在校园中，文化氛围在精神培养、价值观塑造和综合素质提高方面扮演着至关重要的角色。③ 在当前教育改革的浪潮中，需进一步探索校园文化建设的新路径，并重视各类文化竞赛与展示活动在打造健康校园文化中的重要角色。通过制度规划、资源整合、参与过程的指导以及以结果为导向，将文化竞赛和相关展示活动与校园文化发展项目紧密结合，旨在克服挑战，激励创新，从而深化人才培育机制，提升教育成效。此外，还有助于激励学生将个人职业规划与国家农业和农村的现代化建设紧密相连，为乡村振兴战略贡献力量。

（一）耕读文化促进就业教育的路径构建

基于涉农领域专业的耕读文化竞赛与展示活动下就业教育建设，关键在于如何以竞赛和展示活动为契机，通过校园文化的各种形式使应用型教育模式深入人心，让学生认可、接受文化竞赛的实用性、技术性、创造性，提高人才培养质量。活动的开展及组织不仅要发挥教师的主导作用，也要体现学生参与的主体价值。耕读文化竞赛及展示活动下的就业教育构建路径，就是充分发挥农业类专业的优势和特点，利用已有耕读文化资源中的场地建设、网络媒体、民俗演出等方式同时结合学生组织，引导耕读文化相关活动的良

---

① 赵明仁，肖云．民族伟大复兴要以中华文化发展繁荣为条件：学习领会习近平总书记在山东考察时重要讲话精神［N］．光明日报，2013-12-04（1）．

② 和学新，储君．基于学生核心素养发展的校园文化建设［J］．教育科学研究，2018（2）：54-58.

③ 陈剑．文化自信视域下的大学校园文化建设［J］．中国成人教育，2018（17）：60-64.

性开展。基于耕读文化竞赛及展示活动促进就业教育的路径构建需要做到以下三点。

1. 明确目标与定位

近年来各类学科竞赛发展异常迅速，很多高校将学科竞赛获奖作为教育教学的成果佐证和学生评奖评优的加分项目，甚至有部分企业以出资支持竞赛的方式开展校企合作。在此背景下，开展耕读文化竞赛则要明确活动本身的目的和作用，找准定位。一方面，要防止活动内容脱离耕读文化本身，体现活动提高学生综合素质和专业能力以赋能其择业和就业的作用；另一方面，也要杜绝浪费时间精力，为了比赛而比赛。活动主办方应以培养学生本人的个人能力和团队协作精神作为最终的目标，以学生为活动主体，以学生为中心组织开展。

2. 完善学科竞赛的举办机制

各类文化竞赛活动是现在各高等院校卓有成效的人才培养资源，同时也是一项需要多个部门相互配合与支持，团队高度协同合作的活动之一。学校应建立专门的活动组织管理机构，确保职能明确、领导统一，同时有效协调各部门的任务和职责。高水平的文化活动不仅要求学生主动参与，还需要良好的硬件设施支持，如适用的场地和先进的设备。为确保活动质量，需持续加强对主办方、合作机构和赞助商资质审核的规范管理，并制定详尽的规章制度来规定活动流程和评审标准。此外，在资源整合方面，活动应充分利用校企合作相关资源，提升实践教学的效果。这不仅促进了资源共享，也为学生提供了更多的实操机会，从而帮助其为未来的职业生涯做好准备。

3. 师生共同塑造活动内涵

耕读文化竞赛展示活动不仅是推动人才培养的有力手段，更是一个需要长期投入的连续性过程。在这个过程中，教师和学生共同肩负着至关重要的任务与责任。团队里的教师凭借其丰富的经验、深厚的专业知识以及耐心且负责的指导，能够有效拓宽学生的视野，帮助他们聚焦于问题的关键与难点，并确保活动作品的质量，不仅能最大限度地提升学生团队的竞争力，更为学生今后的职业能力打下坚实的基础，以推动学生在此基础上形成较高水平的择业观。为了将此类活动建立为一项持续性的系统工程，仅依靠教师的职业热情是不足够的。高校需要对活动的激励机制做出进一步改进和完善，切实认可参加活动的学生在活动过程中所付出的努力和所获得的成效，以此激发学生参与的积极性和创造性，共同构建一个高质量的人才培养氛围。

（二）耕读教育竞赛活动的形式与内容

耕读文化竞赛是传承中国传统农耕文化的有效途径，也是展示学生专业水平和能力的重要途径，参加竞赛有利于使学生在实践中学习和传播优秀的农业文化，更加深刻地理解农业的重要性以及农村的发展现状，从而培养起服务于农业、农村和农民的责任感和使命感，强化服务“三农”的意识，塑造正确的职业价值观。随着科技进步，纯理论型的人才已无法满足市场的需求，综合能力已经成为新时代评价人才的关键标准。参与学科技能竞赛的学生通常具备扎实的理论基础、出色的实践操作能力和团队协作精神，展现出更高的成熟度，在求职过程中也显示出显著的优势。

1. 具有创新空间和市场需求

在筹备技能竞赛之际，可组织相关专家教授深入行业内部进行了解，通过问卷调查、座谈会、实地考察等多种形式，从全方位了解当今及未来农业领域对相关技能型人才的具体要求。包括但不限于新技术、新形式的开发与应用，新兴农用科技的发展取向，以及传统农业工具、农业技术的升级对技能型人才的新要求等。以此来保证竞赛项目和内容精准对接农业人才市场，避免“学非所用”的现象。

2. 对接经济社会发展趋势

技能竞赛作为提升职业技能、选拔优秀人才的重要途径，其设计与实施应当紧密贴合人才市场的需求以及实际生产的现状与发展趋势，以确保竞赛的实用性和前瞻性。各类竞赛的内容设置、操作规范及评判标准应紧密依托市场实际和生产一线，对真实的工作环境和工作任务进行高度的还原。通过引入企业实际案例、生产设备和技术标准，让参赛者在实际操作中感受职业氛围，提升解决实际问题的能力。同时，邀请企业技术骨干和资深专家作为评委或指导教师，确保竞赛的专业性和权威性。

3. 具有创新能力训练价值

在竞赛形式和内容的设计中，应着重考察参赛选手的创新能力和实践操作水平。通过设置非限制性议题、自主创作题，引入创新资源支持等方式，激发选手的创新潜能，培养其独立思考和解决问题的能力。同时，应致力于强化创新成果的转化效能与应用力度，积极促进优秀竞赛项目顺利迈向市场，以期达成竞赛成果向经济价值的转化，并进一步实现其社会价值，从而推动社会的全面进步与发展。

（三）丰富耕读教育展示活动

耕读教育作为我国古代教育之瑰宝，深植于尊重自然法则、崇尚勤劳智慧以及倡导实践创新的精神土壤之中，对于培育既了解农业又热爱农业的实用型农业人才具有不可估量的价值。面对乡村振兴的时代大潮与农业农村现代化的发展需求，地方农业相关院校被赋予了新的历史使命——为这一伟大进程贡献力量。将耕读教育的精髓贯穿于人才培养的每一个环节，开展一系列独具农业特色、理论与实践并重、创新与实践紧密结合的耕读展示活动不仅能传承与弘扬宝贵的耕读精神，更在于培养出一批批能够深刻理解农村、热爱农业、精通技术、勇于创新的新时代农业人才。

1. 耕读文化节

举办具有当地特色的耕读文化节是学校落实教育部关于加强和改进涉农高校耕读教育工作的重要举措，是打造文化特色品牌、厚植劳动精神的重要内容。活动可以“耕读文化”为主题，根据各涉农高校学科特色设置多个展区进行展览。例如，生命与科学学院可展出学校标本馆馆藏的极具代表性的标本以及最新的标本数字馆成果，展现各涉农高校在当地植物资源收集和多样性保护方面的成果和贡献。

2. 开展农耕体验活动

涉农高校开展农耕体验活动不仅能加深学生对农业的理解和认识，还能在潜移默化中塑造他们的就业观，引导他们关注并投身于农业现代化和可持续发展的实践。具体可从以下三方面进行考量。第一，农耕体验活动与涉农专业的课程教学紧密结合，使学生在实践中深化对专业知识的理解和应用。例如，在农业经济管理专业，可以组织学生开展农产品市场调研、农业企业经营管理等活动；在农业工程技术专业，可以安排学生参与农田水利建设、农业机械化作业等实践项目。第二，加强职业规划指导，在农耕体验活动结束后，组织学生进行总结和交流，分享自己的感受和收获。同时，邀请农业领域的成功人士或校友分享自己的职业经历和经验教训，引导学生树立正确的职业观和就业观。此外，学校还可以为学生提供职业规划和就业指导服务，帮助他们明确职业方向和目标。第三，推动校地合作，涉农高校可以积极与地方政府、农业企业等建立合作关系，共同开展农耕体验活动和农业科研项目。通过校地合作，不仅可以为学生提供更多的实践机会和就业渠道，还可以促进农业技术的推广和应用，为地方经济发展做出贡献。

3. 围绕校园媒体进行耕读文化宣传

校园隐性文化是指学校中客观存在的、常常以潜移默化的方式对学生的全面发展产生实际影响的各种因素。涉农高校可最大限度地利用学校学报、校刊、校园广播、电视台、微信公众号、官方网站、微博等校园隐性文化，围绕耕读教育的核心和扩充内容，结合涉农高校的办学特点和学科优势，进行多种媒体传播途径的探索和创新，将耕读文化更大范围地在媒体网络内进行传播，多方位展示农耕文化的历史底蕴和当代育人价值。且各个媒体平台需构建自身的“人设”定位和对应特色，在保证内容传播的广度、深度以及正能量的同时，还能最大限度地激发学生对“三农”的兴趣与热爱。与此同时，学生能根据自身专业以及实践经历更加理解“懂农业、爱农村、爱农民”的深层意义，激发扎根农村、服务“三农”的奉献精神和崇高情怀，真正实现“农民富裕，农业繁荣，农村和谐”。

4. 强化实践教育与择业引导

在党的十九大报告中，习近平总书记特别提出了乡村振兴这一伟大战略要求。2021 年，国家颁布了《关于加快推进乡村人才振兴的意见》（以下简称《意见》），《意见》中特别强调要将人力资源开发放在首要位置，并招揽各方人才在乡村振兴中带领乡村发展走向更高层面。在此背景下，各涉农高校更要利用“耕读教育”这一特色教学资源，正确引导本校培养的各类高等专业人才形成正确的择业观、就业观，能积极投入乡村建设，真正把“论文写在农村大地上”。调查显示，城乡的薪资差距、城乡的保障水平差异、城乡的配套服务差距和社会舆论导向会对大学生选择涉农工作产生一定的影响，城镇相对较优异的条件导致有一部分学生不愿深入农村进行就业。[①] 于是，当前对各涉农专业学生的择业观教育是非常有必要的。①统筹资源配置，优化就业格局。新发展阶段，涉农高校应当以“全面贯彻新发展理念、构建新发展格局”为目标，将各类可利用资源进行系统整合，推进农业类人才培养高质量发展。根据教育部《加强和改进涉农高校耕读教育工作方案》中的要求，各涉农高校在开展耕读教育各类活动的背后可合理优化、整合学校已有的优质学科教学资源，强化学科与耕读教育、农村发展等相关方向最新政策的联系。同时，可引进一批经验丰富、学术造诣丰富的专业教师，结合学院学科特点，打造一批极具特色的耕读教育实践课程，优化学生对于当前深入农村就业的认识与格局。②构建精准就业体系布局。结合各涉农高校的学科发展方向、专业背景，在耕读教育各类活动开展的基础之上，学院可依托“耕读文化”精神创建一批就业指导基地，旨在对各农科专业学生进行精准帮扶。学院在指导教师、合作企业、耕读教育精神三方的协同合力下，拓宽学生的就业途径，影响学生择业的意愿。同时，学校已有的各项创业项目、创业资金、创业基地等可给予学生更大力度的支持，从而使更多“心有余而力不足”的学生有足够的物质基础投身乡村建设。③突出耕读教育榜样示范性。涉农高校在开展耕读教育的同时，将职普教育融合、产教深度融合等新型教育模式探索所带来的机遇赋能耕读教育的高质量成果产生，并利用其优势进行示范，在此基础上积极探索更多、更优质的实践方式。同时，积极加深对于耕读教育潜力的理解与挖掘，加重耕读实践教育在课程中的比重。通过榜样的多元化示范，激发学生对于新时代耕读文化的探索与实践热情，让“勤耕重读”的精神在更广范围内传播开来，综合提升择业观教育工作的系统性、针对性、有效性。

---

① 吴限，许辉，房丹丹，等．“耕读教育”视域下农业院校人才培养有效路径探究：以东北农业大学为例［J］. 新教育时代电子杂志（教师版），2022（20）：174-176.

第三节　课外活动平台：挖掘耕读文化价值

一、“六求”活动教育体系

（一）求真：学术科技活动

求真，即追求真理、崇尚科学。在农科人才培养中，学术科技活动是提升学生专业素养和科研能力的关键环节。高校应积极推动科研与教学深度融合，将教师的科研成果转化为教学资源，为学生提供最前沿的学科知识。同时，鼓励学生参与科研项目，通过实践探索科学真理，培养严谨的科学态度和扎实的科研能力。例如，可以设立大学生创新项目，引导学生结合导师科研课题，开展创新性研究，实现从认知到实证的转变。学校将培养交叉复合型拔尖创新人才作为实施多学科交叉融合育人实践的落脚点，不断丰富“求真”学术科技活动教育体系内涵，促进大学生知识学习与科学研究、能力培养的有机结合。

（二）求实：社会实践活动

求实，即注重实践、脚踏实地。社会实践活动是农科学生将所学知识应用于实际生产的重要环节。高校应深化校企合作，建立稳定的校外实践基地，为学生提供丰富的实践机会。通过参与企业实践、农业科技推广等活动，学生可以亲身体验农业生产过程，了解市场需求和行业动态，增强实践能力和职业素养。

（三）求强：创新创业能力

求强，即追求创新创业能力的提升。高校应高度重视创业教育，将其纳入人才培养方案，开设多门创新创业课程，为学生提供系统的创业知识和技能。同时，可以邀请校外专家、成功创业者到校举办讲座、分享经验，激发学生的创业热情和信心。“求强”就业创业活动教育旨在培养学生的自强精神、创业能力以及自信、自立、自强的“求强”品格。“天行健，君子以自强不息。”针对大学生自强精神、创业能力和“求强”品格的培养，湖南农业大学制定了《关于引导和鼓励毕业生面向西部和基层就业的意见》等文件，引导学生积极参加就业创业活动。广泛开展“自强之星”评选活动，大力宣传“自信、自立、自强”的优秀学生典型；组织名企校园行和高校名企行活动；举办企业班，实施定单式培养，通过加强与企业的联系并与企业联合开展活动，缩短学生进入社会的适应期，提高就业竞争力；邀请企事业单位负责人做就业创业专题报告；积极引导学生参加各类职业资格证书考试；积极组织开展大学生就业力挑战赛、创业论坛、模拟职场、创业计划大赛等活动；组织基层校友创业报告会。

（四）求善：文明道德教育

求善，即追求良好的道德品质和社会责任感。高校应加强思想政治教育，引导学生树立正确的世界观、人生观和价值观。可以通过开展主题班会、党团活动、志愿服务等方式，培养学生的家国情怀和社会责任感。同时，还应注重培养学生的职业道德，使其在未来的职业生涯中能够坚守底线、诚实守信。“求善”文明道德活动教育旨在培养学生的仁爱精神、道德能力以及崇善、向善、扬善的“求善”品格。“大学之道，在明明德，在亲民，在止于至善。”针对大学生仁爱精神、道德能力和“求善”品格的培养，湖南农业大学制定了《关于进一步加强思想政治教育工作的决定》等文件，引导学生积极参加文明道德活动。大力加强入学教育、榜样教育、警示教育和文明教育等一系列日常管理教育活动；深入开展大学生文明修身活动，着力创建文明寝室、文明班级、文明学院、文明校园；着力开辟网络思想政治教育阵地，以全国学校共青团专业工作室湘农青年新媒体中心为抓手，在湘农青年微信平台上开设“网上团员之家”等栏目；以党支部为阵地，开展“一个党员一面旗帜”活动，大力推广“党员示范岗”，建立学生党员联系学生班级、学生公寓和学生制度；结合形势政策，适时开展“知荣明耻树新风”“弘扬中华美德，构建和谐校园”“敬老、爱老、助老”等主题教育活动；利用重大节庆日、纪念日、开学典礼、毕业典礼等，以升国旗、纪念会、座谈会、报告会、表彰会等形式开展爱国主义、社会主义、集体主义教育；实行青年志愿者登记注册制度，建立志愿服务基地，深入开展捐献骨髓干细胞、无偿献血、义务家教、助老助残等青年志愿者活动。

（五）求美：文化艺术活动

求美，即追求美好的艺术情操和审美情趣。高校应丰富校园文化生活，为学生提供多元化的文化艺术活动。可以定期举办文艺晚会、书画展、摄影比赛等活动，展示学生的才艺和创造力；还可以邀请艺术家到校举办讲座、工作坊等，提升学生的艺术修养和审美能力。文化艺术活动不仅有助于提升学生的审美情操，还能促进不同学科之间的交叉融合。高校应鼓励农科学生跨学科参与文化艺术活动，通过与其他学科学生的交流与合作，拓宽视野、启迪思维。这有助于培养学生的创新思维和综合能力，为未来的创新创业奠定坚实的基础。“求美”文化艺术活动教育旨在培养学生的人文精神、审美能力以及发现美、欣赏美、追求美、创造美的“求美”品格。

“关乎人文，以化成天下。”针对大学生人文精神、审美能力和“求美”品格的培养，湖南农业大学制定了《关于加强大学生文化素质教育的决定》等文件，引导学生积极参加文化艺术活动。遵循“积淀学院文化、繁荣校园文化、打造品牌文化，增强审美意识、提高审美能力、陶冶审美素质”的理念，坚持常年组织开展内容丰富、形式多样的校园文化艺术节；结合专业特色，开展“一院一品”以学科特色为代表的专业文化艺术节；充分利用社会文艺资源来丰富校园文化生活。多次与湖南人民广播电台、湖南电视台等联合举办活动，邀请交响乐团、京剧团、话剧团、花鼓戏剧团、曲艺团等专业团体来校演出；1998 年创办的“人文讲坛”这一品牌论坛，至今已举办 370 期，编写的《走进人文讲坛》一书，由湖南人民出版社正式出版发行，该书成为大学生难得的人文教育读本；坚持组织一年一度的体育运动节，深入开展形式多样的群众性体育活动，每年参与人数达 3 万余人次，学生体质健康标准合格率保持在 99.4%以上。此外，学校还组织了跆拳道比赛、羽毛球赛、足球赛、慢垒赛等多项大型省级体育竞赛活动。

（六）求特：弘扬个性发展

求特，即追求个性发展和特色成长。高校应尊重学生的个性差异和兴趣特长，为每个学生提供适合自己的成长路径。可以通过实施个性化教学计划、提供多样化的选修课程等方式，满足不同学生的学习需求和发展愿望。同时，还应注重培养学生的自主学习能力和批判性思维能力，使其在未来的职业生涯中能够持续成长和进步。

二、“六进”实践育人体系

（一）进生产一线：强化专业技能训练

农业人才培养具有良好的耕读教育传统，耕读教育的最有效途径就是深入生产一线参加农业生产实践。① 进生产一线，是指参与家庭农场、农民专业合作社、现代农业企业的生产实践。大学生年龄在 18~23 岁之间，大三学生已具有较好的专业基础和实践能力，进入生产一线投身农业生产实践，能够有效提升他们的实践技能，同时也实现学以致用。大学生直接参与到农业生产过程中，亲身体验农业生产的艰辛与乐趣，可以加深对农业行业的认知和理解，在农业生产过程中发现农业科学问题和技术需求，奠定论文研究的实践基础。在生产一线实践中，学生还可以结合所学知识，为家庭农场、农民专业合作社、现代农业企业提供一定的技术服务或技术咨询，协助新型农业经营主体开展农业规划与设计、农业经营决策咨询、农情诊断、病虫草害防治、土壤改良等科技服务，体现当代大学生的社会价值，同时也能有效地培养“一懂两爱”情怀和强农报国责任意识。

（二）进乡村社区：深入了解农村现状

在中国现有国民教育体系框架下，大部分研究生是从学校到学校，缺乏社会经验，不了解农业、农村、农民现状，很难把握农业发展“痛点”。进乡村社区，是安排研究生深入农村基层，了解“三农”现状，体验乡村生态，把握农业发展“痛点”。随着时代进步，农村面貌已发生根本性改变，农民的思想意识得到了大幅度提升，农业机械化已基本实现，但“三农”问题仍然很多，农业发展“痛点”依然存在。作物学博士研究生文双雅经常深入农村基层调研，发现农业机械化迅速发展，但农机使用寿命和折旧问题很大，工厂里的机械设备采用十年折旧制，是因为在车间室内环境三班倒情况下能够使用十年以上，但农业机械使用寿命很短，田间作业的农机穿沙走石蹚泥损

① 祁婧，侯顺，王满囷，等．耕读教育视域下农科研究生“四融合”培养体系构建与实践［J］．学位与研究生教育，2024（1）：18-25.

毁率高，拖拉机、收割机一般只能使用五年左右，插秧机三四年就不好用了，对照现有会计核算体系的十年折旧制，农业机械设备严重不适用。另外，由于农业生产的季节性，农业机械使用率很低，大部分农机一年的实际使用时间在60天左右，从而导致农业生产投资大、利润率极低，这类农业发展“痛点”问题如何解决，可以引发研究生的深入思考。

（三）进农家庭院：试试融入农家生活

“六边”综合实习时间长达半年多，为学生进入农家庭院，与农民同吃同住同劳动创造了良好条件，使大学生融入农家生活，了解农民疾苦，同时能够提升大学生的生活技能，学习家庭管理常识，增加社会知识和阅历。可以由教师组织学生进行多样化的社会调查，也可以鼓励学生自发开展社会调查，包括农业生产情况调研、农民生活现状调研、农村社会问题调研。通过这些调查研究活动，大学生可以充分了解农民生活、农业生产现状和农村社会问题，扎扎实实融入农家生活。

（四）进企业课堂：提早对接职业岗位

改革开放以来，我国涌现了一大批现代农业企业，包括各级农业产业化龙头企业和农民专业合作社，为植物生产类专业大学生实践能力培养提供了良好条件。进企业课堂，意味着将企业的实际运营场景和先进技术引入教学之中，学生在校期间就能接触到真实的企业运行环境。为此，农林高校应与现代农业企业建立紧密的合作关系，共同制定人才培养方案，实现课程内容的无缝对接。企业可以派遣经验丰富的专家、技术人员到校授课，将最新的行业动态、技术前沿和企业管理理念带入课堂，使学生能够及时了解并掌握行业发展的最新动态。

（五）进创新团队：提升科技创新能力

农林高校大学生必须做好本科毕业论文的准备工作，完成部分论文研究任务，不能有效融入导师的创新团队很难高质量完成本科毕业论文。农林高校大学生融入导师的创新团队，可以学习学术规范，参与学术交流，提升科学素养，感染学术氛围，形成创新意识，激发创新思维，提升创新能力。

（六）进竞赛舞台：提升创新创业能力

教育行政主管部门和社会各界为大学生提供了多样化的竞赛舞台，国家级的主要有“挑战杯”大学生科技作品大赛、中国国际大学生创新创业大赛（原“互联网+”大学生创新创业大赛），还有各级各类学科竞赛和大学生实验技能大赛、实践技能大赛、科研技能大赛，为当代大学生步入竞赛舞台提供了多种机会，能够有效提升专业技能和实践能力，通过主持或参与竞赛活动过程中的锻炼和磨砺，培养综合素质和创新能力。

三、耕读文化节庆活动

（一）山东农业大学首届耕读文化节简介

2023年5月30日，山东农业大学首届耕读文化节启动仪式在泮河校区隆重举行。耕读文化节以“登高必自强农梦，耕读行远报国情”为主题，是学校落实教育部关于加强和改进涉农高校耕读教育工作的重要举措，是打造文化特色品牌、厚植劳动精神的重要内容。目前，学校有山东农业大学农学实验站、山东农大肥业科技股份有限公司、济南龙凤庄园现代农业技术有限公司、济南安普瑞禽业科技有限公司四个耕读教育基地。在泮河校区举办的相关展陈展览分为耕读文化节主题展、昆虫文化节、科学家精神展三部分。

耕读文化节主题展区以“种·收”为主题，并把学校标识系统色山农绿与丰收橙有机结合，围绕综合楼广场设置农耕文化展示区、动植物与菌类展示区、茶艺花艺展示区、农产品加工品鉴区、文化阅读区、传统文化欣赏体验区六个展区。各展区以习近平总书记关于“三农”工作重要论述为主线布展，通过展览、体验、品鉴等多种形式让师生走进展区，沉浸式亲身感受耕读文化的同时，不断深化对习近平新时代中国特色社会主义思想的学习教育，深刻体悟劳动价值，增强劳动意识，强化知农爱农、强农兴农责任担当。

第八届昆虫文化节以“植农耕情怀，展未来‘虫’憬”为主题，分为昆虫艺术作品大赛、昆虫作品展、“大手牵小手，走进昆虫世界”耕读主题活动和昆虫创意产品设计大赛四个活动内容。通过喜闻乐见的文化活动，科普昆虫文化知识，体会昆虫观赏及食用价值，了解昆虫在农业生产实践中的作用，进一步丰富耕读教育内容，传承弘扬中华优秀传统农耕文化。

（二）东北农业大学举办第二届耕读文化节简介

春播、夏长、秋收、冬藏，在东北农业大学校园，四季的轮转体现于随处可见的美好。2024 年 9 月 26 日，以“传承耕读文化 矢志强农兴邦”为主题的东北农业大学第二届耕读文化节在学校后稷园举行，全体在校相关领导、各相关部门、学院负责人、校友企业代表、企业代表及广大师生代表参加活动，沉浸式体验科技赋能的农业新时代。本届耕读文化节历时两个月，将传承耕读文化与思政教育、专业教育、劳动教育相结合，设有文化节主题展区、首届大学生稻草雕塑创作比赛、大学生后稷音乐节、“爱农业、知农情、强农技”主题实践活动、国际教育展等系列主题活动。

活动现场设有七大主题展区，通过展览、体验、品鉴等多种形式，让师生亲身感受耕读文化的魅力。谷丰金苑——五谷农物体验区，以实物形式展现学校代表性农作物品种及科研成果，宣传耕种知识，弘扬劳动精神；物博锦苑——生物标本体验区，通过展示学校种类多样、制作精良的动植物及昆虫标本、模型，领略大自然的奇妙；文渊雅苑——书画古籍体验区，通过书画作品、特色古籍展示以及创作体验，引导师生近距离感受中华文化之美；果硕佳苑——果蔬食品体验区，设立由学校研发和提供技术支持的各类果蔬品种、小浆果、奶制品、肉制品等品鉴区，让师生亲身体验学校科研成果；艺馨美苑——花艺茶艺体验区，通过精美的插花艺术、盆景艺术、茶艺表演以及汉服展示，增进对中华优秀传统文化的理解和认知；农情芯苑——校友企业体验区，展示校友企业的创业成果，邀请师生和返校校友们参观体验，交流创业经验，让学生明确职业选择方向和路径；科技智苑——智慧装备体验区，通过展示智慧农业、智慧畜牧装备、智能农机装备及学生科技竞赛作品，提供深入了解和体验现代农机、水利、信息科技的平台。

活动现场，师生纷纷走入展区，沉浸式体验耕读文化节展示项目。在智慧装备体验区，观看神奇的化学电源和化学温度计等现场展示，体验骨导通信眼镜等装备；在食品体验区，师生们品尝果蔬、酸奶、肉类食品等；在校友企业体验区，聆听返校校友秉承“三农”情怀，矢志以科技报国的学农为农故事。

第四节 校园文化建设：营造耕读文化氛围

耕读文化作为中国传统文化的重要组成部分，集“耕”与“读”于一体，倡导劳动与学习并重。该理念源于中国农业社会，体现了以劳动换取物质财富、通过学习提升精神修养的价值观。耕读文化不仅强调实践操作能力，更注重思想和精神的提升，是“知行合一”的最好体现。在现代社会中，各高校特别是涉农高校，传承和发扬耕读文化具有重要意义。涉农高校肩负着培养农业人才的重任，耕读文化既能帮助学生掌握现代科技知识，又能培养扎实的实践能力。通过对耕读文化的推广，学生可以有效增强文化认同感和使命感，树立服务农业、服务农村的正确择业观。同时，耕读文化提倡的自强不息、脚踏实地的精神，能够激励学生在面对挑战时坚持不懈、勇于创新。

校园文化是传播耕读文化的理想载体、天然沃土，通过在校园内进行系统的宣传和主题活动，能够营造良好的耕读文化氛围，能够让学生亲身感受耕读文化，提升校园的文化氛围，增强学生对耕读文化的认知与认同，使其在学习生活中自觉践行耕读精神。通过对耕读文化理念的普及、活动的开展、景观设施的建设，各高校可以为学生提供全方位的耕读文化体验，增强文化自信，拓宽职业选择的视野。

一、宣传与普及耕读文化理念

在当前教育体系中，耕读文化作为中华优秀传统文化的重要组成部分，在涉农高校中有着独特的教育价值和现实意义。然而，随着时代的发展，耕读文化理念在现代教育模式下面临着一定的困境与挑战。一方面，部分涉农高校对耕读文化的认知仅停留在表面，缺乏深度的理解，使耕读文化的教育流于形式；另一方面，学生对于传统文化的接受程度有限，难以真正将耕读精神内化为个人成长与职业发展的动力。因此，如何在农林类高校中通过宣传与普及耕读文化理念的方式来提升学生的文化认同感与实践能力，成为一个亟待解决的问题。

以下首先从当前高校在耕读教育模式中普遍存在的问题，引出其给耕读文化传承所带来的挑战。其次阐述农林类高校加强耕读文化宣传与教育的必要性，指出通过文化传播来提升学生的文化素养与社会责任感的现实意义。最后，针对如何有效进行耕读文化的宣传与普及，提出一系列切实可行的策略与措施，帮助涉农高校更好地承担起文化传承的责任的同时，推动现代教育与优秀传统文化的有机融合。

（一）涉农高校耕读教育模式存在的主要问题

1. 耕读文化建设力度不足

就目前来说，耕读文化的宣传与推广尚未形成系统化、常态化的机制。尽管部分高校已经认识到耕读文化的重要性，但在实际的宣传过程中，往往缺乏明确的规划和持续性的投入。大多学校对耕读文化的宣传仅停留在口号式的表面推广，相关活动的零散、不成体系，无法对师生产生深刻影响。像这样短期、碎片化的宣传方式使得学生对耕读文化的认知仅停留在表面，无法充分理解其背后的文化内涵和现实意义。在课程设计和教材编写方面，涉农高校的耕读文化建设相对滞后，未能结合新时代挖掘耕读文化元素，也未将其有效渗透到教学的各个环节中。许多涉农高校的课程体系中虽然涉及农业科技、农学等学科内容，但与传统耕读文化相关的课程较少，缺乏对耕读文化理论的系统讲解和实践指导。同时，现有的教材也很少专门针对耕读文化进行深入探讨，导致学生在接受专业知识教育的同时，难以融会贯通，从课程中汲取到耕读文化的精神养分。这种教育建设的不足，又反过来削弱了耕读文化在学生心中的地位。教师是开展高质量耕读教育的重要保障。高校应打造高水平师资队伍，从校外引进高水平专业人才，充实师资队伍。新时代对于农林高校的人才培养提出了新的要求，高校教师也要进行新的知识学习，提升自身的教学能力，增加知识储备，特别是要优化知识结构。

耕读文化的基础设施建设不够完善。在一些涉农高校，虽然已经设立了部分与耕读文化相关的实践基地或文化设施，但规模较小、覆盖面有限，无法满足全体学生参与实践的需求。许多学校缺乏具有耕读文化特色的景观设计或建筑，校园环境中难以体现出耕读文化的精神内核，导致学生难以在日常生活中感受到耕读文化的氛围。

2. 耕读文化理念教育不系统

耕读文化在高校教育体系中缺乏统一规划和系统设计。许多高校虽然在培养方案中提到耕读文化的教育，但并没有将其与其他课程体系进行有机结合，导致教育内容分散，难以连贯。学生接触到耕读文化的机会本就有限，且多是通过零散活动或单一课程，这使得学生难以全面理解其深刻内涵与现实意义。系统的耕读教育应是由浅入深，理论与实践相结合，而目前教育方式更多依赖于单纯劳动教育或理论宣讲，导致教育效果不显著。

课程内容单一，教育形式死板。耕读文化本是"耕"与"读"两个核心概念的共同体，涉及中华优秀传统文化中关于人与自然、人与社会的关系思考，许多学校却在耕读文化教育过程中，只强调与农业生产相关的技能培训或机械的劳动教育，而忽视了"读"这一部分的精神教育，忽略了文化传承与人文素养的提升。且缺少对耕读文化深层次理念的讲解和讨论，使得学生对耕读文化难以理解甚至抵触，无法形成全面的价值认同。

理论与实践脱节是耕读文化理念难以在实践中得到有效运用的重要原因。耕读文化本身强调知行合一，当前许多高校的耕读文化教育却依赖课堂讲授，理论和实践相互割裂，学生在课堂上接受的耕读文化理念难以在日常生活和学习中得到应用和验证。这种理论与实践的脱节，进一步削弱了学生对耕读文化的感知和认同。

3. 耕读文化理念实践不够

实践活动内容死板，未能有效践行耕读文化的核心理念。耕读文化倡导"耕"与"读"相结合，强调劳动实践与读书思考并重，但在绝大部分高校的实际操作中，劳动实践往往仅限于一些简单的体力劳动，如参加农场劳动或环境清理等。这些活动虽然能够让学生体验劳动，但缺少与专业知识和优秀传统文化的结合，无法体现耕读文化的深层内涵，反而在身心俱疲下更加抵触。学生无法从中机械劳动中体会到耕读文化中"劳作以自足、学习以修身"的核心精神。

实践机会有限，学生参与度不足。目前许多高校的耕读文化实践活动相对较少，覆盖面不广，参与人数有限，无法为全体学生提供足够的实践机会。

学校资源有限或实践基地设施不完善使得学生的实际参与往往受到限制，部分学生甚至没有机会真正接触到与农业生产或文化传承相关的实践活动。这种参与度的不足导致学生对耕读文化的认知停留在理论层面，缺乏通过实践深化理解的机会。

实践教育和日常学习脱节，缺乏长效机制。目前的耕读文化实践活动往往以短期为主，缺乏系统性和连续性。许多活动仅在特定时间、地点内开展，活动结束后，学生在日常学习中难以继续践行耕读文化理念。实践活动与课程教学之间也缺乏紧密联系，在实践中的收获难以在课堂上进一步升华，实践经验与理论学习无法形成有效互动。这种脱节不仅影响了耕读文化的长期教育效果，也使得学生难以在日常生活中自觉运用耕读文化的理念。

4. 耕读文化理念实践场所建设有待加强

实践场地的数量、质量不足限制了学生参与耕读文化活动的机会。部分学校虽设立了农场或田园基地，但面积有限、使用频率高，学生在参与时往往面临资源不足的问题，无法真正深入参与农耕劳动和实践活动。这种场地资源的匮乏，直接阻碍了耕读文化理念在实践中的有效传达。

现有实践场所功能单一，无法全面体现耕读文化的多元内涵。耕读文化是从强调农业生产中的劳动实践出发，引出蕴含着深厚文化内涵和知识的传承。然而，许多高校的实践场所仅关注劳动实践层面，忽视了文化传承和知识交流的功能。现有场所多为单一的农田、农场，缺少文化展示区、学习研讨区等多功能空间。这种功能的单一性使得学生难以在场所中感受到耕读文化的完整图景，实践内容也因此显得片面。

耕读文化实践场所的文化氛围建设不足，缺乏对文化精神的深入传达。耕读文化的核心在于让学生在劳动与文化熏陶中领悟传统智慧与价值。然而，许多实践场所却未能展示和引导耕读文化精神，学生只停留在“做”的表面，未能从环境中感受到思想的升华。为了加深学生对耕读文化的理解与认同，实践场所应该设计标志性景观、设置解说牌等方式，将文化内涵融入其中，让学生在参与劳动时自然地接受文化熏陶。

管理和维护机制不健全也是一个问题。一些高校缺乏专业管理团队，导致实践场所利用率低下，部分场地长期废弃，未能发挥应有的教育功能。同时，缺乏定期维护和更新，导致设施老化无法满足现代教学需求。这种不完善的管理机制不仅浪费资源，还削弱了耕读文化教育的效果。

（二）耕读文化融入校园文化建设的必要性

1. 更新教育理念，促进高校学生全面发展

耕读文化作为中华优秀传统文化的重要组成部分，融合了劳动与读书的双重价值观，倡导通过实践获取物质基础、通过学习提升精神生活。将这一文化融入高校教育，帮助学生丰富思想素养，增强对中华优秀传统文化的认同感与文化自信，从而提升其在全球化背景下的文化竞争力。面对复杂的社会环境，耕读文化的勤劳奋斗、求知精神，能够帮助学生树立正确的价值观和脚踏实地、持续学习的态度，增强社会责任感。

耕读文化中的“知行合一”理念，本质是强调理论与实践的结合。农耕文化是人们在千百年农业生产实践中形成的精神积淀，是学生成长过程中不可或缺的精神之“钙”。学生在学习过程中不仅能掌握专业知识，更在实践中提升解决问题的能力，树立终身学习的观念。特别是在农业现代化和智能化发展背景下，学生需持续学习，才能应对未来各种挑战。

推广耕读文化有助于涉农高校培养德智体美劳全面发展的综合型人才。耕读教育不仅能激发学生对农业知识的兴趣，还能让他们体验中华优秀传统文化，修身养性，使其成为责任、能力与素质兼备的新型人才。此外，这种教育形式还鼓励学生反哺农村，推动乡村振兴。更新教育理念，推动耕读文化的普及，有助于解决当前高等教育中重知识轻实践的倾向，培养更多具有实践能力与文化自信的新时代农业人才，推动中国农业的可持续发展。

2. 有助于传承中华优秀传统文化

中国古代耕读传家包含了中国人特有的世界观，是古人教育智慧的集合体，例如，二十四节气理论，如今已列入联合国教科文组织人类非物质文化遗产代表作名录，这是古人从天地运行中发现的科学规律。耕读文化作为中华优秀传统文化的重要组成部分，具有深厚的历史背景和独特的文化价值。宣传与普及耕读文化，不仅可以促进学生的全面发展，还在文化传承方面具有深远的意义。耕读文化所承载的优秀传统文化元素，可以帮助当代大学生在全球化、多元化的社会背景下，保持文化根基，增强文化自信，实现中华

文化的有效传承。

耕读文化倡导的劳动教育理念与当前教育体系中的理念相契合。学生通过体验劳动的价值，巩固知识，在学习与实践中成长。这种教育方式不仅有助于传承劳动与知识并重的传统，也能够让学生在实践中培养勤奋品质，继承和发扬中华优秀传统文化中的精髓。耕读文化是中华文化的瑰宝之一，内涵丰富而深刻，包括了忠孝仁义、节俭自强、崇尚知识等多方面价值观。在校园内广泛推广耕读文化，有助于学生更好地领会中华优秀传统文化核心思想，加深对本土文化的认同感。这种认同感能够使学生在外来文化冲击下保持自信和坚守本土文化，形成更加坚定的文化认同。

中华优秀传统文化的传承需要当代青年积极参与和接力。高校学生作为未来农业发展的主力军，更应在学习与实践中传承和弘扬这些优秀传统。通过系统宣传普及耕读文化，学生不仅能够在理论层面上理解其文化价值，还能够在实际生活中感受其重要性，从而自觉地将这些文化精神融入日常学习、工作与生活中。这种文化传承的方式，不仅是优秀传统文化的延续，更是当代青年对中华文化精神的创新性诠释。

3. 扩宽育人渠道

耕读文化的宣传与普及不仅能够继承和弘扬中华优秀传统文化，还为涉农高校的教育体系注入了新的活力，丰富和扩宽了育人渠道。随着高等教育的快速发展，传统的教育模式已无法完全满足新时代对高素质人才的需求。耕读文化中所蕴含的丰富的知识内容和实践智慧，不仅可以扩宽学生的知识面，还能够使理论学习与实际应用更加紧密结合。传统的农林类课程往往侧重于专业理论知识的传授，而耕读文化可以为学生提供另一种视角，帮助他们理解农业生产、自然规律与人文精神之间的联系。通过将耕读文化的内容纳入课程设置，学校可以实现“文化育人”的目标，让学生在专业学习的同时，领悟中华文化中的劳动智慧与社会责任感。

耕读文化的融入也为高校与社会、企业之间的合作提供了新的契机。通过推动产学研合作，涉农高校可以进一步扩宽育人渠道，使学生在校期间不仅能够接受理论和实践教育，还能够直接参与到农业生产和科研项目中，提升创新能力与实践技能。耕读文化所倡导的“知行合一”的理念，正是产学研合作教育模式的最好体现。涉农高校可以通过与农业企业、科研院所合作，建立耕读文化示范基地，为学生提供实习和研究的机会。学生可以将耕读文化的理念融入科研与生产中，探索传统农业智慧与现代农业技术的结合点，推动农业生产的可持续发展。产学研一体化的教育模式，不仅能够拓展学生的学习渠道，还能够增强他们的社会适应能力，为其未来职业生涯的顺利发展奠定基础。

4. 为乡村发展培育人才

耕读文化作为中国传统农业社会的重要文化形态，倡导读书与劳动并重、知行合一的理念，这一文化内涵与当前的乡村振兴战略高度契合，与我国所强调的“修身齐家治国平天下”的思想存在相通之处，很好地体现了古代知识分子以天下为己任的社会责任感。通过在高校传承耕读文化，能够帮助学生培养服务小家、报效大家的使命感。这种社会责任感也与当代乡村振兴的目标所契合，不断激励着学生积极参与到农业生产与乡村建设中，为推动乡村发展提供力量。耕读教育有助于培养大国“三农”的意识，将国家的命运与优秀传统文化及个人修养相结合，为乡村振兴提供人才支撑。乡村振兴战略的实施，需要大量具备责任意识和实践能力的人才。如何培养这种社会责任感，帮助高校毕业生更好地理解乡村发展需求，并积极投身乡村教育、文化和经济建设，是助力乡村实现可持续发展和有效转型的关键力量。乡村可持续发展不仅只依赖于繁荣经济和现代化农业，还需要文化复兴与传承的参与。耕读文化是中华优秀传统文化的代表之一，具有深厚文化沉淀和精神内核，是推动乡村文化振兴的重要精神资源。高校通过对耕读文化进行宣传，可帮助学生在理解乡村文化、传承文化遗产方面发挥决定性作用，为乡村文化振兴贡献力量。学生同时能够更加深入地了解乡村文化的根基，增强对本土文化的认同感与保护意识。

（三）耕读文化融入校园文化的实施策略

1. 校园宣传渠道全覆盖

涉农高校可以充分利用校园内现有的宣传平台，如校内公告栏、校园广播、校报、学校官方网站和微信公众号等。通过这些渠道，定期发布关于耕读文化的文章、视频和海报，让学生在日常生活中潜移默化地接触到这一文化，还可以利用电子屏幕、图书馆展示区、教学楼海报墙等空间进行重点宣传，让耕读文化融入学生的学习与生活环境中。这种全方位、立体化的宣传形式能够显著提高学生对耕读文化的兴趣与关注。

2. 开展专题讲座与研讨会

高校可以邀请与耕读文化研究领域相关的专家、学者来校园举办专题讲座、研讨会或学术论坛，让学生更加深入了解耕读文化的思想精髓与现代意义。这些活动可以帮助学生从学术角度理解专业的耕读文化，引发他们对于耕读文化与现代农业、乡村发展的无限思考。定期开展耕读文化系列讲座也是不错的选择，覆盖不同年级和专业的学生，让他们在多维度的交流中进一步认识耕读文化的价值。此外，还可设置耕读文化相关的课程或选修课，将其纳入日常管理教学中，帮助学生系统学习耕读文化。

3. 结合校园活动进行实践宣传

实践是传播耕读文化的重要途径之一。可以通过组织缤纷多彩的校园活动，将耕读文化理念深度融入具体的实践当中。例如，举办“耕读文化主题月”或开展耕读文化主题竞赛，不仅是能够提高对耕读文化的关注度，更是为了能让学生在参与中感受到十足的耕读文化魅力。又如，可以组织耕作技能比赛，让学生亲身体验耕作的乐趣和挑战；举办文化创意设计大赛，鼓励学生将传统文化与现代艺术相融合，展现出耕读文化的独特魅力；等等。

4. 借助新媒体平台扩大影响力

在互联网时代，新媒体已经成为传播文化的重要平台。涉农高校可以充分利用抖音、快手、B站等短视频平台，发布以耕读文化为主题的创意短视频或微电影，吸引更多学生的关注和参与。学校将传统耕读文化与现代元素相结合，以更生动、更富有创意的形式进行文化传播。同时，学校可以鼓励学生利用社交媒体发布耕读文化相关的文章、图片或视频，形成线上线下互动，扩大耕读文化的影响力。“自媒体+校园文化”的双重传播模式，能够更加广泛地普及耕读文化理念，调动学生的主动性和创造力。

5. 开展耕读文化主题竞赛

举办带有奖励机制的耕读文化相关校园竞赛能显著提高耕读文化关注度，如耕作技能比赛、文化创意设计大赛、耕读文化创新创业竞赛等，能够让学生在参与中加深对耕读文化的理解。例如，可以设计耕作农田、农业产品设计等比赛项目，让学生动手实践耕作技巧，并在竞赛过程中体验耕读文化的精神内核。文化创意设计大赛则可以鼓励学生将耕读文化与现代艺术、设计相结合，通过绘画、设计、短视频等方式展现耕读文化的多样性和现代价值。这种形式的活动能够激发学生创造力，也在竞赛过程中深化对耕读文化的理解和认同。

二、开展耕读文化主题活动

在当今教育体系中，耕读文化作为中华优秀传统文化的瑰宝，承载着重视农业、推崇知识的核心价值。特别是在涉农高校中，耕读文化具有独特的教育意义。通过举办耕读文化主题活动，可以帮助学生更深入地理解传统文化，促进农业知识的普及和实践能力的提升。然而，目前高校中开展耕读文化活动存在形式单一、内容浅显等问题，难以充分发挥其教育功能。因此，探讨耕读文化主题活动的必要性、形式创新和有效实施策略对于提升高校文化内涵、加强学生实践能力具有重要意义。

以下将从耕读文化在教育中的独特作用出发，阐述在高校中开展耕读文化主题活动的必要性。通过丰富多彩的活动形式，如劳动教育、文化节、体验日等，展示如何创新形式以吸引更多学生参与。最后提出如何合理有效地组织和实施这些活动，强调全媒体融入、多学科协同等策略，确保活动内容既丰富又具有教育性，实现耕读文化与现代教育的深度融合。

（一）开展耕读文化主题活动的必要性

1. 营造浓厚的文化氛围

在高校校园内开展耕读文化主题活动，可以有效营造浓厚的文化氛围，使学生在潜移默化中接受传统文化的熏陶，进而深刻理解耕读文化的精神内涵。通过一系列有针对性的活动，学生不仅能在课外领悟“耕”与“读”，还能在参与过程中进一步提升文化认同感与归属感。耕读文化强调读书与劳动并重，这与现代教育中所倡导的理论与实践相结合不谋而合。通过丰富多样的主题活动，如劳动体验、读书分享、文化节庆等，不仅可以让学生在亲身实践中感受劳动的价值，还可以让他们在读书交流中领会文化传承的重要性。活动中的实际参与和互动，能让学生从书本知识走向生活实践，体验“知行合一”的精髓。此外，文化氛围的营造不限于活动本身，还体现在活动的长期影响力上。持续性、多样化的活动，能将耕读文化理念融入学生的日常生活中，塑造积极向上的校园文化氛围。当学生长期处于这种文化氛围中，他们会逐渐将耕读文化中的优秀价值观内化为自己的行为准则，形成自主学习、主动劳动的精神品质。文化氛围的营造并不仅限于一时一地，而是通过活动逐步累积和渗透的。通过包括但不限于劳动实践体验、耕读文化讲座、农田学习项目等多层次的文化活动，学生能在活动中拓宽视野、增长知识，还能在集体活动中增强合作意识和团队精神。长此以往，耕读文化的精神将深入人心，成为校园文化的重要组成部分，推动学校整体文化水平的提升。

2. 激发学生的积极参与

开展耕读文化主题活动的另一重要作用在于激发学生的积极参与感。这类活动通常与学生的学习生活紧密结合，为他们提供理论学习之外的实践平台同时，通过多样化的互动形式，激励学生主动融入活动中，从而提升文化认同感和实践能力。耕读文化倡导“耕”与“读”的结合，在活动设计上可以通过劳动体验、农业实践、读书分享会等丰富的形式，调动学生的兴趣。比如，学生可以亲身参与种植作物、照料农田，体验古人“日出而作，日落而息”的生活节奏；同时，通过读书活动，深入探讨古代文人耕读结合的理念，拓宽文化视野。这种结合理论与实践的活动设计，增强了活动的趣味性，学生也在参与中感受到传统文化的磅礴力量。另外，竞争性与奖励机制的引入也是激发积极参与的有效方式。高校可以组织耕读文化相关的比赛或挑战，如农耕技能竞赛、传统文化知识竞赛等，调动学生的竞争意识和参与热情。学生有了展示所学的知识与技能的平台，也通过团队合作提升了集体荣誉感和责任感。最为重要的是，这类活动可以打破课堂教学的单一形式，为学生提供更多元的成长路径。参与耕读文化主题活动使学生能够学会动手实践、团队合作，同时也能加深对农业生产的理解，强化自身与土地、自然的联系。这种体验式学习，不仅促进了学生的全方位发展，还帮助他们建立起对劳动的尊重和对文化传承的责任感。

3. 促进跨学科知识的整合

耕读文化主题活动的开展丰富了校园文化，也为学生提供了跨学科知识整合的机会。在当今教育体系中，跨学科融合被视为培养创新人才的重要途径。农艺融合文化横跨农学、历史、文学、哲学等多个领域，为学生搭建了一个融会贯通、多元学习的平台。通过积极参与相关活动，学生不仅能够开阔眼界，更能培养综合素养。这种探索与实践的过程，不仅让他们感受到传统智慧的滋养，还帮助他们获取实践中的真知，推动个人成长，为未来挑战做好充分准备，激发创造力与自信心。例如，高校的学生在参与种植、施肥、收割等农耕活动时，可以运用自己所学的农业科学知识来提升实践效果，这种跨学科的知识应用有助于学生将课堂所学与实际操作相结合，巩固理论知识的同时提高实践能力。耕读文化主题活动能引导学生思考现代社会中的多学科问题。例如，在探讨如何将耕读文化融入现代农业、生态保护与乡村振兴的过程中，学生需要运用农业、经济、生态、社会等多方面的知识，进行综合分析与判断。这种问题导向的学习模式，促进了跨学科知识的整合，培养了学生的批判性思维与解决实际问题的能力。学生能够在“耕”与“读”相结合的过程中跨越学科界限，将农业生产、文化传承和现代科技融会贯通，提升跨领域的综合素养。这种知识整合的过程不仅拓宽了学生的学术视野，还为他们未来的职业选择和社会实践打下了坚实的基础。

（二）耕读文化主题活动形式

1. 耕读文化劳动教育

耕读文化融入大学生劳动教育，是耕读文化创新发展的需求，也是提升劳动教育的现实需要。劳动教育作为传统的耕读文化教育方式，高校可以在组织形式上进行各种各样的创新，能够让学生亲身体验农业劳动的过程，深刻体会“耕”与“读”的结合，在动手实践中理解劳动的价值，继承和发扬耕读文化的优良传统。①组织田间劳动体验。田间劳动体验作为最熟知耕读文化劳动教育的核心形式。学校可以在校园内开辟劳动的实践基地，或与周边农村社区合作，大规模组织学生参与农业生产实践。例如，学生可以亲自参与播种、除肥、施草、收割等农耕活动，体验农业劳动的艰辛，切身感受到农民耕作的不容易。这种劳动实践不仅锻炼了学生的动手能力，还让他们对农业生产有了更加直观的认识。②开展劳动技能培训。劳动教育不应只局限于简单体力劳动，还需结合现代化农业科技，提升学生的技能水平。学校可开设入门的现代农业机械操作、智能化设备应用以及绿色种植技术等培训或者知识普及课程。这不仅能提高了学生的实践能力，还能帮助他们掌握最新的农业科技。比如，在农耕技艺展示方面，学校可以邀请当地的农专或老农来传授传统的耕作技术。③通过社会实践的方式。耕读教育还可以与社会实践结合，鼓励学生走进乡村，参与农村发展与农业生产的实践。例如，学校可以组织学生赴乡村开展一段时间志愿服务，帮助农民进行技术指导、农产品营销等工作。这种形式的劳动教育，不仅让学生深入了解农村现状，还为乡村振兴贡献了自己的力量。

2. 耕读文化节及文化体验日活动

文化节及文化体验日活动是最受当下青年喜爱的艺术形式。与推广耕读文化联系起来，成为推动其传承与普及的最有效途径。

作为当代学生最能接受的形式，耕读文化节通常可以设计一系列以“耕”与“读”为核心的形式多样的内容丰富的活动，旨在向学生全面展示传统耕读文化的内涵与现实意义。例如，文化节期间可以组织专业农耕技艺展示、传统手工艺品制作等活动，让学生亲身参与和了解古代耕作技艺的生活方式。这些活动不仅能丰富校园生活，还能增强学生对优秀传统文化的认同感。在农耕技艺展示方面，学校可以邀请当地农专或老农现场讲解传统的耕种、技术，学生通过观摩和实践了解到传统农耕方法。此外，如果条件允许，文化节还可以结合现代农业科技，如无人机巡查农田、智能系统灌溉演示等，展示耕读文化与现代科技结合的魅力，使学生在活动中看到传统文化在现代应用与创新中的无限潜力。

耕读文化节及文化体验日活动还可以与乡村振兴等主题相结合，增加现代农业发展与乡村建设的元素。在活动中可以展示现代农业科技的最新成果，如绿色农业、生态种植等先进技术，让学生了解当前农业领域的科技进步。同时，学校还可以组织参观乡村振兴示范基地，或邀请乡村振兴领域的专家举办讲座，向学生介绍乡村振兴战略的意义与进展。这种结合传统文化与现代发展的活动设计，延续了耕读文化的历史传承，还为其赋予了新时代的内涵与使命，使学生在活动中既能领悟传统文化的价值，也能理解现代社会对人才的需求与期望。

3. 线上耕读文化宣传活动

线上耕读文化宣传活动是充分利用互联网平台和数字化手段来对耕读文化进行推广和传播的一种新型方式。这类活动通常通过线上互动、直播、短视频等形式，打破地域限制，让更多人能够便捷地接触和了解耕读文化。

线上耕读文化宣传活动的内容设计应围绕“耕”与“读”两大主题，结合现代的传播方式，充分展示耕读文化的魅力。例如，策划线上知识讲座，邀请农专或老农通过网络直播分享农耕经验，传授传统农耕技艺；也可以利用虚拟现实（VR）技术，打造线上农耕体验场景，让网友通过虚拟体验近距离感受农耕文化的独特魅力。

为提升线上活动的互动性和参与感，可以设计多种形式的互动环节。例如，设置线上问答环节，邀请专家或嘉宾解答网友关于耕读文化的疑问；开展线上投票活动，让网友选出最喜欢的耕读文化作品；或者发起线上 PK 活动，如“每日一读”“农耕小能手”等，鼓励网友持续关注和参与耕读文化活动；等等。

区别于线下传统方式，线上耕读文化宣传活动应充分展现现代技术和创新元素，提升活动的吸引力和传播力。比如，可以运用短视频平台，制作一系列关于耕读文化的短视频，通过生动的画面和有趣的故事吸引网友关注；或者利用社交媒体平台，发起话题讨论，引导网友分享自己对耕读文化的看法和体验。同时，也可以探索将人工智能、大数据等现代技术应用于活动策划和推广中，提高活动的精准度和覆盖面。

线上耕读文化宣传活动需要结合社会热点和公众需求，设计更加贴近生活和实际的活动内容。比如，可以针对当前社会对健康饮食、环保生活等方面的关注，推出线上农耕健康饮食讲座、生态种植知识分享等活动；或者针对青少年群体对优秀传统文化的兴趣，设计线上耕读文化趣味问答、农耕游戏等互动环节。

(三) 耕读文化主题活动的实施策略

1. 用好课堂教学主渠道

课堂教学作为知识传授与价值塑造的主要阵地，对于耕读文化的传承与发展具有不可替代的作用。①融入课程设计，构建耕读文化课程体系。将耕读文化相关内容融入现有课程，如人文社科、电子信息等学科，通过跨学科的方式，使学生在学习专业知识的同时，也能接触到耕读文化的精髓。根据学校特色和学生需求，开发专门的耕读文化课程，如农耕历史与文化、传统手工艺制作、诗词鉴赏与创作等，为学生提供系统的耕读文化学习体验。②创新教学方法，增强课堂吸引力。运用案例教学法，通过引入真实的历史人物、事件或现代农耕实践案例，使学生在具体情境中理解和感受耕读文化的内涵与价值。组织学生进行小组讨论、角色扮演等活动，鼓励学生表达自己对耕读文化的看法和感悟，增强课堂的互动性和学生的参与度。结合学校资源和社区资源，安排学生参观农场、手工作坊等，通过亲身体验农耕劳动和手工艺制作，加深对耕读文化的理解和认同。③加强师资队伍建设，提升教学水平。教师是高校思想政治教育的核心，是培养“一懂两爱”农业科技工作者的主要力量。高校应定期组织教师参加耕读文化相关的培训和研讨会，提升教师对耕读文化的认识和教学能力。邀请农业专家、文化学者等走进课堂，为学生带来丰富的耕读文化知识和实践经验。鼓励教师积极参与耕读文化教育的研究和实践，通过表彰、奖励等方式，激发教师的积极性和创造力。

2. 重视实践教学着力点

在耕读文化教育中，重视实践教学着力点至关重要，这不仅有助于学生将理论知识与实际操作相结合，还能深化他们对耕读文化的理解和认同。①明确实践教学目标。课外实践是学校教学的辅助形式，却是大学生劳动教育的重要途径。耕读文化融入大学生劳动教育，要将各类劳动教育实践作为融入的重点领域进行部署。②设计多样化的实践教学内容。学校可组织开展“耕读传家劳动实践基地”“渔樵耕读基地”等为代表的各类劳动教育体验活动，积极宣传耕读文化，营造耕读文化发展的良好校园氛围。在劳动教育实践课程的实施上，学校可充分利用劳动节、植树节等重要节假日以及在校园文化节、社团日、校庆活动，组织带领学生参加各种义务劳动、生产劳动实践，让学生亲近劳动，让劳动教育学生，传递耕读文化。③创新实践教学方法。以项目为驱动的教学方式，能够让学生在亲身实践中深刻体会耕读文化的精髓。比如，可以设计一个以农耕文化为主题的调研项目，鼓励学生分组展开实地考察、数据分析，并进行成果汇报。通过模拟传统农耕场景或手工艺制作环境，让学生沉浸在特定情境中学习与操作，在体验中将书本知识化为切身体悟。与此同时，学校还应积极与农业企业、手工艺工坊等机构建立紧密合作，为学生创造更多实践机会和资源支持。企业不仅能提供实习岗位、技术指导，更能通过项目合作激发学生的兴趣和潜力，帮助他们在真实环境中积累经验。这种合作既让学生的学习更加鲜活生动，也培养了他们服务社会和推动乡村发展的责任感。④拓展实践教学资源。依托学校资源和社区资源，建设耕读文化实践基地，为学生提供稳定的实践场所和设施。借助网络平台，开展线上实践教学活动，如虚拟农田耕作、手工艺制作教学视频等，拓宽学生的实践学习渠道。组织学生参加社会实践活动，如农村支教、农业科技推广等，让学生在实践中了解农村、关注农业、热爱农民。

3. 充分发挥新媒体的作用

在现代教育背景下，全媒体的出现为开展耕读文化主题活动提供了全新的视角与方法。全媒体不仅是信息传播的媒介，它是实现多元文化交流、增强学生参与感与认同感的重要载体。在开展耕读文化主题活动时，合理有效地运用全媒体可以更好地营造浓厚的耕读文化氛围，提高曝光度，推动学生的积极参与。

全媒体作为信息传播的媒介，本质上具有广泛传播耕读文化的核心理念与活动内容的职能。学校可以利用官方网站、微信公众号、微博等社交媒体平台，发布耕读文化相关的资讯、活动预告以及学生参与的成果展示，形成多渠道的信息传播网络。例如，利用短视频平台发布耕读文化节的精彩瞬间或学生的亲身体验，通过生动形象的方式博取更多流量，激发学生的参与热情。开设线上讲座或直播活动，邀请专家学者分享耕读文化的历史背景、实践意义与现实案例，让学生在互动中增强对耕读文化的理解与认同。

全媒体的应用还可以为耕读文化主题活动提供丰富的视觉与听觉体验等多视角体验。学校可以通过制作耕读文化主题的微电影、动漫或音频作品等更加新颖的方式，将耕读文化的故事与价值用更具创意的方式展现出来，让学生在欣赏与感受中深入理解耕读文化的精髓。这种创新的表达方式能够提升学生的参与感与体验感，使他们在轻松愉悦的氛围中潜移默化地接受耕读文化的熏陶。

在这个信息化迅速发展的时代，合理地运用全媒体，能使耕读文化在学生心中扎根生长，形成鲜明的文化认同，为校园文化建设注入新的活力与动能。

三、建设耕读文化校园景观

耕读文化景观与设施的建设，是涉农高校在传承和发扬中华优秀传统文化过程中极为重要的一环。文化景观是当地民众数百年可持续利用的成果，其形式、氛围和格局反映了使用者的文化传统。通过将历史文化与现代教育相结合，耕读文化景观不仅成为校园中的文化标志，更是学生学习与体验传统农业文明的重要载体。这些景观设施不仅是耕读文化第一印象最为直观的展示，更是帮助学生在实践中加深对耕读文化的理解，提升校园文化氛围和教育内涵的重要载体。

以下首先通过分析典型的耕读文化景观实例，如隆平水稻博物馆、江西婺源江湾古村、浙江余姚河姆渡遗址博物馆等，展示耕读文化在实际生活中的应用与影响。通过这些实例，探索如何将历史、文化与现代教育有机结合，为高校的景观建设提供可借鉴的范例。其次，以案例为导向，深入讨论建设耕读文化景观的关键要点和元素的把握，强调景观设计中历史厚重感、文化内涵与现代教育功能的融合。通过这些设计要点，确保景观设施不仅具有展示与教育功能，还能够成为校园生活的一部分，激发学生对耕读文化的兴趣与认同感。最后，探讨建设耕读文化景观与设施的必要性。通过提高校园文化的多样性，传递耕读精神，这些景观与设施为学生提供了文化学习、生态实践、职业教育的多元平台，促进了学生的全面发展，并为涉农高校的校园文化建设提供了深厚的文化根基与可持续发展的动力。

（一）耕读文化景观示例

1. 隆平水稻博物馆

隆平水稻博物馆是展示耕读文化与现代农业科技结合的典型代表之一，深刻体现了中国农业发展的历史脉络与科学进步的交融。该博物馆以中国杂交水稻之父袁隆平的科研成果和农业精神为核心，通过展示水稻培育的历史、现代农业科技的发展，以及水稻文化的多样性，彰显了“耕”“读”并重的传统精神。

学生不仅可以从中了解到水稻从古至今的培育过程，还能亲身体验现代农业科技的创新成果。这种理论与实践相结合的展示方式，加深了人们对农业知识的理解，更潜移默化地传承了耕读文化中的“劳作修身”和“知识求索”的思想理念。通过参观得到的体验，学生会对农耕文化的价值和现代农业发展的未来方向有更加清晰的认识，这种场景、互动式的教育能够大幅提高学生的学习兴趣与参与度。

在农林类高校的校园建设中，可以借鉴隆平水稻博物馆的建馆思路，结合学校的农业特色，建立类似的文化教育设施。例如，农业实验园区或农耕文化展示馆，这些景观或设施可以通过实物展示、互动体验等多种形式进行解说，展示传统农业技术与现代科技的结合。如创建农林试验田，让学生在课外时间参与耕种、灌溉、收割等实践活动，切身感受劳动与自然的关系。通过这种方式，不仅强化了学生的动手能力与实践精神，还将“读书与务农并重”的耕读文化融入了日常教育。

此外，学校还可以设计耕读文化主题的雕塑园或纪念广场，树立与耕读文化相关的历史人物雕像，或者通过现代艺术形式表现耕读文化的精神与内涵。这些景观不仅具有审美价值，还能通过其象征意义，激发学生对于优秀传统文化的认同与理解。

2. 校史陈列馆

湖南农业大学校史陈列馆（含校友风采馆）位于思源馆一楼，展陈面积近1100平方米，于2023年10月6日面向社会开放。陈列馆通过丰富的实物资料、历史照片、复原场景，生动展示了湘农120余年校史上的重要人物、重大事件与主要科研、教学成就，是学校开展“知农爱农”“爱校荣校”教育的重要场所与实践基地，也是凝聚广大校友力量、助力学校发展、服务社会的重要平台和窗口。

3. 袁隆平科学家精神展示馆

湖南农业大学袁隆平科学家精神展示馆位于思源馆二楼中厅及东西翼厅，

展陈面积近600平方米，于2023年10月6日面向社会开放。展示馆通过文献及影像资料、实物、复原场景等形式真实再现了袁隆平院士在杂交水稻领域攻坚克难的奋斗历程和脚踏实地把科技论文写在祖国大地上的崇高风范。展示馆集“纪念场馆、道德丰碑、思政课堂、文化地标”为一体，紧扣袁隆平科学家精神铸魂育人的主题，以袁隆平在杂交水稻的科研探索、实践为主线，立体展现了袁隆平科学家精神的时代意蕴和育人价值，是弘扬科学家精神、引领创新风尚的重要场所。

4. 中华农耕文明博物馆

湖南农业大学中华农耕文明博物馆位于思源馆三楼，展陈面积近1100平方米，于2023年10月6日面向社会开放，是目前我国农业高等院校中为数不多的综合性展示中华农耕文明的文化场馆、科普基地。展陈共分为农耕起源、驯化引种、农耕器具、耕作栽培技术、水利工程、纺织与印染、农学思想与典籍、农业文化遗产、饮食文化、继往开来10部分，系统、全面展示了我国上万年的农耕文明发展脉络及主要成就。中华农耕文明是中华文明重要的组成部分，也是新时代农业不断发展的坚实基础。农耕文明博物馆是学校开展耕读教育、传承农耕文明、弘扬优秀传统文化、助力农业强国建设的重要基地。

5. 柳子明故居

柳子明故居是著名园艺学家、教育家、反法西斯革命斗士、国际主义者柳子明（1894—1985，韩国籍）生前的住宅楼，位于湖南农业大学逸苑小区。楼内陈列有“柳子明先生生平业绩展”，面向社会开放。故居建筑是一栋二层单元式住宅楼，砖木结构，小青瓦两坡屋顶，建造于1958年，占地面积约230平方米，建筑面积456平方米。楼上楼下各有两户住宅，分别由东、西两端入户。柳子明先生生前住在西端二楼，系一套带有小厅和厨卫的三居室住宅，南向有阳台可俯瞰浏阳河。2014年3月22日，长沙市人民政府把柳子明故居列入“长沙市第六批文物保护单位名录”。2018年，长沙市芙蓉区政府对故居建筑进行了保护性修缮，同时将建筑物北向一片区域辟为故居园林。园林建有葡萄廊架，还种植了多种花卉，其中有韩国国花木槿花。

6. 标本馆

湖南农业大学标本馆位于文渊馆四楼，又分四个子馆：植物标本馆、昆虫标本馆、土壤标本馆、动物标本馆。早在20世纪50年代初，湖南农学院的标本馆建设已初具规模。四子馆联合组建于2008年，2023年经过改造升级后以崭新面貌向社会开放。标本馆展陈总面积约1800平方米，展示有各类标本3万余件，是集实践教学、科学研究、资源储藏、科普宣传为一体的多功能、综合性场馆，也是学校服务中小学科学教育与研学的重要平台和窗口。

7. 美术馆

湖南农业大学美术馆位于思源馆二楼北厅，展陈面积约560平方米，于2021年10月14日建成并向社会开放。馆名为学校1977级牧医系校友、中国书法家协会理事、湖南省新闻出版局原局长、文化厅原厅长周用金先生所题。现有藏品基础为赵湘宁先生捐赠个人收藏的1000余幅油画。除依托现有藏品外，美术馆不定期策划、举办临时展览。美术馆建成开放是学校全面贯彻党的教育方针，落实立德树人根本要求，推动德智体美劳“五育”并举的举措之一。学校以提高学生审美和人文素养为目标，以可视化的形式引导青年学子回应时代关切、顺应时代潮流，深入生活、扎根人民，发现和感受社会主义现代化建设中的人物之美、发展之美、时代之美，培养完善的性格、拥有更富情趣的人生和更高的精神境界。

（二）耕读文化景观要素设计

1. 历史传承与现代教育相结合

耕读文化景观的建设最重要的一点在于要注重历史传承与现代教育的有机结合，这一原则不仅仅是文化传承的核心，更是时代发展的必然要求。历史和现代教育的结合，能让学生在体验过去的同时，与当代科技和农业实践形成深刻联系。隆平水稻博物馆就是一个典型的例子，它通过袁隆平院士的科研成就，展现了现代稻作农业的突破性进展，将先进的科学技术与农业实践融入现代教育体系中。同时，博物馆内还保存和展示了传统的农业工具、稻作文化的演变，让参观者深刻领会到农业文明的根基。通过这种方式，学生既能领略农业发展的科技进步，也能体会到传统农业文化中的智慧与经验，进而形成对现代农业发展的更深刻理解。

江西婺源江湾古村通过保存古老的耕作与读书生活方式，传承了千百年来的家风文化。它的意义不仅在于让人们回顾过去的生活方式，更在于通过这种文化的传承，提醒学生和参观者，耕读并重的生活理念在现代社会依然具有重要的价值。古村中的建筑风格、家训、农田分布与读书氛围，巧妙地将耕作与文化学习相结合，展示了传统家庭如何在日常生活中践行耕读文化。它为现代农业教育提供了一种可行的模式，即通过实地体验、情境再现，帮助学生将理论学习与实践劳动有机结合。

河姆渡遗址博物馆则展示了新石器时代稻作农业的起源，为人们揭示了长江流域早期农业文明的辉煌。它不仅展示了中国稻作农业文明的深厚历史，更通过其出土文物和文化遗址，阐述了农业生产技术的进化。博物馆运用现代展示技术，如多媒体演示、互动展示等，将千年农业文明的变迁栩栩如生地展现在参观者眼前。

景观设计在考虑到对历史文化进行还原时，它还需要考虑到与现代学生需求与教育功能相匹配。高校可以通过构建这些富有文化价值的景观与设施，将传统农业知识与现代科技相结合，帮助学生不仅仅停留在理论的学习上，更能够通过亲身体验、历史文化的感知，全面领悟耕读文化的深层意义。

2. 实践体验与文化传播的融合

耕读文化是景观设计的起点，需将其作为核心理念植入设计中。只有深化“耕”的内容与形式，才能更好地融入“读”的特色与魅力。耕读文化不仅仅是书本中的知识，它更是一种根植于日常生活和劳动实践中的文化，两者融合能够将文化从静态的展示转化为动态的参与，使学生在实际的劳动与体验中深刻感受到耕读文化的内涵与价值。例如，在江西婺源江湾古村，游客和学生不仅能参观古老的建筑与耕读文化的遗迹，还可以亲身参与耕作体验，重新感受古人“日出而作，日落而息”的生活方式。通过这种互动式体验，文化的传承不再仅仅依赖于参观和讲解，而是通过劳动和实践深入每个人的日常感受之中。同样，河姆渡遗址博物馆展示了早期稻作农业的历史，并通过现代技术手段，提供了互动体验项目，参观者可以模拟古代的稻作过程，了解稻米种植、收割等工序。对高校学生来说，亲身参与这样的劳动体验，能让他们更加直观地理解农业生产的艰辛与意义，从而更加珍惜现代农业技术的进步和成果。

在高校校园的耕读文化设施建设中，实践与体验式教育应成为重要组成部分。高校可以通过设立专门的耕作实践基地、文化体验日等方式，让学生亲身参与农作劳动。同时，文化传播不应仅限于传统展示，还应融入多媒体技术和互动活动。例如，通过设立虚拟现实体验区，学生可以虚拟参与到古代农耕文化场景中，甚至模拟不同历史时期的农业劳动。这种跨越时空的体验不仅增强了耕读文化的传播效果，也为学生提供了多层次的文化感知，促使他们在实践中领悟耕读文化的深层价值。这种体验式教育方式，既传承了耕读文化的核心精神，也通过现代技术和互动体验的方式，使传统文化得以焕发出新的活力，激发学生的文化认同感与使命感。

3. 自然景观与人文景观的有机统一

在耕读文化景观的建设中，自然景观与人文景观的有机统一是至关重要的原则之一。这种统一不仅强调环境的美感，更强调景观的内在文化价值和教育功能的协调性。耕读文化作为一种融合了农业生产与读书求知的生活方式，既需要与自然环境紧密结合，也需要通过文化设施展现其深厚的历史与人文底蕴。以隆平水稻博物馆为例，博物馆的外部环境和内部展示充分体现了自然与人文的统一。周围的稻田景观不仅是对袁隆平院士稻作研究的直接反映，更是对“耕读并重”理念的真实再现。江西婺源江湾古村作为另一个典型的耕读文化景观，其自然风光与传统民居形成了完美的融合。古村四周环绕着绵延的农田与山丘，村内保存完好的徽派建筑与田园风光相互辉映。耕读文化在这里得到了极致的体现，村民世代以农业为生，同时通过修缮祖宅、传承家训，展现了“耕读传家”的生活方式。浙江余姚的河姆渡遗址博物馆同样体现了自然与人文景观的有机统一。遗址本身位于稻作农业的起源地之一，周边的自然景观与古老的文化遗迹相得益彰。

在耕读文化景观或设施的建设中，自然景观与人文景观的有机统一需要精心设计，既要保持自然环境的原生态，也要确保文化内涵的完整表达。农林类高校可以通过依托自身的校园环境，融合山水、田园与人文元素，营造出一个具备深厚文化价值的教育景观。例如，学校可以在自然风光优美的区域建设农业实验园、农作体验区，同时配备与耕读文化相关的展示馆或教育设施。这种自然与人文的统一，既是一种视觉上的和谐，也是文化与教育功能的有机结合。通过自然景观的利用和人文景观的精心设计，学生不仅能够在充满历史感的场景中学习，还能够在自然中体会耕读文化中的生态智慧。

参考文献

一、著作

[1] 晁补之．鸡肋集：卷五十二［M］．上海：上海书店，1989.

[2] 单志刚．知识经济概论［M］．北京：中国传媒大学出版社，2006.

[3] 杜威．民主主义与教育［M］．魏莉，译．武汉：长江文艺出版社，2018.

[4] 高志强，官春云．卓越农业人才培养机制创新［M］．长沙：湖南科学技术出版社，2019.

[5] 高志强，郭丽君．学校生态学引论［M］．北京：经济管理出版社，2015.

[6] 朗格朗．终身教育导论［M］．腾星，腾复，王箭，译．北京：华夏出版社，1988.

[7] 林万龙．耕读教育十讲［M］．北京：高等教育出版社，2021.

[8] 论语译注［M］．杨伯峻，译注．北京：中华书局，2017.

[9] 莫尔．乌托邦［M］．李灵燕，译．西安：西北大学出版社，2016.

[10] 潘懋元．新编高等教育学［M］．北京：北京师范大学出版社，1996.

[11] 苏辙．栾城集·三集：卷1［M］．曾枣庄，马德富，校点．上海：上海古籍出版社，1987.

[12] 吴季松．知识经济［M］．北京：北京科学技术出版社，1998.

[13] 薛天祥．高等教育学［M］．桂林：广西师范大学出版社，2001.

[14] 荀子 [M]. 叶绍钧，选注. 宛志文，校订. 武汉：崇文书局，2014.

[15] 曾巩. 曾巩集：卷四十二 [M]. 陈杏珍等，点校. 北京：中华书局，1984.

[16] 张履祥. 训子语译注 [M]. 张天杰，余荣军，译注. 上海：上海古籍出版社，2020.

[17] 中共中央文献研究室. 十八大以来重要文献选编：上 [M]. 北京：中央文献出版社，2014.

[18] 竺可桢. 竺可桢全集：第 9 卷 [M]. 上海：上海科技教育出版社，2005.

[19] 邹德秀. 中国农业文化 [M]. 西安：陕西人民教育出版社，1992.

二、期刊

[1] 安亚虹. 乡村振兴战略视域下应用型本科高校涉农专业大学生就业能力提升路径研究 [J]. 牡丹江教育学院学报，2020 (6).

[2] 安玉然，魏凤. 农林高校毕业生就业状况调查分析：仅以某农林高校 2010 届毕业生为例 [J]. 劳动保障世界 (理论版)，2011 (1).

[3] 曹沛涛. 关于终身学习的理论探讨 [J]. 陕西师范大学继续教育学报，2003 (S1).

[4] 陈芳，隆正前. 新时代下耕读文化育人的思考 [J]. 文化产业，2022 (11).

[5] 陈剑. 文化自信视域下的大学校园文化建设 [J]. 中国成人教育，2018 (17).

[6] 陈明仪. 知识经济的内涵、特征及形态 [J]. 企业改革与管理，1998 (8).

[7] 陈然，杨成. SPOC 混合学习模式设计研究 [J]. 中国远程教育，2015 (5).

[8] 陈锡敏. 健全人格与大学生社会责任感 [J]. 高校理论战线，2005 (11).

[9] 陈小梅. “两种教育制度，两种劳动制度” [J]. 中国档案，2012 (3).

[10] 丁永刚. 现今大学生就业观存在的误区及引导对策 [J]. 青海社会

科学，2008（3）.

［11］方展画．当代西方人本主义教育理论评述［J］．河北师范大学学报（教育科学版），1999（1）.

［12］顾萍，周兰萍．耕读文化融入涉农高校的现实困境及其实践路径［J］．边疆经济与文化，2024（5）.

［13］关瑞明，张帼卿．中国传统聚落的特征及其在美丽乡村 建设中的传承与发展［J］．华中建筑，2018，36（4）.

［14］官炳宏，陈茂祥．美丽乡村建设路径探析：以永春县夹际村为例［J］．现代农村科技，2019（6）.

［15］郭家铭，姜妍．耕读文化融入涉农高校思政教育实践研究［J］．河北旅游职业学院学报，2022，27（4）.

［16］何志武．人本主义教育理论的主要观点及其应用［J］．重庆科技学院学报（社会科学版），2010（11）.

［17］和学新，储君．基于学生核心素养发展的校园文化建设［J］．教育科学研究，2018（2）.

［18］胡维芳．后危机下“90 后”大学生就业观的特点、成因与对策研究［J］．青海社会科学，2010（6）.

［19］黄俊贵．对振兴耕读文化的思考［J］．图书馆，2016（2）.

［20］金帷，杨娟，张虎，等．全国涉农高校耕读教育实施进展与问题分析［J］．高等农业教育，2023（3）.

［21］李春亭．新农村建设与大学生互动发展：从知识反哺农民的视角［J］．生产力研究，2007（2）.

［22］李大鹏，刘震．涉农高校实施耕读教育的路径探索与实践：以华中农业大学为例［J］．中国民族教育，2022（11）.

［23］李方．“耕读”词义补释［J］．江海学刊，2022（4）.

［24］李琳，李雪梅．“专家引领+同伴互助+自我反思”教研模式初探［J］．课程教材教学研究（中教研究），2011（Z6）.

［25］李欣欣，熊富强，李云锋．新时代涉农高校耕读教育的时代意蕴与创新机制［J］．教育探索，2023（10）.

［26］梁媛．文化传承视野下的新耕读教育模式论［J］．重庆社会科学，

2017（8）.

［27］林海英，孙翔，冯庆革．基于“线上线下的混合式+项目学习”教改模式的环境类本科生课程教学实践：以“环境监测”为例［J］．科教文汇，2024（19）.

［28］刘秀芳．立德树人视域下大学生素质提升研究［J］．安徽建筑大学学报，2019，27（5）.

［29］刘宣文．人本主义学习理论述评［J］．浙江师范大学学报，2002（1）.

［30］刘亚玲，雷稼颖．耕读文化的前世今生与现代性转化［J］．图书馆，2021（4）.

［31］刘璎瑛，吕成绪，郭振涛，等．南京农业大学工科类课程耕读文化建设：以数字图像处理课程为例［J］．高教学刊，2024，10（18）.

［32］龙江燕，张红兵．习近平关于终身学习重要论述的理论内涵与实践引领［J］．继续教育研究，2024（8）.

［33］卢会翔，刘义兵．守正与创新：耕读教育的历史演进与回归［J］．教育学术月刊，2023（5）.

［34］鲁汉杰，张瑜．耕读文化融入农林类高校课程思政建设的现实困境与改进路径研究［J］．黑龙江教育（高教研究与评估），2024（9）.

［35］吕叙杰，刘广乐．论耕读文化的价值意蕴及启示［J］．学校党建与思想教育，2022（12）.

［36］骆剑琴．高等教育大众化下的大学生就业观教育［J］．理论与当代，2005（3）.

［37］潘懋元，刘振天．发挥大学中心作用促进知识经济发展［J］．教育发展研究，1999（6）.

［38］祁红亭．弘扬耕读文化推进乡村文化振兴的路径：以浙江省海宁市为例［J］．云南社会主义学院学报，2019，21（4）.

［39］祁婧，侯顺，王满困，等．耕读教育视域下农科研究生“四融合”培养体系构建与实践［J］．学位与研究生教育，2024（1）.

［40］秦玮苡，马云天．耕读文化传承：意义、困境与策略：基于学校文化发展的研究［J］．教育观察，2020，9（44）.

［41］王春华．大学生就业观的嬗变与引导［J］．中国就业，2016（11）.

[42] 王丽萍，古世峰，胡冰．大学毕业生农村基层就业质量及影响因素研究：基于 BP 神经网络模型 [J]. 大学教育，2023（10）.

[43] 魏文刚，李英杰．耕读文化赋能乡村振兴的现实困境探赜与应对 [J]. 农业经济，2024（5）.

[44] 吴亮．涉农高校耕读教育创新路径探析 [J]. 黑龙江教育（理论与实践），2024（4）.

[45] 吴限，许辉，房丹丹，等．“耕读教育”视域下农业院校人才培养有效路径探究：以东北农业大学为例 [J]. 新教育时代电子杂志（教师版），2022（20）.

[46] 徐晨郁，郭慧，刘金梅．基于能力本位教育（CBE）的金融专业人才培养模式研究 [J]. 金融客，2024（1）.

[47] 杨玲丽．融合·再构·共生：耕读文化育人资源的课程转化 [J]. 江苏教育研究，2020（13）.

[48] 赵世平．终身学习理论的历史发展 [J]. 中国成人教育，1999（8）.

[49] 周慧芳，刘鲁峰．浅议新媒体背景下如何做好农业院校毕业生就业工作 [J]. 教育教学论坛，2014（33）.

[50] 周明元，周国华，赵娟．耕读文化的内涵及耕读教育实践逻辑 [J]. 智慧农业导刊，2023，3（21）.

[51] 朱翠英，高志强．心理素质形塑论 [J]. 大学教育科学，2013（5）.

[52] 邹德秀．中国的“耕读文化” [J]. 中国农史，1996（4）.

三、学位论文

[1] 卢玉珍．农林院校大学生就业问题及对策研究 [D]. 雅安：四川农业大学，2012.

四、报纸

[1] 李倩．“耕读文化”为乡村学校注入新活力 [N]. 语言文字报，2023-08-09（8）.